当代中国青年发展研究丛书

风笑天 / 主编

基层大学生村干部职业发展研究

马德峰◎著

华中科技大学出版社

中国·武汉

图书在版编目（CIP）数据

基层大学生村干部职业发展研究/马德峰著．—武汉：华中科技大学出版社，2022.3
（当代中国青年发展研究丛书）
ISBN 978-7-5680-8119-1

Ⅰ.① 基⋯　Ⅱ.① 马⋯　Ⅲ.① 农村-干部工作-研究-中国　Ⅳ.① F325.4

中国版本图书馆 CIP 数据核字（2022）第 042004 号

基层大学生村干部职业发展研究

马德峰　著

Jiceng Daxuesheng Cunganbu Zhiye Fazhan Yanjiu

总　策　划：	姜新祺
策划编辑：	张馨芳　钱　坤
责任编辑：	余晓亮
封面设计：	孙雅丽
责任校对：	张汇娟
责任监印：	周治超
出版发行：	华中科技大学出版社（中国·武汉）　电话：(027) 81321913
	武汉市东湖新技术开发区华工科技园　邮编：430223
录　　排：	华中科技大学出版社美编室
印　　刷：	湖北金港彩印有限公司
开　　本：	710mm×1000mm　1/16
印　　张：	17　插页：2
字　　数：	281 千字
版　　次：	2022 年 3 月第 1 版第 1 次印刷
定　　价：	98.00 元

本书若有印装质量问题，请向出版社营销中心调换
全国免费服务热线：400-6679-118　竭诚为您服务
版权所有　侵权必究

总　　序

在新的时代认识与研究青年

中国的改革开放已经走过了四十多年的历程，中国社会与四十多年前相比已经发生了翻天覆地的变化。当我们感叹曾经年轻的"80后"已不再年轻时，"90后"和"00后"正逐渐进入青年的队伍。然而，随着社会的变迁、时代的变化，新一代青年的成长环境在变化，新一代青年的人生经历也在变化。如何正确地认识当代青年、研究当代青年，是摆在我们面前的一项需要付出努力认真对待的任务。

作为工业化社会的产物，青年是一个因不同的历史时期、不同的社会文化背景而变化的概念。了解青年所具有的生理特征、心理特征、社会特征，是我们正确认识青年、了解青年现象、研究青年问题的三个基本途径。青年作为社会的新成员，作为社会物质生产和精神生产的新生力量，作为社会文化的继承者和传递者的社会角色所体现的社会特征更为重要。而被称作"社会学想象力"的特定视角，是我们理解青年和青年现象、认识青年与社会之间关系的桥梁和工具。

应该看到，在改革开放的社会背景中成长起来的这一代青年，具有以往任何一代中国青年都不曾有过的特殊的成长环境和成长经历。他们出生和成长的这四十多年，正是中国社会急剧变革的四十多年。一方面，中国社会的经济建设成就显著，科学技术的发展也十分突出；另一方面，中国社会结构的转型、社会制度的变革异常激烈，人们思想观念的解放和多元化发展十分明显。所有这些，构成了一种宏观的、无处不在的、每一位青年都置身于其中而无法逃避的社会环境。正是这种社会环境，成为我们认识和分析一代青年成长过程及其结果的基本背景和客观前提。因此，只有把发生在这一代青年身上的各种现象与他们所生活的这个时代、这个社会联系起来，特别是将他们的各种问题与中国社会的宏观结构变迁、历史文化变迁联系起来，我们才能真正理解他们的所思所想、所作所为，才能真正理解他们何以成为今天的他们，如同理解中国何以成为今天的中国一样。

在认识和研究青年方面，除了明确青年的年龄特征外，还应将青年看作社会中的一个特定群体，并清楚认识这一特定群体"过渡性"的本质。从青年个体的角度来看，这种"过渡性"的含义是发展的、暂时的，是走向成熟的。青年的任务是从受教育过渡到工作，青年的成长环境是从家庭过渡到社会，而青年的人格也是从对父母的身心依赖过渡到自我独立。从社会的角度来看，"过渡性"的含义是继承的、传递的。青年不仅要成为维持社会存在与发展所必需的物质文明与精神文明的生产者和主力军，而且要在这种生产的过程中完成社会文化的承接与传递的历史使命。因此，青年是家庭、学校与社会、经济、政治机构之间发生联系的桥梁。青年扮演着社会文化的继承者、新的社会成员、社会物质生产和精神生产的后备军等多重角色。虽然具有相同的年龄，但在家庭中是子女，在学校中是学生，只有在社会中才会有青年。从这里，我们也可以理解青年这一概念所蕴含的社会身份特征，以及其所体现的社会角色内涵。

或许是一种偶然，也或许是一种必然，四十年前的1982年初，我从华中师范大学数学系毕业，留在学校团委工作。在开始做青年工作的同时，我也开始了自己的青年研究之旅。青年研究是我最早从事的、长期关注的、发表成果最多的研究方向之一，我发表的第一篇学术论文就是刊登在《青年研究》1982年第10期上的《低年级大学生的恋爱问题》。十年后（1992年），我指导的第一届硕士研究生也从事青年方向的研究。又过了约十年，即2001年，我招收的第一届博士研究生同样从事青年社会学方向的研究。四十多年来，我陆续培养了一批关注青年现象和青年问题的青年研究者。写这篇序言时，我在知网上查了一下，从1982年至2021年，我自己以及我与学生一起撰写的有关青年主题的论文，有80篇之多，占了我全部论文总数的四分之一。2012年，我曾组织我的这些致力于青年研究的学生一起开展青年问题的课题研究，合作撰写并出版了课题成果《社会变迁中的青年问题》（北京大学出版社2014年版）。2017年至今，我开始担任国家《中长期青年发展规划（2016—2025年）》第一届、第二届专家委员会的委员，同时兼任《广东青年研究》《青年发展论坛》等青年学术刊物的顾问。

因此，当华中科技大学出版社希望我发起出版一套"当代中国青年发展研究丛书"时，我很愉快地答应了，并积极支持。经过几年的研究和准备，第一批六本著作即将出版发行。这其中，既有关于青年有序政治参与、青年社会参与方面的研究，也有青年思想政治教育认同以及青年健康方面的研究，还有对大学生村干部职业发展的研究，以及二孩、三孩政策背景下青年女性工作和家庭冲突方面的研究。这些研究选题，很好地体现了作者们关注当下青年现象、探讨当前青年问题的学术敏感性。同时，作者们通过深入基层进行田野调查，以及运用大规模的问卷调查等方式，收集到丰富的资料，并运用相关的理论进行了分析，得出了有一定新意和参考价值的结论。

这几本著作的作者都是我的学生，多年前他们在我的指导下攻读硕士、博士学位，他们做博士后时都只有20多岁。他们青春焕发、朝气蓬勃，是标准的青年。现在，他们已经全部取得了博士学位，有些已经成为教授、研究员，都是大学和研究机构的中坚力量。看着这一批已不再年轻的学生们的研究成果，我内心充满了喜悦。在这套丛书出版发行的时候，我希望，我欢迎，同时我也相信，今后会有更多关注青年、研究青年的学者带着他们关于青年研究的新作加入这一套丛书中。

半个世纪以前，当我自己还是青年时，印象最深的是毛泽东主席对青年人说过的一段话："世界是你们的，也是我们的，但是归根结底是你们的。你们青年人朝气蓬勃，正在兴旺时期，好像早晨八九点钟的太阳。希望寄托在你们身上。"我愿意用这段话作为结尾，献给新时代的中国青年以及所有关注青年、热心研究青年的人们！我相信，在青年研究的领域里，只要探索的热情不减，我们将永远年轻！

广西师范大学讲席教授，南京大学特聘教授、博士生导师
《中长期青年发展规划（2016—2025年）》专家委员会委员

目　录

第一章　导论 …………………………………………………………… 1
　第一节　走向基层的大学生村干部 …………………………………… 1
　　一、研究的背景 ………………………………………………………… 2
　　二、研究的价值意义 …………………………………………………… 4
　第二节　多维视角的研究审视 ………………………………………… 5
　　一、研究概况 …………………………………………………………… 6
　　二、研究主要内容 ……………………………………………………… 8
　　三、简要小结 …………………………………………………………… 12
　第三节　大学生村干部职业发展研究的总体设计 …………………… 13
　　一、核心概念 …………………………………………………………… 14
　　二、主要研究方法 ……………………………………………………… 15
　　三、依托理论 …………………………………………………………… 17
　第四节　大学生村干部职业发展研究的主要内容 …………………… 20
　第五节　大学生村干部职业发展研究的创新之处 …………………… 22

第二章　大学生村干部计划的扫描透视 ……………………………… 25
　第一节　大学生村干部计划的发展历程 ……………………………… 25
　第二节　大学生村干部计划的动机考量 ……………………………… 28
　　一、国家的意志与决心 ………………………………………………… 28
　　二、乡村基层的发展需要 ……………………………………………… 29
　　三、基层就业的现实考量 ……………………………………………… 31
　　四、三种动机的比较权衡 ……………………………………………… 33
　第三节　大学生村干部计划的主体解读 ……………………………… 34
　　一、大学生村干部计划的目标指向 …………………………………… 35
　　二、大学生村干部计划的源头选聘 …………………………………… 36

三、大学生村干部计划的管理培养 ……………………………… 37
四、大学生村干部计划的待遇保障 ……………………………… 38
五、大学生村干部计划的末端社会流动 ………………………… 40
六、大学生村干部计划的主体解读 ……………………………… 41

第四节 大学生村干部计划的实施基础 ………………………………… 46
一、多元力量协作共管 …………………………………………… 47
二、基层要素资源盘活 …………………………………………… 48
三、村干部个体主动"作为" ……………………………………… 48

第三章 村干部选聘与高校毕业生的职业准备 ………………………… 51

第一节 乡村基层场域的理性思考 ……………………………………… 51
一、乡村基层场域的存在必要性 ………………………………… 51
二、乡村基层场域的性质特点 …………………………………… 52
三、乡村基层场域的传统命题 …………………………………… 55

第二节 大学生村干部选聘公告文本分析 ……………………………… 59
一、《简章》选聘对象 …………………………………………… 60
二、《简章》选聘人数 …………………………………………… 60
三、《简章》选聘条件 …………………………………………… 61
四、《简章》待遇保障 …………………………………………… 63
五、针对选聘的简要反思 ………………………………………… 64

第三节 高校毕业生基层任职的动机类型 ……………………………… 65
一、基层情怀型 …………………………………………………… 66
二、政策导引型 …………………………………………………… 67
三、综合型 ………………………………………………………… 68
四、简要小结 ……………………………………………………… 70

第四节 高校对毕业生基层职业发展的助力 …………………………… 71
一、高校在大学生村干部计划中所处的位置 …………………… 72
二、高校对毕业生基层职业发展的助力保障 …………………… 73
三、余论 …………………………………………………………… 79

第五节 政府对高校毕业生职业选择的导引 …………………………… 79

第四章 人才下乡与基层大学生村干部岗位适应 … 83
第一节 大学生村干部青年的基层介入 … 83
一、基层介入的内涵 … 83
二、基层介入的基础 … 84
三、基层介入的途径 … 87
四、基层介入的注意事项 … 91
第二节 大学生村干部青年基层介入的角色定位 … 93
一、大学生村干部基层角色定位 … 93
二、大学生村干部角色定位具体内涵 … 96
三、简要小结 … 101
第三节 影响大学生村干部青年基层介入的因素 … 103
一、主体素质因素 … 104
二、政策导向因素 … 106
三、环境作用因素 … 109
四、组织整合因素 … 111
五、简要小结 … 113
第四节 大学生村干部青年的岗位适应及其统筹应对 … 114
一、大学生村干部的岗位适应 … 114
二、大学生村干部岗位适应的统筹应对 … 116

第五章 岗位建功与基层大学生村干部乡村融入 … 120
第一节 大学生村干部青年岗位建功的窘境及其可行路径 … 120
一、大学生村干部青年岗位建功的窘境 … 120
二、大学生村干部青年岗位建功的类型 … 121
三、简要小结 … 128
第二节 大学生村干部青年岗位建功的主要抓手 … 129
一、创业富民的兴起 … 130
二、创业富民的表征 … 132
第三节 制约大学生村干部青年岗位建功主要抓手的主客观因素 … 136
一、村干部聘任期限时间长短 … 136
二、项目空间分布与创业富民 … 138

三、创业层次设定 …………………………………………… 140
　　四、社会舆论宣传 …………………………………………… 141
　　五、大学生村干部主观因素 ………………………………… 143
　　六、简要小结 ………………………………………………… 144
第四节　大学生村干部青年岗位建功主要抓手的制度规引 …… 145
　　一、创业富民制度安排的紧迫性 …………………………… 145
　　二、创业富民制度安排需要考虑的重要问题 ……………… 145
第五节　大学生村干部青年乡村融入基本现状与相关建议 …… 148
　　一、乡村融入的基本现状 …………………………………… 148
　　二、乡村融入的相关建议 …………………………………… 152

第六章　期满流动与基层大学生村干部的职业抉择 …… 155
第一节　基层大学生村干部青年期满流动的制度安排 ………… 155
　　一、基层大学生村干部期满流动的制度设计 ……………… 155
　　二、基层与非基层取向 ……………………………………… 156
　　三、人才定位考虑 …………………………………………… 157
第二节　基层大学生村干部青年服务期满的流动意愿 ………… 159
第三节　基层大学生村干部青年期满流动的现实抉择 ………… 162
　　一、期满流动基本状况 ……………………………………… 162
　　二、现存主要问题 …………………………………………… 164
　　三、简要小结 ………………………………………………… 167
第四节　基层大学生村干部青年期满流动与后续职业发展的衔接 … 169
　　一、严把选聘入口关的设计 ………………………………… 169
　　二、夯实分类培养内容 ……………………………………… 170
　　三、强化考核筛选机制 ……………………………………… 172
　　四、拓宽后续发展出路 ……………………………………… 173
第五节　基层大学生村干部青年期满职业抉择的反思 ………… 175
　　一、市场双向选择与政府安置 ……………………………… 176
　　二、基层培养对二次择业的影响 …………………………… 177
　　三、个体锻炼对二次择业的影响 …………………………… 178

第七章　基层大学生村干部职业发展特点与影响因素 …… 180
第一节　基层大学生村干部青年的职业发展特征 …… 180
一、职业发展的机遇性 …… 181
二、职业发展的协助性 …… 182
三、职业发展的多面向 …… 183
第二节　基层大学生村干部青年职业发展的主要影响因素 …… 184
一、职业发展的定位因素 …… 185
二、职业发展的培养因素 …… 185
三、职业发展的激励因素 …… 186
四、职业发展的环境优化因素 …… 187
第三节　基层大学生村干部青年职业发展的若干误区 …… 188
一、职业发展的志愿性误区 …… 188
二、职业发展环境的助推性误区 …… 189
三、职业发展链条的完整性误区 …… 190
第四节　基层大学生村干部青年职业发展与村干部计划的交融 …… 192
第五节　基层大学生村干部青年职业发展的走向 …… 194

第八章　构建基层大学生村干部职业发展长效机制 …… 197
第一节　差异化培养与大学生村干部青年职业发展 …… 198
一、差异化培养的推出 …… 198
二、差异化培养的主要取向 …… 200
三、差异化培养的辅助支撑 …… 204
四、简要小结 …… 206
第二节　基层帮扶与大学生村干部青年职业发展 …… 207
一、帮扶的生成背景 …… 207
二、帮扶的生成形态 …… 209
三、帮扶面临的挑战 …… 212
四、简要小结 …… 215
第三节　基层吸纳与大学生村干部青年职业发展 …… 216
一、待遇留人 …… 217

二、感情留人 …… 217
　　三、事业留人 …… 218
　第四节　顶层制度设计与大学生村干部青年职业发展 …… 220
　　一、选拔培训 …… 220
　　二、管理考核 …… 221
　　三、发展导向 …… 222
　第五节　主体能动与大学生村干部青年职业发展 …… 223
　　一、角色认知 …… 223
　　二、角色转化 …… 224
　　三、角色扮演 …… 225
　　四、角色认同 …… 226

第九章　结语 …… 229
　第一节　主要研究结论 …… 229
　第二节　值得探讨的几个问题 …… 230
　　一、大学生村干部青年是管理者还是服务者？ …… 231
　　二、大学生村干部青年职业发展走向是基层还是非基层？ …… 232
　第三节　研究的不足与展望 …… 235

附录 …… 236
　关于选聘高校毕业生到村任职工作的意见（试行） …… 236
　关于建立选聘高校毕业生到村任职工作长效机制的意见 …… 240
　关于做好大学生"村官"有序流动工作的意见 …… 247
　关于进一步加强大学生"村官"工作的意见 …… 251

参考文献 …… 257

后记 …… 261

第一章 导 论

第一节 走向基层的大学生村干部

青年是国家的未来和民族的希望,是整个社会力量中富有朝气、奋发有为的生力军,在社会主义现代化建设过程中担负着先锋与桥梁作用。我国党和国家第一代领导人毛泽东同志曾经说过:"世界是你们的,也是我们的,但是归根结底是你们的。你们青年人朝气蓬勃,正在兴旺时期,好像早晨八九点钟的太阳。希望寄托在你们身上!"① 国家主席习近平同志指出:"展望未来,我国青年一代必将大有可为,也必将大有作为。这是长江后浪推前浪的历史规律,也是一代更比一代强的青春责任。"② 罗马尼亚著名学者 F. 马赫利尔(Fred Mahler)曾指出:"最大限度地向未来开放是青年的人的本质所具有的目的性取向的特点,它具体表现为青年与其他年龄群体相比较,拥有最广阔的展望性前景,拥有最广阔的前景性距离、前景性自由和前景性变动。"③ 青年成为社会学、教育学、人口学、管理学、政治学、文学等诸多学科关注和分析的"诱人"对象,能否实现青年自身潜能发挥或者真正拥有面向未来的显著优势,要看青年所处的社会文化环境条件是否有利。对此,我国已于2017年首次专门面向广大青年出台《中长期青年发展规划(2016—2025年)》的行动纲领,希冀在全社会营造青年健康成

---

① 毛泽东. 毛泽东在苏联的言论 [M]. 北京:人民日报出版社,1957:14.
② 中共中央文献研究室. 习近平关于青少年和共青团工作论述摘编 [M]. 北京:中央文献出版社,2017:3.
③ 马赫利尔. 青年问题和青年学 [M]. 陆象淦,译. 北京:社会科学文献出版社,1987:137. 其中,展望性前景是指个体同未来发生联系的时间,青年时期是同未来发生关系的最长时期。前景性距离是指年龄同选择、实现未来状态和角色之间,存在比较大的距离。前景性自由是指个体选择的自由,比较而言,青年选择自由度大。前景性变动是个体拥有改变选择的可能性,青年拥有完全或者部分改变选择的较大可能性。

长的良好环境。实现青年自身潜能发挥或者真正拥有面向未来的显著优势，还要看青年个体能否采取自觉的、负责的和创造性的行动计划。这些要最终归结到社会学家赖特·米尔斯（Charles Wright Mills）所说的"社会学的想象力"——心智品质之上，即要自觉将个体主要境遇与外部客观条件的联系结合，充分认识到青年的成长发展需要与国家的前途、民族的复兴、社会的发展和人民的幸福紧密连接起来，才能在实现社会主义现代化建设的伟大征程中创造出青年个体的出彩人生。

一、研究的背景

就青年才华和潜能发挥指向的具体地域而言，一个不可否认的客观事实是，长期以来我国青年与乡村基层的关系较为疏远，青年（职业）社会流动的主导方向是由乡村涌向城市，或由高等学校"校门"踏进都市"大门"。取得城市户籍、在城市定居工作往往被社会视为个体获得成功的标志，而青年与乡村基层的联系与互动较为稀少，青年在其职业发展历程之中大都缺少基层的培养锻炼和工作背景。一份来自全国高校毕业生就业质量报告统计分析表明，城市特别是一、二线城市是吸引高校毕业生就业、进入职场的主阵地，其吸纳人数比例占到八成左右；而选择去西部地区和基层就业的毕业生人数比例较少[①]。以北京地区高校（含科研院所）毕业生为例，数据整理发现，2017届毕业生（含科研院所）赴西部就业人数共16015人，在已就业人员中占到9.59%；赴基层就业人数为22281人，占到业已就业人数总体的13.31%。2018届毕业生赴西部地区就业共有14827人，在已就业人员中占到9.20%；赴基层就业共计24663人，占比为15.30%。2019届毕业生中赴西部就业的共有15375人，较上一年增加548人，在已就业人员中占比9.19%；到基层工作的共有23931人，占到已就业人数总体的14.30%。综合起来，目前高校毕业生基层就业的比例在15%左右，还不到总人数的1/6。

这种"亲城市，远基层"的流动取向容易造成青年成长发展路径的固化，个体无非是从"家门"到"校门"再到"政府机关门"或是"企事业

---

① 邱海峰，史若晨，张洁凡.大学生就业有了新动向[N].人民日报（海外版），2019-02-14（03）.

门",中间缺少重要的基层历练体验,这会导致青年难以准确了解基层村情社情,难以保持和增进与基层民众的"鱼水之情",难以在职业生涯关键时刻经受考验、"行稳致远",也影响到社会公众对青年形象的积极评价。为此,国家教育主管部门需要加强对广大青年择业就业的思想行动引领,引导他们把树立远大理想志愿与"脚踏实地"立足基层统一起来。与人才、技术、资源要素流动云集的城市"高地"不同,乡村基层要素资源分散且供给匮乏,基层"洼地"难以从外部得到青年"新鲜血液"的有力补充,面临骨干人才紧缺的弱项,难以适应促进区域协调发展、打赢脱贫攻坚战、决胜全面建成小康社会和基本实现社会主义现代化目标等要求。为打破上述青年与基层疏离局面,近十多年来由国家主动发起,努力将青年特别是高校毕业生与乡村社会建立联系,即通过合理引导毕业生到经济建设最需要的地方去,来打通冰封已久的人才流动通道,开辟出青年个体在基层广阔天地中成长成才,而乡村社会获得人才支持借以发展振兴的双赢局面。2008年4月开始,由中共中央组织部牵头挂帅联合其他部委在全国范围内组织推广实施的"选聘高校毕业生到村任职"(大学生村干部计划)就是这一基层导向思想的重要举措之一,它的实施推广引发社会各界以及高校毕业生群体的普遍关注。

按照顶层制度设计蓝图,大学生村干部计划是国家具有长远战略意义的选择,是党中央为保证社会主义事业薪火相传、后继有人而做出的战略决策,国家将其定位在党政干部后备人才的源头工程、新农村建设骨干力量的培养工程、基层党组织建设的强基工程、有志青年实现人生价值的希望工程[1]之上。大学生村干部选聘对象原则上是中共党员或者是非中共党员的高校优秀毕业生学生干部,经政府组织部门统一公开选聘后下乡担任村支部书记或村委会主任的助理,聘用时间一般为三年。截至2018年底,全国累计有三百多万名高校毕业生报名应聘,共计选聘大学生村干部五十多万名。目前基层在岗人数约十三万名,覆盖近四分之一的行政村落,(向外)流动退出累计三十一万之多,大学生村干部俨然成为社会主义新农村建设的一股重要力量,是我国"三农"工作人才队伍的有力补充。告别繁

---

[1] 中共中央组织部组织二局. 大学生村官计划:具有长远战略意义的选择[M]. 南京:凤凰出版社,2012:2.

华城市、选择基层任职可谓是高校毕业生与乡村基层的"亲密接触",是对乡村智力资源洼地的重要补充,这是行为主体做出的重大抉择,堪称个体生命历程中的一个转折点,有可能就此改变其生命轨迹的方向。同时,成千上万大学生村干部的基层服务工作也在潜移默化地悄然改变我国经济薄弱乡村的发展进程。社会化理论告诉我们,离开校园踏入社会的高校毕业生青年面临着人生的两大重要任务:一是自立成家(结婚);二是立业建功。抛开成家不谈,在立业方面,下到基层的大学生村干部青年真实的主观动机如何?他们与陌生农村到底能不能擦出"火花",进而产生两者之间的良性互动关系?志愿服务期间大学生村干部在基层能否有所作为、增长自身才干?志愿服务期满之后他们能否做到扎根基层、青春无悔?他们的职业发展之路又在何方?最终,如何构建乡村基层大学生村干部职业发展长效机制?这些都是过去长期以来悬而未决甚至是搁置回避的问题,现在需要着眼于实践进程给出科学解答。为此,本研究以基层大学生村干部职业发展为题,期望通过研究能对国家大学生村干部计划的系统规范和持续推进,对踏入农村基层的高校毕业生青年完成立业使命、实现人生价值理想,对农村基层平台吸纳诸多青年知识人才实现乡村发展振兴等有所裨益。

二、研究的价值意义

基层大学生村干部现已成为我国乡村振兴过程中的一个响亮品牌,针对其职业发展的研究具有重要的价值意义。正如学术界达成的共识那样,社会科学知识完全可以借助易于操作实施的发展计划,改善发展政策的制定及操作流程,从而大大提高诱导型发展的效果。在理论意义方面,研究有助于建构知识青年与乡村基层的耦合关系,由城市向乡村的人才流动常被视为逆向社会流动,面向基层就业的人才战略导向实施基础薄弱,需要外部制度予以激励补偿强化,增加乡村基层的人才吸纳能力。当大学生村干部青年下到基层履职作为时,需要赋予基层平台培养管理的内涵职能,通过差异化的分类培养不断助推基层知识青年成长成才;当大学生村干部志愿服务期满进入自主择业之际,青年与基层平台的聚合分离需要村干部个体、政府部门、企事业单位和乡村基层协同合作,建立起政府引导与市场配置相结合的双向选择机制,以形成合理有序的社会分流局面,实现志愿与职业、青年与基层的衔接融合。可以说,从早期的基层介入，到中期的担当作为，再到后期的社会流动，大学生村干部的职业发展全过程都能充实知识青年个体与基层乡村的互动内容与交往深度，彰显基层场域中青年人才培养的发展定位，为基层导向的大学生村干部计划赋予实际内涵。

毋庸置疑，大学生村干部计划作为一项社会工程，重在实施运作，并持续推进，相关政策的目标定位和价值取向是最大限度地体现出大学生村干部工作的组织需求。但有关大学生村干部自身成长成才的需求较少受到关注，而忽视个体需求的社会工程项目往往被证明不具有可持续性。故本研究的现实意义在于，大学生村干部基层志愿服务过程中面临的职业定位，职业发展成为困扰基层大学生村干部和组织管理部门的敏感话题。该难点问题如若解决不好，势必会影响大学生村干部在岗期间的思想稳定和"立业"的根基，影响基层地方社会管理秩序的稳定。同时，也会降低乡村基层场域和政府机构在广大高校毕业生心目中的美好形象与威信，削弱大学生村干部计划实施的正当性基础，故本研究希冀能为基层大学生村干部的职业发展提供启发性的建议，对提升乡村治理人才队伍培养管理质量，巩固知识青年人才与乡村基层之间的进出路径，进而避免大学生村干部变为"愤青"，以及重塑城乡要素合理健康流动起到智力支持作用。

第二节 多维视角的研究审视

基层导向的大学生村干部计划属于新生的事物，且具有显著的中国特色，国外对此缺乏专门性研究。相近的研究是美国学者托马斯·伯恩斯坦（Thomas Bernstein）和法国学者潘鸣啸（Michel Bonnin）对中国1968—1980年知识青年"上山下乡"运动相关文献资料的分析。"上山下乡"运动是国家秉持工农结合的思想，组织城市中学生离开城市下到农村定居劳动的群众路线运动。托马斯·伯恩斯坦认为，"上山下乡"运动是一场中国式的社会大实验，在下乡青年的实际功绩和预期功绩之间有一鸿沟，了解农民的真实生活状况以及个体在艰苦的环境中经受磨炼、增长才干可能就是知识青年"上山下乡"运动最有价值和最具影响力的方面，但"上山下乡"运动也给当时城镇青年家庭增加了负担，给知识青年所去往的农村带来了不必要的麻烦，致使社会产生不安定的因素①。对此，潘鸣啸的观点看法与托马斯·伯恩斯坦较为一致，他发现，1968—1980年间的中国下乡青年人数约有1700万，这场有组织的大规模人口迁移是一场彻底的政治运动，背后带有意识形态动机（培养革命接班人、对知识青年进行再教育以及缩小工农、城乡、脑体三大差别）、政治动机（降伏"红卫兵"、加强魅力领袖威权）和社会经济动机（发展乡村、解决城市就业及人口过剩）等因素支撑。牵涉到千家万户的"上山下乡"运动对整整一代城镇青年产生了深远的影响，不仅打乱了他们的正常生活秩序，使他们失去了受教育的机会，而且影响他们的家庭以及城乡社会的稳定，这整整一代青年可以被称为"失落的一代"②。可以说，托马斯·伯恩斯坦和潘鸣啸的关于"上山下乡"的学术观点对当今中国的大学生村干部计划等社会工程仍有警示和启发作用。

相比而言，国内研究比较重视对本土的大学生村干部等热点现象的分析。研究者通过查阅中国期刊网全文数据库电子资源，搜索得到有关大学生村干部论文共计4000余篇，其中包含部分需要剔除的关于大学生村干部工作的新闻报道以及村干部个体先进事迹汇报。学术著作方面，目前已正式出版的有《大学生村官成长成才机制研究》《大学生村官制度与问题研究》《大学生村官理论与实践探索》《大学生村官计划：具有长远战略意义的选择》《大学生村官工作长效机制研究》等近十本围绕该主题的研究著作。从国家社会科学基金批准立项的项目来看，相关立项项目有八项左右，代表性的如骆江玲"大学生村官制度和问题研究"（11CSH010）；王兆萍"大学生村官政策实施效果评估及提升策略研究"（11BRK018）；李剑富"建立和完善大学生村官工作长效机制研究"（09CDJ005）等。在此，有必要对这些已有学术文献资料进行梳理回顾与简要评析。

一、研究概况

依据大学生村干部领域的研究状况，对刊发的论文进行可视化分析，

---

① [美]托马斯·伯恩斯坦.上山下乡——一个美国人眼中的中国知青运动[M].李枫，等译.北京：警官教育出版社，1993：314-320.
② [法]潘鸣啸.失落的一代——中国的上山下乡运动·1968～1980[M].欧阳因，译.北京：中国大百科全书出版社，2010：380-432.

研究大致可分为三个阶段。

(一) 起步阶段 (2008—2010 年)

伴随着大学生村干部计划的出台, 对其展开的探索性研究"百花齐放"。在论文数量上, 研究大学生村干部问题的论文呈现快速增长态势。2008 年该领域的文献数量为 262 篇, 到 2009 年底就增至 603 篇, 并且在 2010 年仍然保持增长。在期刊分布上, 以《乡镇论坛》《村委主任》《农家顾问》《农村工作通讯》等研究"三农"议题的期刊为主。在作者分布上, 以高校社科系列教师以及从事思想政治教育工作的管理人员为主。此外, 基层党政机关的工作人员也是重要的构成部分。在研究性质上, 成果主要集中于基础研究和政策研究。像"新农村视角下大学生村官及其政策考量""新农村建设与大学生村官政策""大学生村官: 一种值得推广的制度安排"等论文被引频次处于前列。

(二) 发展阶段 (2011—2015 年)

随着大学生村干部计划实施的深入, 相关主题研究愈加重视成果的质量, 国家社会科学基金正式资助了若干项大学生村干部议题研究,《青年研究》《中国青年研究》《江苏社会科学》《人民论坛》等核心刊物予以更多成果关注。在发文数量上, 和起步阶段相比, 发展阶段的发文数量总体呈现上升的趋势, 5 年时间共计发表论文 1719 篇。在作者分布上, 以来自农业类院校、师范类院校和马克思主义学院的高校教师研究者为主, 涌现出李义良、王卫平等高产作者; 同时, 来自党政机关的作者数量相比起步阶段有所下降。在研究性质上, 行业指导类型取代政策研究, 上升为仅次于基础研究的第二大类, 表明研究者注重以"实践为导向"加以分析的倾向。

(三) 高潮阶段 (2016 年至今)

2016 年以来, 大学生村干部计划研究进入高潮阶段。这一阶段的论文数量总体上保持平稳, 学术界开始围绕大学生村干部计划对象寻求突破, 寻找新的研究方向和研究议题。在期刊分布上, 研究农村问题的期刊所占比重有所减少, 期刊的类别趋于多样化,《共产党员 (河北)》《淮海工学院学报 (人文社会科学版)》成为发文量最高的两个期刊。在作者单位分布上, 来自农业类院校的数量有所减少, 理工类和财经类的学校数量逐渐增加, 学校类别呈现出多样化的趋势。在研究性质上, 基础研究和职业指导类所占比例有所上升,其中基础研究所占比例接近一半,而行业研究和政策研究类所占比例都有不同程度的下降。

二、研究主要内容

(一) 社会学视角的扫描

面对大学生村干部现象,社会学视角将焦点放在基层大学生村干部的角色行为方面。其一,个体对基层环境的角色适应。由高校跨入陌生"农门",高校毕业生的角色适应面临挑战。岗位的不适体现在工作内容复杂,工作较为被动;工作方法欠缺,自主工作能力不强,缺乏处理村务的技巧等[1]。生活上的不适表现在语言环境的不适应和人际关系的不适应,不易获得当地干部群众的信任[2]。大学生村干部角色适应困难的背后,有个体自身原因,有学者归结为主导性人格特征较弱、个体对工作价值的重视程度低以及对职业生涯规划的不完善[3];有学者指出,职业动机不纯、工作态度不端正以及基层工作经验和能力的缺乏使得大学生村干部在实际工作中出现"水土不服"现象[4];还有学者认为大学生村干部对自身角色的领悟存在偏差,使得理想角色与现实角色之间产生距离[5]。外部环境因素方面,有学者从国家政策逻辑和农村社会逻辑之间的关系来考察,认为二者的背离限制了大学生村干部作用的发挥,容易产生角色失调的现象[6];还有学者认为大学生村干部角色定位的模糊、高校在培养大学生村干部中的角色偏差等导致村干部角色适应出现问题[7]。

---

[1] 左鹏. 大学生"村官"的角色担当 [J]. 当代青年研究, 2010 (2): 1-6.

[2] 于江, 张水娟. 大学生"村官"角色的困境分析与对策研究——以江苏镇江地区为例 [J]. 江苏社会科学, 2010 (5): 239-243.

[3] 童辉杰, 刘轩. 大学生村官工作适应的影响因素分析 [J]. 心理与行为研究, 2013 (6): 813-818.

[4] 蒋春露, 刘琼, 王勤. 大学生村官"水土不服"问题及对策 [J]. 西南石油大学学报 (社会科学版), 2011 (5): 37-42, 10.

[5] 曾艳华. 大学生村官角色距离问题探究——以南京S村为例 [J]. 山西农业大学学报 (社会科学版), 2014 (11): 1178-1183.

[6] 郭明. 农村社会中大学生村官作用的发挥及限度: 杜镇案例研究 [J]. 社会主义研究, 2013 (1): 96-100.

[7] 姚东瑞. 大学生村官成长环境分析 [J]. 中国青年研究, 2010 (10): 64-67.

其二，个体服务期满后的角色退出。学术界通常将它归为两类制约因素，一是微观因素，有学者认为大学生村干部扎根基层意识淡薄，将村干部经历当作职业"跳板"，处在"身在曹营心在汉"的状态，对个体职业发展不利，阻碍角色的正常退出[1]。有学者认为村干部自身缺乏再就业的锐气和能力，一方面，村干部的工作环境消磨其意志，使其缺乏危机意识和竞争意识；另一方面，部分村干部履职期间主动性不高、参与度较低，导致个体能力提升缓慢，社会竞争力较弱[2]。二是宏观因素，有学者认为政策导向不清晰、长效机制缺乏以及培训制度不完善等因素堵塞大学生村干部期满退出的出路[3]；还有学者认为考核体系不严密、退出政策设计不完善、社会保障制度不健全等影响大学生村干部期满后的正常退出[4]。

（二）管理学视角的透视

针对下乡的大学生村干部，管理学研究者将目光放在基层人才培养管理层面，指出大学生村干部下到基层适应困难，应及时开展"暖心"帮扶活动，在思想、生活和工作上给予关心，缩小大学生村干部与当地干群间的社会心理距离[5][6]。同时，为让大学生村干部工作尽快上手，需要开展针对性的培训。岗前培训应注重立志教育、农村形势教育和涉农政策法规学习，岗位培训重点是推行导师制进行传帮带活动，同时搭建互动型学习团队，营造积极进取的学习氛围[7]。在管理培养内容方面，主要实施差别化的

---

[1] 崔家新. 大学生村官动态退出机制研究 [J]. 中国集体经济，2014 (25)：12-13.

[2] 张兵. 大学生村官期满流动问题研究——基于对淮安市"1011 工程"大学生村官的调研 [J]. 扬州大学学报（高教研究版），2015 (6)：66-70.

[3] 王晶. 社会转型期大学生村官期满分流路径研究 [J]. 人民论坛，2015 (29)：159-161.

[4] 郑明怀. 论大学生村官退出机制的障碍及改善 [J]. 中国青年研究，2011 (6)：86-89.

[5] 查佐明，马德峰，张凌晨，等. 试析大学生"村官"计划——以苏北灌南县为例 [J]. 思想教育研究，2009 (10)：88-91.

[6] 陈志霞，曹和平. 组织社会化视角的大学生村官职业适应性研究 [J]. 中南民族大学学报（人文社会科学版），2013 (1)：85-91.

[7] 李永忠. 论大学生村官的学习力及其培育 [J]. 学术探索，2012 (12)：31-34.

分类培养^①，即根据村干部自身的专业知识、能力素质、兴趣特长等，区别对待具有不同特质的村干部，分为富民型、亲民型、管理型、复合型等类型，因地制宜地引导大学生村干部朝多元化方向发展^②。

对于大学生村干部工作业绩的考核，有学者指出，大学生村干部应按照《职业生涯规划表》确定个人绩效考核的目标，并自主选择绩效考核的类别^③。有学者进一步将村干部工作业绩细分为任务业绩、关系业绩、学习业绩和创新业绩四个部分，分别对每一个业绩指标制定可测量的评价标准，为指标量化评分提供依据^④。有学者提出，应该完善政府考评与群众评议相结合的考核办法，以增强评价的公平性和科学性；同时，注重考核结果的运用，将它作为人才选拔聘用、评优评先的重要依据，充分调动大学生村干部工作的积极性^⑤。

（三）政治学视角的探索

在政治学研究者看来，大学生村干部计划所蕴含的知识与社会结合、农村与城市结合、上层与基层结合的理念将对中国政治生态产生深远影响，有可能成为未来中国政治生态的重要生长点^⑥。政治学视角将重心放在制度规范建设上，希冀建构一套基层志愿服务的长效工作机制。在岗前选聘阶段，有学者指出应完善大学生村干部选拔制度。一是以农村的实际需求为导向。基层组织经调查研究弄清楚所需要的大学生村干部数量和结构，再向上级组织申报；二是选拔坚持公平、公正、公开的原则，公开组织相应的笔试、面试与考察工作，做到整个选拔过程阳光操作；三是基于自觉自

---

① 朱国云. 坚持差别化培养，拓宽大学生村官舞台 [J]. 求是，2012（6）：48-49.

② 朱灏，刘西忠，朱国云. 江苏省大学生"村官"差别化培养模式研究 [J]. 南京社会科学，2011（8）：145-150.

③ 王方冬. 大学生村官差别化考核的探索——回应 2012 年第 9 期（下）"创新大学生村官考核制度" [J]. 村委主任，2012（21）：39.

④ 李炳龙，苏益南，朱永跃. 大学生"村官"绩效：定量评价与优化路径 [J]. 江海学刊，2014（3）：228-233，239.

⑤ 胡跃高. 大学生村官考核体系设计 [J]. 村委主任，2012（15）：5-6.

⑥ 陈忠. 大学生村官与中国政治生态：意义、问题与趋势——大学生村官的一种政治学分析 [J]. 苏州大学学报（哲学社会科学版），2009（4）：1-6.

愿的原则，让那些真正愿意为农业、农村和农民服务奉献的年轻人进来①。有学者指出，应该健全大学生村干部预培养制度。一是国家财政向偏远贫困地区倾斜支付部分培养费用，鼓励大学生加入培养计划；二是开设与农业农村发展相关的实用性课程，精心组织暑期大学生"三下乡"社会实践等；三是地方政府在新农村建设的专项资金及人才队伍方面加大配套支持力度②。

在任职服务阶段，有学者指出应健全配套保障制度。一是完善待遇保障机制。配套建设大学生村干部公共学习生活服务设施；建立规范、合理的工资标准，确保岗位职业化和社会保险制度化。二是完善权益维护机制。健全村干部咨询投诉机制、普法宣传和维权监督机制，从源头保障大学生村干部维权的法律法规；完善有关大学生村干部权利义务关系以及与基层组织关系方面的法律法规；将发展趋于成熟的大学生村干部优惠政策转变成政府规章制度固定下来③④。

（四）心理学视角的解析

心理学研究者侧重于剖析大学生村干部青年个体人格心理，指出乡村拥有复杂的社区情理，基层工作需要大学生村干部具有良好的心理素质。目前，现有大学生村干部志愿扎根基层的动力不足，心理问题或者心理障碍出现的可能性很大，表现在：（1）自我效能感低。期望角色与现实角色之间的落差、专业知识无用武之地、待遇水平低、工作面临多方面的限制等现状，经常使大学生村干部常感到自卑、自责和痛苦，产生较多的消极情绪⑤。（2）人际关系困扰。部分大学生村干部不能适应农村的社会交往方式，导致其不易获得当地村干部和村民的信任与支持，容易出现孤独、郁

---

① 王久高. 制度化视阈下的大学生"村官"政策 [J]. 探索，2011 (3)：47-50.
② 王永萍. 试论大学生"村官"前期培养体系的构建 [J]. 学校党建与思想教育，2010（31）：45-46.
③ 王志刚，于永梅. 大学生村官的择业动机、满意度评价及长效发展机制研究 [J]. 中国软科学，2010（6）：87-96.
④ 王丽萍，黄宏，贺梅英. 论新形势下村官选用机制的构建 [J]. 华南农业大学学报（社会科学版），2008（4）：141-144.
⑤ 童辉杰，成锦. 大学生村官心理卫生现状分析 [J]. 中国公共卫生，2014（3）：278-281.

闷、焦虑等不良心态[①]。（3）人格障碍。部分大学生村干部判断是非的能力较差，情绪控制的能力较弱，过度在意别人的想法，不敢在公共场合表现自己，出现社交障碍等[②]。

对此，学者们认为有必要采取相应的措施缓解大学生村干部的心理问题：（1）开展针对大学生村干部岗位的职位分析，让大学生提前了解村干部培养方案，做好充分的职前心理准备，避免因不熟悉工作内容和方法带来的压力，使其拥有职业归属感[③]。（2）在选拔阶段，相关部门进行人格心理测试以加强选聘的适配性，着重选拔心理健康水平较高的个体[④]。（3）设置大学生村干部专门管理机构，收集整理大学生村干部的合理诉求，制定多样化、人性化的期满社会分流措施[⑤]。

三、简要小结

应该来讲，已有研究取得了一定成绩，成果有助于指引各个省市地方大学生村干部工作实践，为大学生村干部计划制度的完善提供了重要参考。其突出优点在于：（1）基于多学科视角的考察。如上所述，社会学视角重点关注大学生村干部的角色行为，心理学视角主要关注村干部个体的心理健康，管理学视角注重研究大学生村干部的培养管理，政治学视角侧重研究大学生村干部计划的制度视域，多学科视角考察易于克服单科研究的分散性、片面性，丰富了大学生村干部问题的研究。（2）研究紧扣大学生村干部个体所处的基层社会情境和国家相关政策法规。已有研究比较关注国家的顶层制度设计，注重乡村的社会结构基础，重视来自外部环境的辅助机制，这贴合了"人在环境中"的生态系统思想理念，强调行

---

① 廖文斌，余定波.大学生村官心理健康状况调查［J］.中国健康心理学杂志，2010（4）：503-504.

② 童辉杰，刘轩.大学生村官工作适应的影响因素分析［J］.心理与行为研究，2013（6）：813-818.

③ 卢福营，李琼.论大学生村官选任中的职位分析缺失［J］.浙江师范大学学报（社会科学版），2010（3）：77-81.

④ 方奕，程凤娇.大学生村官招募变迁分析——基于2008—2014年10省（市）选聘公告［J］.中国青年社会科学，2016（1）：95-103.

⑤ 薛朝霞，等.大学生村官工作压力对心理健康的影响及潜在的社会支持作用机制［J］.中国卫生事业管理，2012（12）：945-949.

动者个体对陌生社会环境的适应融入，坚持个体问题应放在社会环境系统之中加以解决。

当然，已有研究也还存在不足和有待进一步拓展的空间：（1）已有研究多立足在选聘背景下高校毕业生与基层的对接匹配和期满退出上，而对基层大学生村干部工作如何逐步展开，基层履职的主要"抓手"和实现路径是什么，以及服务期满之后大学生村干部如何"二次"进行职业选择等缺少关注。（2）已有研究侧重从国家政策、制度设计、体制机制层面解析大学生村干部计划，突出了自上而下的制度导引贯穿作用，该框架很大程度上遮蔽了大学生村干部主体因素，相对忽略了对青年主体成长成才需求满足的探究，针对青年的意识与行为如何反作用于大学生村干部计划制度层面也不够重视。（3）已有研究多停留在基层志愿服务语境，而关于大学生村干部计划实践的经验总结和提炼不足，缺乏必要的反思讨论。围绕现有试点地区或示范地区的大学生村干部计划实施情况，总结提炼成型的经验模式或者发展路径的研究较为缺乏，研究成果的应用推广价值体现不太明显。鉴于此，本研究拟对上述不足做出一些调整改进，选择以"基层大学生村干部职业发展研究"为题，拟在实地调研的基础上加以深入探究。

第三节 大学生村干部职业发展研究的总体设计

关于社会科学课题的研究设计往往属于创新性的心智层面内容，其思想火花具有隐蔽性，不易为人所觉察。美国社会学家艾尔·巴比（Earl Babbie）曾经指出，社会科学的研究设计就是设计一个发现某事物的策略，虽然设计的细节会因研究对象不同而有所不同，但它通常包括两个方面：第一，必须尽量明确要发现的东西；第二，必须采用最好的方法进行研究[①]。面对仍旧处于探索实验之中的大学生村干部计划，大学生村干部职业发展研究显然需要高度重视研究设计环节，特别是选取合适的研究方法以便能够达到预期的研究目标。

---

① ［美］艾尔·巴比. 社会研究方法基础［M］. 邱泽奇，译. 北京：华夏出版社，2004：69.

一、核心概念

"大学生村干部"无疑是本研究的重要核心概念,细究其说法的由来实际上有一个转变的过程。最初的正式说法是"到村任职高校毕业生"或者"选聘高校毕业生到村任职",这是政府组织人事部门下发的通知文件中明确使用的专用词,但由于该专用词语存在字数偏长、言语表达没有新意等不足,故媒体和社会公众转变表达方式,采用"大学生村官""大学生村干部"的简化表述,最终,大学生村干部这一说法逐渐得到政府组织人事部门的认可接受。本研究使用的大学生村干部,是指经过政府组织部门统一选聘担任村"两委"干部助理职务的全日制普通高校本科及以上毕业生,它是村级组织特设岗位人员,系非国家公务员身份,在我国属于新生事物。应该指出的是,大学生村干部其实并不是担任政府部门职务的"官员",在正式语境中往往会淡化村干部的概念,实际上是指身处乡村基层履职服务的高校毕业生,属于基层知识青年范畴。而和当地村干部相比,大学生村干部属于外来者,并不是本村本地出身、土生土长的村民,是乡村社会治理的新型力量。采用"大学生村干部"这一约定俗成的说法,是为了行文方便,也是为与业已施行的大学生村干部制度以及地方大学生村干部工作实践形成有效呼应,尽管它在某些学者看来可能仍存在争议。至于与大学生村干部概念紧密联系的大学生村干部计划,有关它产生的经济社会背景及其基本内涵,本研究将在第二章开头部分予以阐述。在大学生村干部计划的选聘初始环节,需要指出的是,我们更多使用高校毕业生来实际指代还未下乡正式履职的准大学生村干部。

除去"大学生村干部"概念之外,本研究的核心概念还有"职业发展"。撇开对象、时间、领域等因素的连接与限制,"职业发展"无疑是一个较为笼统的概念。从搜集整理的文献资料来看,中国职业规划师协会的定义较为简明,指出职业发展就是个体在自己选定的领域里,在自己能力所及的范围内,成为最好的专家。而多数学者的基本看法是,职业发展是个体通过各种理论知识和实践操作学习,在社会分工体系中不断提高自己的专业技能水平,促进自身职业道德和工作作风提升的过程。令人遗憾的是,在现有关于个体职业发展实证研究中往往缺乏明确的操作性定义,已有研究通常将其与学校教师、企业员工等对象身份结合在一起,比如有关高校教师的职业发展问题探析，常规操作是把它分成教学发展和科研发展两个方面。相较于学者将个体参加工作之后的知识学习与技能意识提升都列入职业发展范畴的做法，本研究中的大学生村干部"职业发展"也是采取广义的范畴，因为对于刚刚踏上社会走进乡村基层的高校毕业生而言，职业生涯才刚刚起步，工作内容远未固定成型，再加上所处的乡村基层独特的环境条件，故对其职业发展展开研究应囊括整个运作过程始终，包括从初始的职业准备，到基层入职的岗位适应，再到中期阶段的岗位建功，最后到基层聘期期满之时的二次职业抉择的整个过程，而不是单单截取职业发展中的一段或者一小部分加以解析，故本研究中的基层大学生村干部职业发展涵盖成长性、发展性等多重特征维度，它贯穿大学生村干部计划运作的始终，是大学生村干部计划不可分割的重要组成部分。

二、主要研究方法

本研究主要运用个案研究方法，个案研究是针对个人、事件、群体或者社区通过解剖"麻雀"的方法来达到对研究对象深入、详细和全面的认识，它遵循分析性的扩大化推理逻辑，即直接从个案归纳推理上升至一般结论，通常在自然条件下观察和研究人们的态度和行为。学术界普遍认为，个案研究的优势在于能够准确把握研究对象的问题、需要及其原因，进而提出具体有效的解决方案，而劣势或者说个案研究面临的最大困难是研究能否超越局部观察的局限性，将最后的研究发现、研究结果进行外推，进而获得更具一般性的概括。在个案的代表性不清楚的情况下，实现外推的关键在于选取具有典型性的个案。典型性是个案体现出的某一类别的现象或共性的性质。依据事物各类共性表现形式的不同，存在集中性、极端性和启示性三种不同的典型性。针对普遍现象的共性类型，选择个案研究可以遵循集中性标准，即以集中某个类别现象的主要特征和属性的典型载体为对象；针对反常现象的共性类型，选择个案对象的标准往往遵循极端性标准，即以最反常的个案作为研究对象；针对未知类型的共性，个案对象的选择往往遵循启示性标准，即所选个案对某类现象最具有揭示性意义[①]。

---

① 王宁. 代表性还是典型性？——个案的属性与个案研究方法的逻辑基础 [J]. 社会学研究，2002（5）：123-125.

就全国普遍实施的大学生村干部计划而言，研究应该遵循集中性标准，选取集中展现现象主要特征和属性的载体，故本研究拟在苏北地区广大乡村展开，原因如下。

就空间地域而言，苏北地区位于江苏省东北部，地势以平原为主，拥有广袤的苏北平原，行政区域上涵盖5个省辖市[①]的40个县（市、区），是我国沿海经济带重要组成部分。苏北地区总体特点是农业人口数量众多，乡村从业人员占到总人口比重的四成以上；传统农业发达，是全国商品粮和优质棉基地，拥有蚕桑、水产等特色农副产品；经济发展总体水平不高，但近年来主要指标增幅名列全省前茅，人才成长的空间大、机遇多，是我国具有发展潜力的传统农业县市代表。仅以其中的连云港市来讲，它地处江苏省东北部的丘陵和平原结合部，市域面积7444平方公里，下辖83个乡镇、17个街道办事处、220个居民委员会、1432个村委会，常住人口约440万人。连云港市传统农业地位优势突出，耕地面积占到总面积一半以上，盛产水稻、小麦、棉花、大豆、花生、林木瓜果等作物，是我国大型商品粮生产基地和苗猪繁育养殖中心。与周边市区相比较，连云港市呈现出持续攀升的强劲发展态势，经济社会建设成绩喜人，对高校毕业生等知识青年具有强烈需求。早在2007年，苏北地区就被列为江苏省大学生村干部计划的重点任职地，大学生村干部工作不仅起步早，而且成效好，在村干部选聘、管理培养、创业富民、分流安置等方面积累了宝贵经验，很大程度上代表着江苏乃至全国大学生村干部工作的发展水平。苏北地区大学生村干部工作具有地缘优势，符合典型个案要求的集中性标准，研究以苏北地区为考察个案具有典型性，其研究结论具有向外推广价值和启发意义。经过20多年的探索改进，江苏逐渐形成大学生村干部"三当五化"的江苏模式。所谓"三当"，就是把大学生村干部当后备干部来培养、当优秀人才来服务、当自家孩子来关爱；所谓"五化"，就是对大学生村干部实行优质化选聘、科学化管理、精细化培养、多元化发展、制度化保障[②]。

在资料收集上，本研究资料收集以集体访谈法为主。2010—2016年每年暑假（7—8月），调研团队利用苏州大学社会学院本科生暑假社会实践的

[①] 苏北地区的5个省辖市具体是指徐州市、连云港市、宿迁市、淮安市和盐城市。
[②] 钱德洲，刘祖云. 从"嵌入"到"融合"：大学生村官制度的弱化与优化[J]. 江苏社会科学，2018（4）：107-113.

机会深入苏北地区灌南县、灌云县、滨海县、涟水县、响水县、泗阳县、新沂市、沭阳市等地区，围绕大学生村干部基层社区适应、基层角色定位、基层社会管理创新、扎根乡村基层、（服务）期满社会流动等具体问题分别与大学生村干部、当地政府部门负责人举行集体座谈讨论，并在现场做文字记录、录音拍照和后期文字处理①。每场参与座谈的大学生村干部控制在10人，他们主要来自当地经济薄弱村，有着村组履职的经历，其中拥有中共党员身份和本县市户籍者居多。当地政府部门主要包括县（市）组织部、人力资源与社会保障局、民政局、财政局、农业局、共青团县委、妇联以及乡镇政府代表等，每场座谈人数为8～12人。就效果而言，集体访谈固然容易产生团体压力和从众行为，但其最大优势是访谈员和被访者之间、被访者相互之间存在多层次的互动交流，因而所获资料更为完整、准确。此外，调研团队还注意收集苏北地区政府部门关于大学生村干部基层职业发展的文字材料，例如当地组织管理部门保存的大学生村干部工作年度报告、大学生村干部创业富民以及服务期满之后社会流动宣传资料等加以充实；实地走访考察大学生村干部创业富民基地（创业园），与大学生村干部现场对话交谈……

对于收集上来的资料，经整理审核后主要采取定性分析方法进行处理，具体来讲，主要是通过举例说明法和比较分析法进行，即用经验实例或者特性比较来说明理论，为最后研究成果撰写提供有关事实依据。

三、依托理论

由已有学术文献研究来看，围绕基层大学生村干部职业发展问题研究应该坚持系统理论的观点，超越多学科视角的边界。在依托理论上，考虑到彰显基层大学生村干部青年主体性的重要性，本研究主要依托社会角色微观理论。角色是社会群体或者组织的构成基础，是指与个体的社会地位、身份相一致的一整套权利义务和行为模式，是对处在特定地位上人们行为的期待②。作为社会科学的基本理论之一，角色理论具有两种发展面向：一

---

① 访谈资料的编码处理，是遵循被访对象—所在城市—访谈日期—个案访谈编号的顺序，其中被访对象、所在城市使用中文拼音首字母缩写代替。

② 《社会学》编辑委员会. 中国大百科全书·社会学［M］. 北京：中国大百科全书出版社，1991：311-312.

是角色互动说，认为角色是在个体互动过程中形成的，角色的表演没有一个先天的剧本可循，文化只能为人类社会舞台上的角色表演规定大致的范围。二是角色结构说，认为角色内容是由社会文化塑造赋予的，角色表演要根据文化所规定的剧本进行呈现，表现为在社会结构中个体接受社会规范并遵循规范行事。无论是角色互动说还是角色结构说，其实质反映出看待个体角色行为的切入点差异，角色互动说取向更加突出了微观层面个体的能动性，而角色结构说取向则彰显出宏观层面社会结构的巨大影响力，而将两者综合起来似乎更合时宜，有助于丰富和完善角色理论。将角色理论运用于身处基层的大学生村干部青年职业发展研究，需要引入和关注"角色过渡""边际人"这两个重要概念内涵。

社会化通常是个体由生物人成长为社会人的过程，也是个体思想行为不断模塑的历程，受化者必须进行认真学习模仿，掌握基本生活技能和社会规范，进而逐渐了解自己在群体或社会关系结构中的地位，领悟并遵从社会对这一地位的角色期待，顺利地承担起社会角色。围绕角色及其延伸出来的角色扮演、角色行为、角色认知、角色失调等概念，社会化过程给人们的印象似乎是线性而连贯的，但其实人们忽略了角色之间的断裂——过渡与转型。所谓角色过渡，是指从一种既定角色向另一种崭新角色的转变。它是一个广义的范畴，包括职业的变更、身份地位的变化等。对于高校毕业生而言，毕业意味着由大学生角色开始向社会劳动者角色转变，场域由高校校园转向基层工作单位。这种过渡本质上是个体预备社会化的过程，它必须以提倡适应未来发展的规律性要求的知识、才能、价值观、希望、理想和计划为宗旨，将目的性、展望性、计划性和行动性特征体现于现实的行为之中①，具有时间性、指向性和冲突性的特点。种种实例表明，青年角色过渡看似比较简单、容易，无非是一种角色取代另一种角色，实则这里牵涉若干具体现实问题，如角色适应问题、越轨问题等。更明确一点说，青年角色过渡过程充满着矛盾和危机，青年主体因素、社会文化制度因素、社会评价因素等影响着青年的角色转变②，其过渡结果并

---

① 马赫利尔. 青年问题和青年学［M］. 陆象淦，译. 北京：社会科学文献出版社，1987：176.
② 马德峰. 转型时期青年角色过渡问题的理论思考［J］. 中国青年研究，2004（5）：61-69.

不一定如预期期望那样美好，这给了负责基层高校毕业生工作的管理者一次警醒。

如果说角色过渡重在揭示职业（身份）转变过程，那么边际人概念则将焦点又拉回青年个体状态范畴。"边际人"好比文化上的混血儿，他们寄托在两个不同的群体之中，但又不完全属于任何一方，处于两种角色的夹缝之中，他们的自我概念是矛盾、不协调的，既有希望又常怀失望；既急需选择又别无选择；既要为适应新环境而进行冒险，又要为承受旧传统付出忍耐，在边际人身上痛苦和憧憬并存，颓废和奋发同在。过渡对于青年来讲，体现在两个方面。一是在成长阶段性上，是由儿童时期（世界）向成年时期（世界）的过渡。"一般说来，不得不连续多年地过'边缘人'的生活，这就是说，他们的社会状态是模糊不清的，因为他们被认为既非成人，亦非儿童。他们既不能享受成人的权利，又不能停留在青春期以前即童年的不负责任状态；他们既不能受到成人的真正严肃的对待，又不为成人所忽视……"[①]。二是在扮演的社会角色上，由于新旧角色不相同，其规范内容及性质也会有所差异，很可能前后两种规范之间没有交集甚至会冲突、对立，让身处其中的青年左右为难、无所适从；加之个体认知的局限，势必难以达到社会公众期望的理想标准，外界的各种质疑和闲言碎语会造成青年个体内心世界的怀疑、失望、沮丧。这种边缘性状况与其从负面效果渲染、考察，不如从积极方面加以审视。矛盾冲突是对处于角色过渡中的青年的一个警醒、提示，使其做好相应的心理准备和行为选择，在规范之间小心地保持平衡，就像杂技演员那样，一边走钢丝，一边耍着手中的球。能动性—不稳定性、可塑性—脆弱性等本体状态，这种（状态）不稳定往往需要经过多番磨砺，青年个体才能彻底领悟角色真谛，较好地承担起社会责任[②]。大学生村干部无疑具有边际人角色属性，身处乡村基层个体面临心理煎熬和外部压力。

以上概述的角色理论，包括角色过渡和边际人等核心概念，对于我们认识身处基层的大学生村干部对象特点及其心理行为具有重要的阐释意义，

[①] 马赫利尔. 青年问题和青年学［M］. 陆象淦，译. 北京：社会科学文献出版社，1987：79.

[②] 马德峰. 转型时期青年角色过渡问题的理论思考［J］. 中国青年研究，2004（5）：65.

有助于阐释基层大学生村干部的履职行为，导引大学生村干部职业发展方向。

总体而言，在基层大学生村干部职业发展研究的设计上，本研究立足于国家大学生村干部计划的政策建构及其在基层的生动实践。

第四节 大学生村干部职业发展研究的主要内容

本研究的对象是基层大学生村干部，本质上属于介入乡村基层的高校毕业生青年，基层性、知识性、志愿性是本次研究对象的显著特点，介入乡村基层的过程同时也是大学生村干部锻炼成长特别是职业发展的过程。如前所述，高校毕业生青年社会流动的长期主导方向是由乡村涌向现代城市，其与乡村基层的关系较为疏离，选择下乡任职是青年与乡村的实际接触，是对乡村智力资源洼地的重要补充，这是行为主体做出的重大抉择，有可能就此改变人生轨迹的方向，基层职业发展之路需要探索实践。本研究的主要目标就是在描述当前国家实施的基层战略社会工程背景之下，揭示基层大学生村干部青年职业发展的显著特点、面临的主要任务和影响因素，进而提出针对性的对策建议，为实现高校毕业生青年与乡村基层的通道对接，志愿服务与职业定位之间的顺利转换，以及刚刚走上社会的青年完成立业重任贡献思想智慧。

具体的研究内容架构则按照基层大学生村干部青年职业发展的先后顺序依次展开，如图1-1所示。首先，是对大学生村干部计划的制度分析。在现有基层导向政策文件回顾的基础上，对大学生村干部计划出台的背景及其涵盖内容进行解读分析。我们认为，从制度层面上看，大学生村干部角色蕴含着更多的志愿性与公共性成分，标志着国家公共服务向基层乡村延伸拓展。参加选聘的广大高校毕业生响应国家号召，利用自身知识资本促进乡村发展，追求更多的是社会需要的满足和贡献程度。初始的基层介入，需要大学生村干部做好角色定位，积极主动介入基层，在外界帮扶下完成岗位和环境适应的第一步。中间的基层履职是大学生村干部发挥自己的特长，力争在服务期内实现岗位建功，以业绩获得基层干部群众的认可，实现自己的人生价值。而最后所处的节点则是基层服务聘期到期之后，如何由原先政府支持的志愿服务平稳转移到基于个体价值选择的职业发展上，即从志愿者这一过渡身份变为真正职业者，大学生村干部与乡村基层完成聚（留守）离（分流）。大学生村干部计划的制度设计内容与整体工作铺开，实际上是与大学生村干部个体的职业发展形成一体、相互交融的。

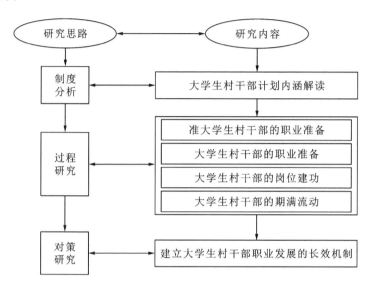

图 1-1　基层大学生村干部职业发展研究的简要框架

其次，研究展开对基层大学生村干部职业发展的过程研究。研究立足高校毕业生基层履职的前期准备，对应于大学生村干部计划的选聘事项。研究从基层场域性质的情境分析（熟人/半熟人社会）、大学生村干部选聘文本内容规定（外在条件要求与村干部个体内在性格要求）、高校毕业生基层就业的主观动机、高校对毕业生基层职业发展的助力、政府对高校毕业生职业选择的导引等方面入手，通过考察分析，指出高校毕业生从事基层村干部工作之前需要做好哪些必要的准备，同时针对现有大学生村干部选聘政策与青年职业选择的有效对接做出倡导建议，以实现"下得去"的选聘目标。然后，研究围绕基层介入，对应的是大学生村干部乡村基层的岗位适应。研究拟对大学生村干部岗位工作内容及其呈现特点进行分析，找出目前影响大学生村干部基层介入的主客观因素，并对大学生村干部岗位适应给出政策建议，以实现"待得住"的目标。

接着，研究围绕基层岗位建功，对应的是大学生村干部乡村基层的社会融入。研究重点关注基层大学生村干部岗位建功的主要"抓手"，分析制约大学生村干部岗位建功主要"抓手"的主客观因素，并对促进大学生村干部岗位建功的制度激励做出探究，以达到"干得好"的目标。然后研究围绕大学生村干部服务期满后的"二次职业抉择"，对应的是大学生村干部服务期满后的社会流动。研究关注大学生村干部期满分流的制度，如指导思想、基本原则和分流具体路径，探讨大学生村干部期满职业选择的现实情况及其存在的症结，对大学生村干部职业发展的衔接与保障提出建议，以期对"流得动"的目标有所裨益。

再接着，研究试图概括基层大学生村干部的总体职业发展特点与影响因素。对应于大学生村干部计划的前后四个流程——"下得去""待得住""干得好""流得动"，在揭示大学生村干部职业发展特征的基础上，分析影响大学生村干部职业发展的主要因素，并探讨基层大学生村干部职业发展的几个误区。在此基础上，研究试图构建一套大学生村干部职业发展长效机制，主要围绕差异化培养、基层帮扶、基层考核、顶层制度设计、青年主体能动等与大学生村干部职业发展密切联系的几个因素展开。

最后，研究做出简短结语，内容包括提炼主要研究结论，揭示该研究结论的现实意义和理论价值，提出几个值得今后研究探讨的问题，并指出当前研究过程中存在的不足之处。

第五节　大学生村干部职业发展研究的创新之处

任何一项研究都希望具有创新性，与先前研究成果相比，本研究在学术思想方面的创新，是采取制度-生活的分析框架，关注和探讨大学生村干部青年与乡村基层的链接基础，真正建立两者之间的人才流动通道，实现大学生村干部在地化的职业发展。针对人才下乡，在"下得去"方面，选聘能否将高校毕业生与乡村基层建立链接，关键在于两者之间的匹配程度，即乡村基层的人才需求与高校毕业生自身条件和职业准备之间的吻合度。在"待得住"方面，高校毕业生初次介入乡村基层，需要进行角色调适，借助外力帮扶助力，做到基层岗位适应。在"干得好"方面，大学生村干部需要找到合适"抓手"嵌入基层，在村干部岗位施展才华，赢得当地干部群众的认可支持。在"流得动"方面，面对基层服务期限届满，大学生村干部要及时由原先政府支持的志愿服务平稳转移到基于个体价值选择的职业发展上,即从志愿者过渡身份变为真正职业者,实现"二次选择"。将"下得去""待得住""干得好""流得动"环节连接起来,进而系统构建基层大学生村干部职业发展的长效机制。

本研究在学术观点方面的创新:(1)基层大学生村干部要结合乡村振兴战略发挥主体能动性,摆脱被动、依赖的不良思想,依托基层拟定的培养管理方案,通过工作历练不断提升自己,努力实现个体职业发展,将服务基层与成长成才结合起来。(2)基层大学生村干部职业发展方向,主要谋划在留村任职、考录公务员、自主创业、另行择业、学习深造等去向上多元流动,成为社会各行各业的合格建设者和接班人,完成下乡青年个体肩负的立业重任。(3)基层大学生村干部职业发展之路存在隐性的"暗流"或者障碍,它倒逼国家顶层设计疏通并拓展现有出路,基于全盘视角统筹谋划;倒逼地方政府要精心设计、形成合理分流预案,为流动安置环节的制度制定提供经验,进而助推大学生村干部实现由志愿过渡身份向职业固定身份的最终转变。

相对于已有研究而言,本研究在研究方法上面的创新:其一,综合运用访谈法、文献法、观察法等多种资料收集方法,全面搜集大学生村干部基层职业发展数据与资料,为本次研究打下定性分析和量化分析的基础。其二,在对苏北地区共时性的调研基础上,为大学生村干部职业发展分析引入历时性要素,从初始的村干部选聘到基层介入、岗位建功到最后的(服务)期满分流,形成完整的时间链条,这有助于揭示处在不同时期或者阶段大学生村干部青年职业发展的特点与规律。

本研究以"基层大学生村干部职业发展研究"为题,从研究的重点来看,在于绘制基层大学生村干部青年的职业发展图景。一是梳理他们基层职业发展(基层介入、岗位建功)过程中取得的成绩,以及存在的不谐之音,包括基层介入的表象化、基层履职的边缘化、基层流动的无序性等。二是进一步疏通他们已有的职业发展通道。这包括解决职业选择道路的内部不协调,比如无奈的留村任职、零星的自主创业、拥挤的公务员之路等隐性问题,需要我们给出疏通各条道路的对策,确保大学生村干部计划健康持续发展;也包括职业发展去向的拓宽,现有大学生村干部职业选择出路余地较小,如何在这些已有去向的基础上拓展新的路径,有效解决基层青年人才职业发展问题，研究需要给出破解的"妙方"。本研究的难点，在于对影响基层大学生村干部青年职业发展障碍根源的查找。基于大学生村干部是国家选派的身处基层的高校毕业生这一点，研究将立足乡村社会场域，对照大学生村干部的顶层制度设计，秉持生态系统理论思想，拟从个体主体因素、基层社会结构因素以及国家制度因素切入。

第二章　大学生村干部计划的扫描透视

第一节　大学生村干部计划的发展历程

就人才下乡而言，目前下乡人群主要包括高校毕业生、退伍军人、企业家等，高校毕业生在其中无疑占据主导位置。大学生村干部计划是国家以国内各大高校毕业生青年为下乡行动主体，于2008年正式出台并向全国推广铺开。在该计划正式成型之前，实际上地方政府有过一些探索和实践基础。对此，这里有必要基于时间维度梳理大学生村干部计划基本发展脉络，以使我们能清楚认识大学生村干部计划出台的时代背景和社会原因，对其实施的价值意义有一准确定位。

任何国家大型社会工程或者社会计划的出台均有重要的现实社会背景和目标指向，正如一些研究者所言："我国各项事业的发展取得了巨大成就，客观上为大学生村干部政策的实施提供了条件支撑和必要保障；同时，随着改革开放的深入发展，一些深层次问题开始显现，尤其是城乡所呈现出的不同发展图景和面临的现实挑战，成为孕育、催生大学生村干部政策的诱致性因素。"[①] 现有文献资料表明，大学生村干部计划最早的雏形应该可以追溯到1995年江苏省徐州市丰县推行的"雏鹰工程"。当时，丰县组织部门为培养锻炼乡村年轻干部，加强农村基层党组织建设，优化村级干部知识、年龄和经历结构，启动实施了"雏鹰工程"人才培育计划，以做好基层人才储备工作。在报名考试的200多名大中专毕业生中，录用选派13名大学生到村任职村长助理，丰县成为我国选聘高校毕业生入村任职计划的发源地。1999年，海南省推出地方版的大学生村干部计划，由省人事

---

① 马抗美，等. 大学生村官成长成才机制研究[M]. 北京：经济科学出版社，2017：17.

劳动保障部门具体负责实施，三年共计招录304名大学毕业生下村任职，经过基层培训锻炼之后，这些"选拔生"如今全部转为公务员，成为乡镇基层的骨干力量。同年（1999年），浙江省宁波市采用公开招考方式选拔大中专毕业生担任村干部和社区工作人员，成为在全国第一个推行"一村一社区一名大学生"计划的地区。2003年，河南省平顶山市公开选拔958名大学生村干部到农村任职，并决定用3年时间使全市2628个行政村实现都拥有1名大学毕业生。类似上述自发探索实践的地方还有一些，在此不一一列举。它们共同的出发点是地方探索，而国家层面并未有明确的态度和配套的政策举措跟进。地方政府主要着眼于乡村基层青年后备干部的培养、解决基层人才的匮乏以及带动落后乡村的经济社会各项事务发展之需而推动，招聘推出的次数不多，吸纳的大学生村干部人数有限，选聘机制不够成熟，规划设计缺乏长远考虑，但这些形式多样的有益尝试为后面大学生村干部计划的正式出台提供了实践基础。

2005年7月，中共中央办公厅、国务院办公厅下发《关于引导和鼓励高校毕业生面向基层就业的意见》，指出引导鼓励高校毕业生面向基层就业，特别是到广大农村、西部基层和边远地区就业，是党中央、国务院从事业发展全局出发做出的一项重大决策，是实施人才强国战略的重要举措。要求各级部门思想高度统一，努力把这项紧迫工作抓紧抓好，抓出成效。在国家的基层导向指引下，为尽早实现"全面达小康，建设新江苏"的奋斗目标，2007年5月22日江苏省委省政府推出"1011工程"，即在全省42所高校之中选拔千名应届毕业生去苏北地区1011个经济薄弱村[①]任职，此举被认为是加强农村基层组织建设、加快扶贫富民步伐的重大举措，也是改革乡村基层干部人事制度、扩大基层党政干部来源的重要改革，正式拉开了在省内实施大学生村干部计划的序曲。2008年4月10日，中共中央组织部联合教育部、财政部、人力资源和社会保障部下发《关于选聘高校毕业生到村任职工作的意见（试行）》（组通字〔2008〕18号），在全国范围内正式推行大学生村干部计划，把它作为国家长远战略意义的选择，对选聘数量、对象、条件、程序、待遇等做了具体规定。2008年10月9—12

---

① 根据当时的统计，2008年江苏省人均收入在1500元以下的经济薄弱村共有1011个，它们分布在苏北19个县、市、区，涉及106万户310万人。（村）集体经济发展落后是经济薄弱村的显著特征，经济薄弱村的存在影响到江苏全面建成小康社会。

日，中国共产党第十七届三中全会提出加强农村基层干部队伍建设，引导高校毕业生到村任职，实施一村一名大学生计划，大学生村干部计划上升到国家战略层面。2009年4月7日，中共中央组织部（简称中组部）等部委联合出台的《关于建立选聘高校毕业生到村任职工作长效机制的意见》《关于统筹实施引导高校毕业生到农村基层服务项目工作的通知》《高校毕业生基层培养计划实施方案》等，标志着大学生村干部计划实施进入规范发展阶段。由萌芽酝酿到正式施行、从有限地区试点到全域全面推广铺开、从地方政府"试水"到中共中央组织部牵头，大学生村干部计划出台经历了时间准备与"孵化"发展过程，其执行与落实有了坚实的组织基础，它并非仓促草率之举，这有助于该计划走向成功。

伴随着大学生村干部工作的基层实践，大学生村干部计划本身逐渐暴露出一些不足和有待完善的地方。2010年5月10日，中共中央组织部等部门联合出台《关于做好大学生"村官"有序流动工作的意见》，着力解决大学生村干部聘期将满如何有序流动的热点问题。2012年7月29日，中组部联合中央编办、人力资源和社会保障部、教育部、财政部、国家公务员局下发《关于进一步加强大学生村官工作的意见》，在原有规定基础上厘清和调整大学生村干部岗位性质、招聘数量、选拔形式、培训帮扶、管理考核、社会保障、发展渠道等核心问题，对大学生村干部政策现有资源进行整合、系统规范，这预示着大学生村干部工作不再强调数量至上，而是开始进入提质增优的新阶段。2015年4月25日，中组部在下发的《关于做好2015年大学生村官选聘工作的通知》中提出，按照"保证质量、规模适度、完善政策、从严管理、健全机制"的要求，切实加强大学生村干部选聘工作，这20个字很好地概括出大学生村干部政策今后发展的着力点，希冀引领大学生村干部工作实践，同时能促进基层大学生村干部职业发展与进步。

国家乡村振兴战略中指出，要健全城乡融合发展体制机制，就要清除下乡过程中的各种障碍。2020年中央一号文件提出，"畅通各类人才下乡渠道，支持大学生、退役军人、企业家等到农村干事创业……抓紧出台推进乡村人才振兴的意见"[1]。作为国家实施的基层导向社会工程，我们希

---

[1] 中华人民共和国农业农村部. 聚焦2020中央一号文件 [EB/OL]. [2021-02-12]. http://www.moa.gov.cn/ztzl/jj2020zyyhwj.

望大学生村干部计划等项目能够顺利推进实施，形成"制度自信""道路自信"，成为一种常态化的乡村制度安排，成为诸多基层社会工程的典型示范。

第二节 大学生村干部计划的动机考量

在社会心理学看来，需求是主体社会行动的内在源泉。回顾国家诸多大型社会工程项目的发展过程，均可捋清社会工程背后实际渗透着多种动机或者现实因素考量，它们彼此交织在一起，共同影响和推动着项目实施前行。法国学者潘鸣啸就曾精练总结出我国二十世纪六七十年代知识青年"上山下乡"运动背后具有三类动机：意识形态动机、政治动机和社会经济动机[①]。对于基层导向的大学生村干部计划而言，其背后同样也有着多种意图考量。

一、国家的意志与决心

大学生村干部计划是国家主导的人才下乡工程，党中央从长远发展需要和乡村发展振兴出发，基于改变当前公务员干部队伍成长路径，着眼于改善基层农村党政干部来源，培养新农村建设骨干力量而做出的一项重大决策，党和国家领导人曾为此做出重要批示与指示[②]，故该计划的推出有着来自顶层的设计部署与组织支持。20世纪90年代初以来，我国国家公务员制度开始建立，内容涵盖录用、考核、任免、奖惩、培训、交流、回避、申诉等诸多方面，力求形成以人为中心的体制机制，如关心公务员成长，强化能力建设，提高人员素质，完善竞争机制等。在考核录用方面，国家公务员制度坚持"逢进必考"的用人举措，大大提高了公务员队伍的学历

---

① 潘鸣啸. 失落的一代——中国的上山下乡运动·1968~1980[M]. 欧阳因, 译. 北京：中国大百科全书出版社，2010：21.

② 2007年12月，胡锦涛同志对大学生村干部计划做出重要批示，"此事具有长远战略意义，赞成试行"；2011年2月，习近平总书记做出批示，指出要注意总结宣传张广秀同志这样的先进典型，进一步引导大学生村干部扎根基层、奉献才干、锻炼成长。

层次和文化水准。在公务员知识化、年轻化得到明显提高的同时，也在客观上造成公务员以高校应届毕业生为主、来源相对单一、基层工作经验欠缺的不利情形。有学者指出，政府机关内部形成一批"三门干部"，即成长的路径是小时候在家里，开始上学后走出家门走进校门，大学毕业后考取公务员进入机关门，整个成长过程与基层、与社会处于分离状态。他们对工农群众、对社会现实有隔阂，严重缺乏社会实践经验，难以融进群众中去①。

事实上，"三农"问题是我国乡村基层建设难以回避和永远绕不开的话题，政府公务员精英须对乡村基层事务熟稔，基层社会治理需要寻求和依托干部群众的"鱼水情"，即要密切联系群众（相信群众、依靠群众、发动群众），一切从人民群众的利益出发，全心全意为人民服务。这是我们党和政府战胜一切困难和风险的重要保证，也是国家治理体系和治理能力现代化的必然要求。倘若大量没有基层工作经验的知识精英充斥党政机关，长此下去，将可能会产生脱离实际、官僚化倾向的危险，社会治理难以精准施策，为民服务也会失去情感动力。在市场经济背景之下，国家根据经济社会发展需要实施大学生村干部计划，主动选聘高校毕业生到村任职，引导他们参与扶贫、支农、支教等方面的工作，发挥其在新农村建设过程中的作用，可谓起点高、立意远。它改变了干部成长的传统路径，使干部成长的渠道由原来的"家门—校门—机关门"转变为"家门—校门—农门—机关门"，农门成为干部成长的一个重要环节，成为年轻干部了解民情民意的一条重要途径。这对于增加对中国农村和国情的认知，增强对农民的感情，丰富干部的来源渠道，使其成为来自基层农村一线的党政干部培养链的源头活水，培养出能够担负起领导中国未来重任的新生代力量，具有重要意义②。显然，高校毕业生需要深刻领会国家推行大学生村干部计划的主观意图和"育苗"目标取向，跟上该计划实施推进的步伐，通过将个体职业发展与国家需要结合起来，以获得更大的职业发展空间。

二、乡村基层的发展需要

"三农"问题无疑是关系我国国计民生的根本性问题，影响到社会主义

---

① 刘西忠. 大学生村干部政策体系建构研究 [D]. 南京：南京大学，2011：35.
② 刘西忠. 大学生村干部政策体系建构研究 [D]. 南京：南京大学，2011：35.

现代化建设的全局，因此解决"三农"问题是作为全党工作的重中之重来抓。来自现有官方的文献表明，自2004年以来，中央一号红头文件连续16年都在聚焦"三农问题"，内容议题从最初的"促进农民增加收入""提高农业综合生产能力"，到"推进社会主义新农村建设""加快农业现代化建设"，再到2018年的实施乡村振兴战略、2019年的农业农村优先发展、2020年的抓好三农工作确保实现全面小康，无不显示出"三农问题"对国民经济的"压舱石"作用，以及国家层面对"三农问题"的高度关注，希冀通过相关政策对农村改革发展给予有力推动。客观地评价"三农"问题，应该说，1949年新中国成立以来的很长一段时间，城乡关系格局属于资源汲取型，即农业支撑工业化的积累，农村支援城市发展，城市是完全受益方。进入新世纪之后，为国民计划经济发展做出重大贡献的乡村，在工业化、城镇化、信息化的变迁背景下，在改革开放现代化的征途之中，某种意义上已成为建设现代国家的短板负担，沦为"底层""边缘"的代名词，变为需要扶持或者帮助的对象。如何缩小现有城乡差别，加快乡村的经济社会发展步伐，从而实现减贫脱贫、乡村振兴成为社会关切问题。我国乡村振兴战略明确提出，要坚持农业农村优先发展方针，按照产业兴旺、生态宜居、乡风文明、治理有效、生活富裕的总要求，建立健全城乡融合发展体制机制和政策体系，加快推进农业农村现代化。

"三农"问题形成的背后有着诸多原因，其中城乡关系格局的不平衡，乡村青年骨干人才匮乏就是主因之一。城乡二元社会结构形成的推力拉力把农村的优势人群源源不断地向城市输送，跳出"农门"的农村籍大学生不愿意再回农村，大批的青壮年农村劳动力到大中城市打工常驻，已经形成一个非常庞大的农民工群体，农村剩下的似乎只有妇女、儿童、老人，基层后备力量明显匮乏。农村基层村干部年龄偏大、文化水平偏低，思想不够解放、政策观念不够强、工作开展不够主动的现象比较严重；再加上农村宗族家族势力膨胀和村居历史遗留问题的影响，导致农村基层干部总体上素质偏低，难以适应新农村建设发展的需要。解决"三农问题"实现乡村振兴，迫切需要向外引才引智，吸纳年轻大学生、"能人"企业家等高层次人才加盟；需要打通城乡之间要素流动通道，由城市反哺农村进行资源输入，增强农村自我发展能力；需要政府部门对广大乡村进行赋权增能，提升乡村整体发展水平。大学生村干部计划是优化基层党组织建设的强基工程，是解决乡村基层人才问题的一招妙棋，有利于实现城市与乡村之间人才的双向流动，促进城乡之间的智力循环，实现城乡差距的逐步缩小；有利于优化乡村的干部人员结构，加强农村基层组织建设和基层干部队伍建设。可以说，大学生村干部计划的实施有着基层巨大需求和现实基础。对于高校毕业生而言，亟须认清时下我国乡村的发展形势和内在需要，在明晰基层结构化情境的基础上，找准个体基层职业发展的立足点与突破口，以实现彼此双方的共赢。

三、基层就业的现实考量

我国高考制度恢复四十多年来，高等教育逐渐由精英教育迈入大众化、普及化阶段，2002年高等教育毛入学率就已超过15%，高等教育在学人数规模庞大带来的后果是就业压力巨大。来自国家教育部门的统计数字显示，2007年全国高校毕业生人数是495万人，之后人数逐年增加，到2020年创历史新高，达到874万人，比2007年近乎增长了77%，加上中专技校生、往届未就业毕业生、新生代农民工等叠加起来，致使当年就业求职人数超过千万，就业难的问题凸显。为守住不发生大规模失业的底线，促进广大高校毕业生就业创业成为各级政府部门和高校面临的紧迫工作任务，扩大就业成为主要的政策图景取向。2019年5月，全国就业创业工作暨普通高等学校毕业生就业创业工作电视电话会议提出，"要加强毕业生信息衔接，拓宽就业渠道，做好就业创业服务，强化就业兜底保障，精准施策促进高校毕业生就业创业"[①]。在经济下行以及严峻的就业形势下，一是提高毕业生的综合素质和就业能力。早在2009年，人力资源社会保障部、教育部、工业和信息化部、共青团中央等就共同制定了《"三年百万"高校毕业生就业见习计划》，决定自2009年至2011年，用3年时间组织100万离校未就业高校毕业生参加就业见习，提高参加见习的高校毕业生的综合素质和就业能力，丰富工作经验，增强市场就业竞争力。二是有必要引导广大高校毕业生正确认识就业形势，树立"行行建功、处处立业"的择业观念，踊跃到基层一线锻炼成才。在大中城市岗位需求减少、人才趋于饱和，而乡

---

① 刘乐. 李克强对全国就业创业工作暨普通高等学校毕业生就业创业工作电视电话会议作出重要批示[N]. 新闻和报纸摘要, 2019-05-14.

村基层仍然紧缺人才的情况下,高校毕业生们可以选择基层作为自己工作的出发点。推行大学生村干部计划,选聘高校毕业生到村任职,在一定程度上能够缓解高校毕业生就业紧张的问题,实现高校毕业生就业安置的基层转向与分流,这改变了过去单一的城市就业路径。按照最初2009年中共中央组织部等部委出台的《关于建立选聘高校毕业生到村任职工作长效机制的意见》规定,中央计划从2008年到2012年选聘10万名大学生村干部,每年根据各省区市的行政村数量分配选聘名额,中央财政予以补助。而各省区市和新疆生产建设兵团也可结合本地实际,自行选聘一定数量(数万人)的大学生村干部,两者相加大学生村干部招聘名额约占当年毕业生人数的百分之一。有学者通过文献内容分析也加以证实,"同一时期大学生村干部选派的人数与毕业的大学生人数相比微不足道,大学生村干部能够解决的就业岗位是极其有限的"[①]。

诚然,高校毕业生到村任职担任村干部,并不能在规模数量上解决现有就业难题,但是要看到大学生村干部计划在解决高校毕业生就业难问题上的承继和示范带动意义。随着我国高等教育由精英教育向大众教育的进一步转变,高校毕业生下到基层开展志愿服务、助推乡村发展振兴是一种方向和长远趋势。因此,那种把大学生村干部计划仅仅视为解决大学生就业难问题的权宜之计的认识是非常错误的。针对近些年就业择业难的问题,国家鼓励支持大学毕业生到城乡基层就业。早在2003年6月,共青团中央、教育部、财政部、人力资源和社会保障部等四部门联合实施"大学生志愿服务西部计划",每年招募一定数量的普通高校应届毕业生,到中西部22个省(区、市)及新疆生产建设兵团开展1~3年的基础教育、医疗卫生、农业科技、扶贫救助等志愿服务。2006年2月,中组部、人事部、教育部、农业部等八部门组织实施"三支一扶"(支教、支农、支医和扶贫)计划,每年招募2000名左右高校毕业生,安排到乡镇从事教育、卫生、农技、扶贫等工作。2006年5月,教育部、财政部、人事部、中央编办等四部门组织开展"农村义务教育阶段学校教师特设岗位计划",通过公开招聘高校应届毕业生到西部地区"两基"(基本实施九年义务教育和基本扫除青壮年文

---

① 方奕,程凤娇.大学生村官招募变迁分析——基于2008—2014年10省(市)选聘公告[J].中国青年社会科学,2016(1):97.

盲）攻坚县的县以下农村学校任教。2008年4月，中组部、教育部、财政部、人力资源和社会保障部等四部门启动施行"选聘高校毕业生到村任职工作"计划（简称"大学生村干部计划"）。2013年8月，农业部、人力资源和社会保障部、教育部、科技部等四部门联合开展"农业技术推广服务特设岗位计划"，引导高校毕业生到基层从事农业技术推广、动植物疫病防控、农产品质量安全服务等工作。显然，居于高位的高校毕业生规模人数，使得原本"冷门"的面向基层就业也迅速成为现实选择出路之一，上述在国家主导下的基层就业项目吸引了一大批高校毕业生投身其中。有数据显示，截至2015年底，国家通过基层服务项目累计招募高校毕业生145万余人，服务范围涵盖全国2322个县（市、区），极大地充实了基层的人力资源队伍，故大学生村干部计划等基层社会工程具有引领作用。显然，在当前严峻的就业形势下，基于乡村未来的发展需要，高校毕业生应该迅速转变旧有的择业观念，主动将基层就业、基层志愿服务等作为自己择业的选项之一，毕竟面向基层就业是一种发展趋势和潮流，在基层乡村场域个体同样能够实现自身的价值理想目标。

四、三种动机的比较权衡

若将上述国家的意志决心、农村的发展需要和基层就业的现实考量三种动机因素放在一起权衡比较，显然，前两者动机因素影响居于主导，而基层就业动机因素影响相对弱化，明显具有短期应急考虑。其中的原因是目前基层就业履职是要求挑选优秀的高校毕业生，而这部分优质毕业生人群无论放在哪里基本不会存在就业困难的问题，若选择能力素质一般的高校毕业生，则会难以适应基层环境，基层履职难有大的作为，导致基层就业出路打上一定折扣。而把这三者叠加，放在一起予以综合考虑的话，差异化的多目标导向会催生出大学生村干部计划作为新生事物的适应性和能动性要求。当然，存在的风险隐患是不可否认的，一项基层社会工程如果承载着诸多动机因素考量，极有可能产生彼此摩擦碰撞或者超负荷运转的情形，它会影响到该项计划的长期持久推进。20世纪我国知识青年"上山下乡"运动已经表明了这一点，这是需要我们在实践过程中予以警惕的事情。

对于身处其中的高校毕业生而言，在直观领略大学生村干部计划等基层导向社会工程的优惠政策内容的同时，更要深刻领会国家在大学生村干部计划中的意图和目标指向，同时深刻认清乡村基层的村情民情，做好下到基层履职奉献的心理准备和知识储备，将个人的职业发展融入社会主义新农村建设和乡村振兴中来，努力达到基层服务与成长成才并向前行。习近平总书记曾指出："青年的人生目标会有不同，职业选择也有差异，但只有把自己的小我融入祖国的大我、人民的大我之中，与时代同步伐、与人民共命运，才能更好实现人生价值、升华人生境界。"①

第三节　大学生村干部计划的主体解读

大学生村干部计划是国家层面主导的人才战略工程，在顶层制度设计上国家精心规划，先后出台发布了一系列重要的政策文件。2008年4月，中共中央组织部等部委联合下发《关于选聘高校毕业生到村任职工作的意见（试行）》（组通字〔2008〕18号），开始谋划在全国范围内推动实施大学生村干部计划。一年之后的2009年4月，中共中央组织部等部委发出《关于建立选聘高校毕业生到村任职工作长效机制的意见》（组通字〔2009〕21号），主要是针对大学生村干部工作长效机制进行建章立制，重在规范运作。2010年5月，中共中央组织部等部委发出《关于做好大学生"村官"有序流动工作的意见》（组通字〔2010〕32号），针对大学生村干部即将服务期满面临的社会流动问题予以导引。到了2012年7月，中共中央组织部等部委下发《关于进一步加强大学生村官工作的意见》（组通字〔2012〕36号），要求各地结合近些年大学生村干部计划的现有实践，进行大学生村干部工作的"提档升级"，注重其内涵质量规划。除大学生村干部计划的这些直接政策外，还有基层就业的配套辅助系列政策出台，在此不一一列举。由此，大学生村干部计划整体政策经历了由笼统到细化、由零散到系统的演变过程，这里拟对上述出台的大学生村干部计划文件主要内容作一归纳与解读。

---

① 习近平. 在纪念五四运动100周年大会上的讲话[EB/OL]. [2021-02-12]. https://www.ccps.gov.cn/xxsxk/zyls/201906/t20190604_132081.shtml.

一、大学生村干部计划的目标指向

如前所述,大学生村干部计划作为国家一项重大战略决策,其出台并非"心血来潮",而是有其现实社会环境背景,而且该计划具有鲜明的目标导向,需要我们在实践操作中加以深刻领会把握。中共中央组织部、人力资源和社会保障部等部门在2008年《关于选聘高校毕业生到村任职工作的意见(试行)》中明确提出:"为加强农村基层组织建设,培养有知识、有文化的新农村建设带头人;培养具有坚定理想信念和奉献精神,对人民群众有深厚感情的党政干部后备人才,形成来自基层和生产一线的党政干部培养链;引导高校毕业生转变就业观念,面向基层就业创业,到经济社会发展最需要的地方施展才华,为建设社会主义新农村、实现全面建设小康社会宏伟目标提供人才支持和组织保证,决定在全国范围内开展选聘高校毕业生到村任职工作。"2009年政策文本中,将大学生村干部目标修订为培养新农村建设骨干力量和党政干部后备人才。2012年,政策文本在原有两个目标定位的基础上,最后增加了"各行各业优秀人才"的定位。由此,大学生村干部计划的整体目标指向包含了三个方面:一是培养社会主义新农村建设的骨干力量,增强农村基层组织发展活力;二是培养基层党政干部后备人才,夯实巩固中国共产党在广大农村的执政基础;三是培养各条战线的优秀人才。通过高校毕业生的基层任职,达到人才向乡村的输入,借助基层磨炼培养适应社会需要的优秀人才。这三个方面的目标是彼此连接、密不可分的,于是大学生村干部计划将基层党建工程、农村人才培养工程与高校(毕业生)就业工程衔接起来,具有重要的价值意义。正如国内学者所言,大学生村干部计划拥有巨大的政治发展空间,它立意深远,所内含的"知识与社会结合、农村与城市结合、上层与基层结合"的政治发展理念,将对未来中国政治生态产生系统而深远的影响,它有可能成为未来中国政治生态的建构点、未来新型政治生态的起飞点、未来新型政治精英的生长点[①]。当然,不可否认的是,在乡村基层的不同发展阶段,对应的政策目标的侧重点会有所不同。

---

① 陈忠. 大学生村官与中国政治生态:意义、问题与趋势——大学生村官的一种政治学分析[J]. 苏州大学学报(哲学社会科学版),2009(4):3.

二、大学生村干部计划的源头选聘

选聘简言之就是选拔加聘用，它是大学生村干部计划施行的首要环节，关系到高校毕业生能否"下得去"，即从高校"校门"顺利迈进基层"农门"。选聘初始环节需要不断完善选聘机制，严把大学生村干部"入口关"，强化竞争择优，要把立志于服务农村、建设农村的优秀人才输送到基层一线。具体包括以下内容。

（一）选聘规模与计划

通过文件梳理可以发现，全国选聘高校毕业生到村任职工作是从2008年开始，当时设想规划连续选聘5年（到2012年），选聘数量为10万名，每年选聘2万名。同时，各省市地方和新疆生产建设兵团结合本地实际，自行选聘一定数量的大学生村干部。总体要求是，要求各地合理确定选聘大学生村干部的总体规模和年度计划，稳步有序推进选聘工作。到了2012年，大学生村干部选聘规模与计划有所变化，提出要稳步推进选聘工作，不断提高选聘质量，提出到2015年，全国要有一半左右的行政村配备大学生村干部（约30万人），选聘规模与计划最终是要实现"一村一名大学生村干部"目标。问题是，在实际操作过程中，每年在新增大学生村干部选聘人数的同时，要把聘用三年期满离任的大学生村干部，或出现其他中途离岗（晋升或主动离职）等情况的大学生村干部名额缺额，自动纳入下一年度选聘计划，确保大学生村干部实际在岗人数与基层农村数量的匹配。事实上，出于选聘质量要求、地方财政配套费用支出等因素的考虑，大学生村干部选聘规模一直未能达到预期计划人数，这中间存在较大的缺口。

（二）选聘程序与条件

文件规定，大学生村干部选聘程序按照公开、平等、竞争与择优的原则，遵循发布招聘简章、个人报名、资格审查、考试考察、体检公示等基本程序步骤，主要选聘大学本科及以上学历、中共党员或担任过学生干部的优秀高校毕业生。选聘的基本条件是：① 思想政治素质好，作风踏实，吃苦耐劳，组织纪律观念强。② 学习成绩良好，具备一定的组织协调能力。③ 自愿到农村基层工作。④ 身体健康。后来，大学生村干部选聘条件标准趋于严格，坚持中共党员、优秀学生干部和回原籍优先的原则，注重从全国重点院校（如"985高校"）以及基层急需专业的高校毕业生中选聘大学生村干部；同时，不断创新选聘方法，探索采取学校推荐、双向选择、驻村见习以及面向重点院校定向选聘等方式，增强选聘工作的针对性和实效性，不断提升大学生村干部选聘质量。

（三）选聘任职岗位

文件规定，大学生村干部岗位为村级组织特设岗位，是国家组织开展的选派项目，具有志愿服务性质，聘期一般为3年，但大学生村干部并非国家公务员身份，大学生村干部的工作管理及考核比照公务员的有关规定进行。在村干部岗位上，选聘的高校毕业生在基层担任村"两委"干部助理，若是中共正式党员的，一般安排担任村党组织书记助理职务；若是中共预备党员的或非中共党员的，一般安排担任村委会主任助理职务；若是共青团员的，可安排兼任村团组织书记、副书记职务。经过一段时间的实际工作、被大多数党员和群众认可的，可通过基层推荐参加选举担任村党组织书记、副书记等职务。

（四）选聘组织运作

文件规定，大学生村干部选聘工作由各个省（区、市）组织部门、人力资源和社会保障部门定期统一组织实施，或者由省市两级组织部门、人力资源和社会保障部门共同组织实施，由县（市、区）组织、人力资源和社会保障部门与大学生村干部签订聘任合同。具体选聘事项是由县（市、区）党委组织部牵头负责、乡镇党委直接管理、村党组织协助实施；人事档案由县（市、区）党委组织部管理或县（市、区）人力资源和社会保障部门所属人才服务机构免费代理，高校毕业生个人党团关系转至所在乡镇村组。整个选聘组织运作要求在党委政府统一领导下各司其职，既注重上下纵向沟通，又讲求部门之间横向衔接，通过密切配合形成工作合力。

三、大学生村干部计划的管理培养

大学生村干部计划是一种新生事物，其推广实施需要不断探索和实验，以达到大学生村干部基层志愿服务能"待得住""干得好"的目标。现有文件规定，大学生村干部岗位主要履行村"两委"干部助理角色，工作职责是协助做好以下事项：宣传贯彻党的路线方针政策及上级党组织有关安排部署；组织实施社会主义新农村建设的有关任务，协助做好村组产业发展规划，领办、创办专业合作组织、经济实体和科技示范园；配合完成社会治安、计划生育、矛盾调解、社会保障、调查统计、办事代理、科技推广等工作；负责整理资料、管理档案、起草文字材料和远程教育终端接收站点的教学组织管理、设备网络维护；参与讨论村务重大事项以及村团组织的建设工作等。为更好地促进大学生村干部基层工作尽快上手，官方文件提出，要将刚入职的大学生村干部纳入整个干部教育培训规划，建立健全大学生村干部岗位培训制度，制订年度培训计划。培训主要内容是针对村干部岗位特点，坚持以政治理论和思想道德教育为基础，以提高做好农村工作、带领群众创业致富的本领为目的，将国家路线方针政策、涉农法律法规、市场经济知识、农村经营管理知识、农业实用技术、农村基层组织建设以及开展调查研究、做好群众工作、进行自主创业等作为培训重点内容。培训依托各级党校、行政院校、高等院校、远程教育站点等机构，强化大学生村干部的岗位系统培训，促进其基层知识技能提升。

在培养管理细节上，文件指出，地方政府部门要实行结对联系帮带，进行面对面帮助指导，提高大学生村干部能力素质，了解掌握大学生村干部思想工作状况，注意做好心理疏导，帮助解决实际困难。同时，要给大学生村干部压担子、交任务，注重在实践锻炼中成长成才。大学生村干部到村任职第一年，一般担任村党组织书记助理或村委会主任助理，重点了解熟悉农村工作，整理一套涉农政策、走访一遍全村农户、完善一套村情档案、形成一份调研报告、提出一条发展建议、学习一门实用技术，努力实现角色转变。从第二年开始，考核称职、符合任职条件的大学生村干部，原则上应担任村"两委"委员或以上职务并明确分工，帮助村民发展致富项目、领办合办农民专业合作社、组织开展群众文体活动、参与排查处理矛盾纠纷、为村民代办各项事务，不断提高能力素质。最后，要搭建多种交流互动平台，强化管理考核，健全完善考勤、述职、考核、评优等一系列制度，将考核结果与大学生村干部岗位续聘、奖惩、培养、使用等项目挂钩。

四、大学生村干部计划的待遇保障

在市场经济条件大背景下，作为政府主动发起推进的基层导向项目，须以相应的待遇保障作为重要激励,吸引高校毕业生下到基层履职。待遇保障,某种程度上也是基于乡村基层任职的不利环境条件,对个人损失的弥补。政府文件规定,对选聘到村任职的高校毕业生给予一定补贴,主要用于到村任职高校毕业生的工作、生活补贴和享受保障待遇应缴纳的相关费用。生活补贴的落实是比照当地乡镇新录用公务员试用期满后工资水平,建立专项资金账户,确保专款专用、及时发放。社会保险的落实是按照当地对事业单位的规定,参加相应社会保险。社会保险的单位缴纳部分,由负责发放大学生村干部工作、生活补贴的部门缴纳,个人缴纳部分由负责发放大学生村干部工作、生活补贴的部门在个人补贴中代扣代缴,具体手续由县(市、区)负责发放大学生村干部工作、生活补贴的部门到当地社会保险经办机构办理。

文件规定,选聘到村任职的高校毕业生,享受以下政策待遇。

(1)比照当地乡镇从高校毕业生中新录用公务员试用期满后工资水平确定工作、生活补贴标准,在艰苦边远地区工作的,按规定每月发放艰苦边远地区津贴,户口可留在现户籍所在地,参加养老社会保险。(2)在村任职期间,办理医疗、人身意外伤害商业保险。(3)符合国家助学贷款代偿政策规定、聘期考核合格的,其在校期间的国家助学贷款本息由国家代为偿还。到中西部地区和艰苦边远地区农村基层的大学生村干部,国家实行学费补偿和国家助学贷款代偿政策。中央部委所属高校毕业的大学生村干部学费和国家助学贷款,由中央财政补偿代偿。地方所属高校毕业的大学生村干部学费补偿和助学贷款代偿办法,由选聘地制定。享受学费补偿和助学贷款代偿政策的大学生村干部,必须在聘期内考核称职。(4)在村任职2年以上,具备"选调生"条件和资格的大学生村干部,经组织推荐,可参加选调生统一招考;在村任职2年报考党政机关公务员的,享受放宽报名条件、增加分数等优惠政策,同等条件下优先录用。若被党政机关或企事业单位正式录用(聘用),在村任职工作时间可计算工龄、社会保险缴费年限。

此外,文件还规定,地方政府部门提供大学生村干部工作生活基本条件。各地可结合实际、整合资源,为大学生村干部提供工作、食宿等基本条件,帮助解决正常开展工作所需的交通、通信等方面的问题,不断改善大学生村干部的工作生活条件。有条件的地方,可定期组织对大学生村干部进行健康体检，采取可靠措施，确保大学生村干部人身安全，以及建立生活补贴正常增长机制。

五、大学生村干部计划的末端社会流动

俗话说，"铁打的营盘流水的兵"，为建立健全大学生村干部计划末端流动机制，引导聘用期满大学生村干部合理有序流动，实现"能进能出"和多元化的职业发展道路，政府文件规定，服务期满的大学生村干部现有留村任职工作、考录公务员、自主创业发展、另行择业、继续学习深造等五条主要出路可供选择。（1）继续聘任留村工作。对表现优秀、党员群众认可、担任村"两委"主要负责人的大学生村干部，加大政策倾斜力度，鼓励其长期在农村基层干部岗位上建功立业。留任村党支部书记和村委会主任的，仍然纳入大学生村干部名额，继续享受大学生村干部工作、生活补贴。（2）考录公务员。各级党政机关注重从具有基层工作经历的优秀大学生村干部中招考公务员，明确录用比例，做到好中选优、严格选拔标准。乡镇机关补充公务员，要逐步提高从大学生村干部中考录的比例；选调生主要从具有2年以上基层工作经历的大学生村干部及其他到基层工作的高校毕业生中招考。对聘期考核优秀和受到县级以上表彰的大学生村干部报考公务员，同等条件下予以优先录用。（3）自主创业发展。各地要结合实际，建设完善一批投资小、见效快的大学生村干部创业园和创业孵化基地，落实高校毕业生创业的各项优惠扶持政策，重点帮助支持那些具有创业意愿、创业能力、创业优势的大学生村干部，带领群众创业致富。强化大学生村干部创业指导服务，积极开展信息咨询、项目开发、创业培训、创业孵化、小额贷款、开业指导、跟踪辅导等工作，支持大学生村干部发挥自身优势和专业特长，立足农村农业实际自主创业。（4）另行择业。对于聘期考核称职，不再留村工作或者不参加公务员招考的大学生村干部，要帮助和支持其另行择业；对于素质能力不适应岗位要求、不能正常开展工作的，或年度考核连续两年不称职的，要予以解聘，引导其另行择业。鼓励引导国有企业、事业单位、非公有制经济组织、社会组织等用人单位，优先招录聘用具有农村基层工作经历的大学生村干部。（5）继续学习深造。鼓励大学生村干部继续读研深造。聘期工作表现良好、考核合格的，报考硕士研究生可享受初试总分加10分和在同等条件下优先录取的优惠政策。

鼓励高等学校结合办学实际，为大学生村干部攻读硕士学位创造条件。

文件规定，要加强基层大学生村干部职业生涯规划指导，建立健全组织引导、市场配置、双向选择的工作机制，引导大学生村干部多样化发展，实现有序流动；建立基层对外择优推介制度，引导服务期满的大学生村干部通过人力资源市场自主择业，省市两级每年举办一次大学生村干部专场招聘会。通过多种途径形式，广泛宣传基层大学生村干部优势与潜力，引导国有企业、金融机构、非公有制企业、社会组织等面向大学生村干部招聘工作人员，妥善做好大学生村干部服务期满的分流安置工作。

六、大学生村干部计划的主体解读

（一）青年主体解读的必要性

通过我们从时间维度、动机考量以及具体内容方面对大学生村干部计划所做的剖析，应该看到，大学生村干部计划固然是政府主导的项目，政府部门包括乡村基层等在其中扮演重要角色，无论是从大学生村干部计划的目标、初始选聘、基层管理培养，还是从大学生村干部计划的保障激励、期满社会流动等内容的制度设计来看，背后无不体现出国家的意志与乡村基层的考量。但要将拟定的制度文件进行操作落实，如果仅是将文件由上转发至乡村基层的话，很容易引发相关任务的"悬置"，毕竟大学生村干部计划制度内涵有些抽象而难以在乡村全部落实，可取的方法之一是要围绕行动主体，即大学生村干部青年展开，强调大学生村干部的主体地位。下到基层"接地气"就是"零距离"接触体验社会，意味着基层履职生涯的开始。面对乡村发展的滞后，基层高校毕业生村干部肩负着乡村振兴的社会期待与重要使命，且履职表现如何也关乎自身服务期满之后的职业分流去向。为此，高校毕业生需要在村务治理、基层组织建设、脱贫攻坚、人居环境整治等工作中切实发挥生力军的作用，大学生村干部的主体性与能动性一览无遗。

法国社会学家迪尔凯姆指出，经济的不断发展使得社会出现严重的混乱状态，为解决产生的社会失范问题，必须建立职业群体，树立起规范体系①。我们认为，基于大学生村干部青年主体视角加以解析，主要是随着大学生村干部由高校"校门"进入基层"农门"场域，内容围绕由志愿服务到职业发展的路径展开，焦点是大学生村干部与乡村基层的交叉融合，由此大学生村干部计划具有以下几点特性：服务的志愿性、工作内容的伸缩性以及角色的过渡性。

（二）服务的志愿性

由大学生村干部计划出台的背景和大学生村干部计划的具体内容可以看出，它是国家层面推出的服务基层乡村的选派项目，政府官方文件将大学生村干部定性为村级组织特设岗位人员，到乡村基层一般担任村党组织书记助理或村委会主任助理角色。按照我国《村民委员会组织法》规定，村委会成员须由本村村民通过直接选举的方式产生，任何个人或者组织均不能以任何理由任命或者委派村委会成员。而村级组织特设岗位人员的身份性质可以化解其与现有规定之间的矛盾。他们没有固定的体制编制，"游走"在国家与社会的边缘，是带有志愿服务性质的基层工作者，为民服务、助推乡村振兴成为大学生村干部角色的核心内容。考虑到城乡空间场域因素，我国诸多高校院所设立在大中城市的近郊范围，而乡村基层距离高校院所和城市较远，且其长期以来均不是毕业生择业去向的"主战场"；再加上基层相比城市而言较差的工作条件，由城市下到基层可谓是逆向社会流动。这一切需要青年个体彻底放下"身段"，转变传统择业观念看法，顶住来自周边亲朋好友的压力；需要他们坚定乐于奉献、甘于吃苦的精神支撑，弘扬志愿服务的时代精神；需要他们在基层志愿服务过程中同时明确自身的需求和能力提升的方向，达到与乡村基层共同发展进步。

在大学生村干部招聘选拔过程中，第一，政府组织部门需关注高校毕业生自身的志愿奉献精神，并在政审当中详细了解毕业生在校期间的思想政治表现，把好思想政治关口，满足乡村基层工作对高校毕业生的思想政治要求。第二，政府部门应该提前规划大学生村干部在乡村基层的培养管理方案与目标。作为志愿者，大学生村干部在奉献时间、知识和技能的同时，更加重视自我的体验与收获，他们需要知晓基层工作是否有助于其知

---

① ［法］涂尔干. 社会分工［M］. 渠敬东，译. 北京：生活·读书·新知三联书店，2000：15-17.

识技能的提升、人际关系的拓展以及个人的发展等。当前，基层培养管理方案目标是乡村基层育人的空白之处，政府部门、乡村基层应及时制定适应基层特点的培养管理方案，把培养管理方案目标与选聘什么样的高校毕业生以及岗位担当作为结合起来，解决好基层大学生村干部服务期满后的流动问题，最终服务的志愿性将更多的让渡为服务的专业性。第三，需要认真落实基层志愿服务的优惠政策。在社会主义市场经济条件下，志愿奉献与物质索取并不矛盾。为激励促进高校毕业生青年沉下基层履职服务，给予优惠政策激励有其正面导引的性质，是符合行为主体内心诉求和公众期待的，关键是真正要把这些优惠政策落到实处，让从事基层志愿服务的大学生村干部切实享受到实惠，助推其在基层场域成长成才，促进乡村建设，进而在志愿服务期满之后获得更多流动渠道和职业发展空间。同时，优惠政策的具体落实与褒奖也能吸引后面更多的高校毕业生投身到社会主义新农村建设中来，掀起基层志愿服务的一股热潮。在社会主义市场经济条件下，"志愿服务—激励回报"主线将在大学生村干部计划等基层工程项目中体现得比较明显，这是人才下乡的客观要求。

（三）工作内容的伸缩性

对于高校毕业生来说，由于所学专业多数属于非涉农专业，初次下到基层农村履职服务难免存在专业不对口的情形。或许是志愿服务的一般要求使然，加上基层环境确实缺乏吸引力，每年省市大学生村干部选聘简章仅是规定应届全日制普通高校本科及以上学历毕业生即可，并没有对专业做出限制要求，这意味着该项岗位的专业门槛不高，绝大多数高校毕业生对象均可提出申请应聘。从岗位职责与工作内容来看，大学生村干部岗位职责重点突出"协助"两字，主要是作为助理协助村"两委"干部开展工作。至于具体工作内容则具有"开放性"特点，体现在工作内容的伸缩弹性和空间的灵活性，主要是依据乡村需求与上级政府部门要求而定，在乡村治理诸多事务中穿梭：（1）宣传教育。宣传政府的路线方针政策及上级党委的有关安排部署，负责乡村远程教育终端接收站点的教学管理和设备网络维护，组织党员、干部和群众学习农业实用技术和科学文化知识，增强村民法制意识、法律观念和对政策的理解力，切实提升村民的文化素质。（2）事务管理。负责整理文件资料、管理档案、起草文字材料等，提醒和督促村里执行各项规章制度等，开展为民服务代理。（3）协助工作。配合村干部组织实施社会主义新农村建设有关任务，开展社会治安、计划生育、矛盾调解、社会保障、调查统计、服务代理、科技推广等工作；协助村"两委"完善民主议事、联席会议、村务公开、财务公开、村民"一事一议"等制度，实现事务管理公开、公正、透明。(4) 参与决策。参加村"两委"工作会议，参与讨论村里重大事项，出谋划策，提出建议。(5) 帮扶联系。负责联系对接村民小组，指导督促村组认真落实村里研究决定，帮助村组制定实施发展生产和服务群众的办法。通过大学生村干部嵌入基层和志愿服务，国家希冀他们在广大村民与地方政府之间架起一道桥梁。而在乡村基层广阔天地中，工作内容的开放性会留给社会公众欠佳的印象，那是由岗位规范性不强，基层工作缺乏有效的"抓手"造成的。这里，绝对不能忘记大学生村干部计划的重要使命目标，一方面，要能够发挥大学生村干部自身的兴趣和专业知识特长，能够为社会主义新农村建设贡献自己的智慧和力量；另一方面，不容忽视的是，大学生村干部自身要从乡村基层志愿服务当中真正得到锻炼成长，无论是在意志品质方面，还是在专业技能方面，以为其今后的职业生涯道路打下坚实基础。三年服务期满之时，要衡量评估大学生村干部计划的目标是否达到。显然，基层工作只是大学生村干部初始的职业，具体内容需要在实践过程中不断充实提升，框定其涵盖范围，在规定性内容方面做足文章，真正强化基层岗位工作的锻炼育人功能，推动基层大学生村干部成长成才，实现乡村基层发展的美好梦想。

（四）角色的过渡性

高校毕业生在选择基层任职、从事乡村村干部志愿服务过程中经历着角色的双重过渡。其一，初始进入阶段的角色转换。经由政府部门的公开选聘，高校毕业生被纳入村级组织特设岗位、获得村干部志愿服务身份，实现由校园的被管理者到乡村的管理者的迅疾转变，但这种快速转变并没有时间提前预备或者见习过渡，容易致使大学生村干部调适滞后、进入工作状态缓慢，立足未稳而处于乡村社会的边缘。就角色过渡内容而言，角色转换的跨度大、难度高。下乡毕业生专业知识库与村干部职能要求之间并不匹配，"学非所用"现象普遍存在，毕业生需要迅速补习"功课"并努力实践"上手"，实现自身角色的转变。角色的转换要求毕业生挣脱旧有角色的惯性与引力，在充分考虑村干部岗位社会期待的基础上，科学定位个体角色发展目标和行动展开路径，以达到人岗适配的良好效果。这种转换不是一帆风顺的，当中肯定会伴随着诸多的矛盾、冲突、挫折，需要来自社会各界的理解和鼎力支持。其二，退出阶段的角色转换。大学生村干部基层履职通常有着每个聘期时长为三年的规定，而连续任职不得超过两个聘期，故当志愿服务期满之后，大学生村干部必须面临现实的"二次择业"问题。如果说，起初高校毕业生基层履职具有志愿服务性质，背后是与政府组织部门的鼓励支持密不可分的，那么退出阶段的社会流动则是真正的职业抉择，是个体主要基于自身发展需要慎重做出的，与背后的政府部门因素不再有多少关联，二次择业在很大程度上影响着大学生村干部今后的职业生涯发展，因此需要提前做出必要的准备和布局。退出阶段的角色过渡意味着从大学生村干部基层管理身份转向各行各业的建设者和骨干力量，存在留守基层和流出基层的两种方向性。部分基层大学生村干部对自己未来发展规划不够，有的甚至有迷茫感，存在"一年熟悉、二年适应、三年看情况"的现象，"边走边看"和严重依赖政府的心理加剧了社会流动的难度。既然角色过渡没有定型，那么结果必然会产生多种变化，存在过渡成功或者过渡失败的情形，如媒体上披露的"大学生村干部服务期满等不到铁饭碗：只能等着被解聘"的尴尬现象。也就是说，个体角色过渡存在风险性、不确定性，这无疑会给基层大学生村干部带来心理压力，关键是采取何种手段将这种风险降到一定限度，以保障大学生村干部计划的顺利推进，使下乡大学生村干部通过基层履职能够最终获得稳定的职业角色，完成青年个体立业的目标。

大学生村干部计划是高校毕业生基层培养计划重大工程，是新时期高校毕业生青年与基层乡村之间的有益对接和探索尝试，它与大学生村干部青年职业发展并行不悖，能为党政干部队伍提供源头活水，并为各行各业输送一批优秀人才。既然乡村基层一线的锻炼是高校毕业生青年成长成才的必由之路，那么面对基层青年存在的就业、婚恋、技能培训、人际交往等多元现实需求，地方政府组织部门、人力资源和社会保障、教育部门等机构应慎重对待，做好相应的培养管理和服务帮扶工作。

第四节　大学生村干部计划的实施基础

任何一项制度设计蓝图最终都要落脚到基层实践，即从文本蓝图到落地实施，显然大学生村干部计划的规划核心是基层实践层面的操作推广，需要建立一套"下得去、待得住、干得好、流得动"的长效工作机制。特别是在源头选聘环节，要求政府有关部门重点把好选聘"入口"关，抓好优惠政策待遇的落实，搞好服务保障工作，切实为选聘到村任职的高校毕业生干事创业、发挥作用创造良好的环境条件。同时，要求坚守高校毕业生自愿服务基层的底线原则，不搞指标硬性分配，不盲目追求数量，而是确保选聘人才质量、讲求实效。具体如下。

一是明确部门职责分工。大学生村干部计划需要将事务相关者动员组织起来，各级有关部门根据自身工作职能和业务范围协同抓好大学生村干部工作，职责加以明确分工。按照大学生村干部计划的制度设计，组织部门居中发挥牵头协调作用，其他部门各司其职，从旁予以密切配合。人力资源和社会保障、教育、财政、公安部门主要负责社会保险（医疗、养老、工伤保险）、报考公务员、研究生、人事代理、户籍管理、学费补偿和助学贷款代偿、工作生活补贴发放等配套保障政策的制定、解释、检查、落实工作。宣传部门主要负责指导协调新闻传媒，采取多种方式广泛宣传大学生村干部工作，营造良好的社会舆论氛围。民政部门主要负责指导大学生村干部参与村级事务治理、参加村委会选举等工作。农业、林业、扶贫部门则主要负责利用部门资源开展大学生村干部专项培训，指导大学生村干部参与现代农业、林业建设和扶贫开发等工作。

二是加强统筹协调安排。在明确职责分工的基础上，需要加强部门机构之间的横向衔接与协调合作。各级政府部门要主动加强对大学生村干部工作的领导，建立由组织、宣传、教育、公安、民政、财政、人力资源和社会保障、农业、林业、扶贫、共青团、妇联等多个部门参加的联席会议制度，定期召开会议，通报有关情况，研究解决重大问题，进行协商合作。凡是涉及大学生村干部工作的重要政策、重要事项、重要活动，要求成员集体研究决定，统一组织实施。对于工作任务本就繁重的组织部门，可以成立专门工作机构，配备工作人员加强管理。

三是落实日常管理责任。大学生村干部计划的整体推进，离不开对大学生村干部青年的日常细微管理和培养，这由组织部门、人力资源和社会保障部门、共青团组织共同负责。中央组织部、人力资源和社会保障部、团中央负责宏观管理，指导各级组织、人力资源和社会保障部门、团组织共同做好大学生村干部的日常管理工作。省、市两级负责规划协调、组织指导、督促检查等工作。县级组织、人力资源和社会保障部门主要负责建立大学生村干部档案，做好考核工作，落实跟踪培养措施，提出选拔任用意见；团县委主要负责大学生村干部的联系服务等工作；乡镇党委、团委和基层村党组织负责具体管理、联系、服务等工作。

面对苏北地区大学生村干部实践过程中基层履职动力不足、渠道不畅、发挥作用不够、发展空间有限、服务保障不力等暴露出的种种问题，立足常规工作并完成这些"基本动作"显然不够。重塑大学生村干部青年与乡村基层的关系，这里有必要拓展运作思路，充实大学生村干部计划的实施基础。我们认为，基层夯实举措可以着眼于以下几个方面。

一、多元力量协作共管

俗话说，"众人拾柴火焰高"。大学生村干部计划是一项覆盖全国的复杂社会工程，面对乡村场域近乎刚性的社会结构，单靠国家政府部门的力量是不够的，它需要多元主体力量的协作共管，完善统筹协调青年发展工作的体制机制，推动大学生村干部计划的可持续发展，促进大学生村干部个体基层成长进步。我们在上文中提到，大学生村干部计划涉及组织部门、人力资源和社会保障部门、教育部、农业农村部等，除这些正式的政府部门外，还有一些与之密切相关的企事业单位、民间社会团体组织等也可以整合吸纳进来，对大学生村干部的基层履职给予精心的培养管理，提供力所能及的助力支持。通过组织部门等的牵头带动，发挥政府部门、企事业单位和社会组织等多方力量的协同作用，形成大力支持大学生村干部工作的浓厚氛围，厚植大学生村干部计划基层实施的社会基础，有效破解大学生村干部计划推进过程中遇到的阻力与困难。

二、基层要素资源盘活

国家主导的大学生村干部计划的根基在于广大乡村基层，乡村基层的"土壤"条件及其内在结构决定了大学生村干部计划的实施推进。在公众的概念中，乡村基层被誉为"希望的田野"，但现实情况远非如此，它是我国经济社会发展的"洼地"所在。要想促使高校毕业生青年对乡村基层产生浓厚兴趣，进而达到彼此之间上佳的链接效果，一是需要基层充分考虑高校毕业生青年人才的特点和心理需求，给予温暖和同理心，调动基层社会积极的力量，优化青年人才成长工作环境，维护青年发展权益，促进青年全面发展。二是要在基层乡村内部充分挖掘潜力，整合并盘活基层现有松散的资源，如劳动力人口、土地、文化旅游景点、公共基础设施硬件、特色种（养）殖业等要素，着力打造基层场域干事创业的舞台，为大学生村干部基层履职打下一定的平台基础，吸引他们留在基层、扎根基层。同时，基层内部资源得以有效开发利用，再借助国家支农惠农政策支持，其治理局面得以旧貌换"新颜"，这有助于提升外界对乡村基层振兴的信心与兴趣，进而获得外界更多的资源对接帮扶。三是通过打通城乡之间要素流动，促使城市资源不断"下沉"，使得乡村基层内外资源形成叠加联动，基层创新创业活力得以放大，形成基层发展的良性循环效应，最终真正成为希望的沃土，成为国家经济社会发展的"一极"，如国家出台的《乡村振兴战略规划（2018—2022年）》描绘的那样，让农业成为有奔头的产业，让农民成为有吸引力的职业，让农村成为安居乐业的美丽家园。

三、村干部个体主动"作为"

大学生村干部计划的推进固然要得到国家和地方的鼎力支持，但最关键的角色当属大学生村干部本人的角色担当，要与计划的开展保持相向而行。传统青少年观提出，人类个体与周围环境的交互产生的适应命题，总是默认个体的作用力要远远小于环境的作用力，个体只能被动地去适应环境。而现代社会的青少年观认为，青少年个体都有与生俱来的价值、尊严与权利，他们是具有正向发展潜能、能够自我决定的群体，完全有能力去学会面对和解决自己的问题，能够对环境产生重要影响力，外界应该帮助其最大化地实现他们的潜能。"青年可以被看作代表现状与发展、现实与计划、现在与未来的力的平行四边形的能动产物。"① 当大学生村干部下到基层乡村履职，面对乡村发展薄弱局面和环境适应难题，必定需要个体"奋发作为"，因为履职期间个体始终肩负着改变乡村经济社会落后面貌的社会期待。习近平总书记强调："青年兴则国家兴，青年强则国家强。青年一代有理想，有本领，有担当，国家就有前途，民族就有希望。"② 大学生村干部青年需要热爱基层，主动作为，担负新时代的使命，在基层党组织建设、脱贫攻坚、人居环境整治、村务管理等工作中切实发挥生力军的作用，将个体所学知识技能融于新农村建设，在乡村发展振兴实践中放飞自己的青春梦想，用奉献服务铸就无悔青春，在不懈奋斗中书写人生华章。由个体担当作为汇聚而成的群体效应将推动大学生村干部计划等基层工程行稳致远。

在大学生村干部计划实施基础的部分，我们主要梳理出多元力量协作共管、基层要素资源盘活和村干部个体主动"作为"三个要素。多元力量的协作共管，实质关注的是外界对基层的助力推力，政府部门、群团组织和社会各界协同施策，共同营造有利于高校毕业生基层发展的良好社会环境。基层要素资源盘活凸显的是基层载体潜力的挖掘和释放，塑造发展良好的环境条件和物质基础。而村干部个体作为，显现的是高校毕业生青年主体的积极发力作用。这三者之间并不是彼此孤立，而是互促共进的。目前，在社会主义新农村建设的背景下，包括苏北地区在内的众多大学生村干部计划实施区域在这三个方面或多或少还存在不足之处，而只有把这三个方面加以改进并累加形成合力，对基层有效进行赋权增能，提升大学生村干部履职积极性，才能有助于夯实大学生村干部计划实施的现有基础，促进高校毕业生与基层乡村的密切联系，增强他们的基层志愿服务或者基层就业的获得感，有效提升大学生村干部计划的实施成效。

当然，我们也应看到，一是国家主推的大学生村干部计划实际上是一个制度体系，它为大学生村干部职业发展及各地大学生村干部工作的铺开

---

① 马赫利尔. 青年问题和青年学 [M]. 陆象淦, 译. 北京：社会科学文献出版社, 1987：195.

② 习近平. 决胜全面建成小康社会, 夺取新时代中国特色社会主义伟大胜利——在中国共产党第十九次全国代表大会上的报告 [EB/OL]. [2021-02-12]. http://politics.gmw.cn/2017-10/27/content_26628091.htm.

提供了行动框架，有着引导与规范的作用。二是大学生村干部计划作为一个新生事物，没有先例可以拿来借鉴，也没有现成经验可供仿照，其制度设计和政策实施的过程中必然伴随着一些矛盾与问题。只有用发展辩证的眼光去看待，才能科学、持续地推进该项社会工程，基层大学生村干部青年的职业发展才能走出一片天地。

第三章　村干部选聘与高校毕业生的职业准备

第一节　乡村基层场域的理性思考

乡村基层是具有自然、社会、经济特征的地域共同体,是下乡大学生村干部青年成长成才的环境舞台,它显然迥异于要素聚集并且种类齐备的城市社会,拥有自身独特的特点和性质。生态系统理论将个体的发展看作是持续地适应环境,并与环境的众多层面进行系统交换的过程。他们能改变环境,也能被环境所改变,在个体与环境之间形成交互性适应[①]。美国著名心理学家勒温则用公式 $B=F(P \cdot E)$,明确揭示个体的外显行为(B)是个人(P)与他所处环境(E)相互作用的结果。因此,要理解身处陌生基层的大学生村干部青年行为与心理状态,必须将其置于所工作生活的环境背景中去,要揭开乡村基层场域的"面纱"。

一、乡村基层场域的存在必要性

"基层"作为一个常用的行政用语,往往是指层级体系中最低的一层,在我国主要指向过去遭人忽视、亟须改变的乡村基层,它是国家治理的基础,也是三农工作的落脚点。国家的发展进步需要城市社会和乡村基层的协调发展。先发展起来的城市社会无疑具有强大的集聚效应,能够集聚人才、技术、资金和创新等要素,有效带动城市周边地区的发展,通过提炼新的发展理念,形成区域发展的标杆;而后发展的乡村基层作为城市的后方基地,能为城市发展提供劳动力和粮食等重要农产品,提供良好的生态

---

① 全国社会工作者职业水平考试教材编写组.社会工作综合能力[M].北京:中国社会出版社,2019:102.

屏障和生态产品，传承乡村优秀传统文化，它兼具生产、生活、生态和文化等多重功能。城市社会与乡村基层之间是功能互补而不是彼此替代的关系。时下有种观点认为，推进城镇化就能彻底解决"三农问题"，认为只要将进城农民"化"为市民，就不存在"三农问题"难题，出现所谓的"农民的终结""村落的终结"等。显然，这种让乡村基层消失的观念是不对的，难以符合我国国情和发展实践。乡村基层理应是发展的"重镇"之一，应与城市一起形成不可分割的命运共同体，乡村基层兴则国家兴，乡村基层衰则国家衰。

纵观欧美地区乡村发展历程，那些经历工业革命、较早实现现代化的国家，也曾一度出现乡村基层衰败现象，后来政府管理者意识到城市社会和乡村基层功能是互补的而不是彼此替代的，又逐渐加大对乡村基层的投入和支持，最终达到城乡一体化融合发展。中国作为拥有14亿人口的农业大国，乡村是我国社会的基础，城镇化的推进要基于我国的现实国情和城乡发展规律来考虑。城镇化本义是要让乡村人口比例逐步减少，而城市人口比例逐步增加，但考虑到城市自身的现有容纳能力，不可能使现有全部农民都能进城安居乐业。我国城镇化发展到现在，乡村还拥有5亿7000万人口，即使到2030年城镇化率达到70%，乡村人口也还保有4亿多人，庞大的人群需要在乡村生产生活，根本不可能让乡村一直衰落乃至消失。因此，我国社会主义现代化建设要坚持城镇化与乡村振兴双轮驱动，不仅要保留乡村基层的存在，并且要使城乡统筹协调发展、一体化发展，推动城乡要素自由流动、平等交换，形成工农互促、城乡互补、全面融合、共同繁荣的新型城乡关系。当前，乡村基层是我国社会主义现代化建设的薄弱环节，人民日益增长的美好生活需要和不平衡不充分的发展之间的矛盾在乡村基层表现最为突出，因而亟须弥补其现有短板，迎头加速赶上城市发展步伐，使之真正成为富有活力的"沃土"，这就为我国大学生村干部计划、"三支一扶"计划、高校选调生计划、苏北志愿者计划等基层社会工程的推出提供了现实重要依据，同时，围绕乡村基层场域加深对其认识与研究也摆上议事日程，准备下乡的高校毕业生内心应做好相应的思想准备。

二、乡村基层场域的性质特点

如前所述，在我国广大乡村，基层指与村民联系最直接、最密切的乡镇村组，选聘高校毕业生到村任职体现出党政干部人才培养的基层取向性。依据国家统计局的数据，截至 2014 年底全国共有 3.2 万多个乡镇（乡数 1.2 万个，镇数 2.0 万个）、5.85 万多个村民委员会和 317 万个自然村。乡村不仅数量庞大，而且其现存社会问题十分复杂。那么，如何看待和理解乡村基层性质属性，以便外来的大学生村干部青年更好地介入、履职呢？我们认为，传统的乡村多为村民经过长时间聚居而自然形成的村落（自然村落），具有乡土特性，村民依靠种地谋生而黏附在土地上，安土重迁，富于地方性。"乡土社会在地方性的限制下成了生于斯、死于斯的社会。常态的生活是终老是乡。假如在一个村子里的人都是这样的话，在人与人的关系上也就发生了一种颜色，每个孩子都是在人家眼中看着长大的，在孩子眼里周围的人也是从小就看惯的。这是一个'熟悉'的社会，没有陌生人的社会"①。"乡土社会的信用并不是对契约的重视，而是发生于对一种行为的规矩熟悉到不加思索时的可靠性"②。由于拥有共同的村落生活共同体，熟人社会造就了村民彼此之间的了解信任，人际交往相处自然、"得心应手"，经济活动往来甚至无须签订书面契约。而对外来者，乡村基层则是持警惕和欺生排斥态度，不愿意接受来自外部力量做出的安排，这可能会造成基层内部牢不可破，而外来者嵌入乡村基层困难，很有可能沦为乡土社会的边缘人物。

由乡村场域自然过渡到乡村基层事务的运作，一是通过民主选举，组建村民广泛信任与支持的村级领导班子，带领村民发家致富，推动乡村社会治理能力水平提升；二是依托村民自治实现自我管理、自我教育和自我服务，维护村庄正常稳定的社会秩序。我国乡村振兴发展战略明确提出，要加强农村基层基础工作，健全自治、法治、德治相结合的乡村治理体系，培养造就一支懂农业、爱农村、爱农民的"三农"工作队伍。有学者通过乡村实地观察深刻指出，传统乡村事务较为琐碎繁杂，乡村工作具有地方性、季节性、应急性的特点，需要一个熟悉当地情况的低成本、不脱产的基层组织体系来发挥作用。大学生村干部作为外来者、年轻人，不是长期

---

① 费孝通. 乡土中国　生育制度［M］北京：北京大学出版社，1998：9.
② 费孝通. 乡土中国　生育制度［M］北京：北京大学出版社，1998：10.

任职的村干部,不熟悉当地村情民情,显然是错置了乡村这个空间①。我们认为,这种观点值得商榷。在新农村建设背景下,情况可能并非如此。首先,随着社会的发展变迁以及行政村逐渐取代自然村成为主导,政府将村民划分到各个地域进行管理,行政权力对乡村社会的控制得以加强,乡村基层性质逐渐变为学者笔下描述的"半熟人社会",这里面发生了些许变化。"行政村虽然为村民提供了相互脸熟的机会,却未能为村民提供充裕的相互了解的公共空间"②;相比之下,村庄精英得以在舞台充分表演。成为村民熟悉的公众人物,这就是"半熟人社会"的框架。"在半熟人社会中,村民之间已由熟识变为认识;由意见总是一致变为总有少数反对派存在(或有存在的可能性);由自然生出规矩和信用到相互商议达成契约或规章;由舆论压力到制度压力;由自然村的公认转变到行政村的选任(或委任);由礼治变为法治,由无讼变为契约,由无为变为有为(即村干部需要做出政绩才能显出能人本色),由长老统治变为能人政治"③。同样对于外来者,在"半熟人社会"里,其对大学生村干部等外来人员排斥的阻力相对要小些,这也就是说,在地方政府支持和基层赋权增能的背景下,乡村基层能够被打开缺口,"空降"的大学生村干部通过自身附带的政治光环和不懈努力是有机会与条件嵌入乡村基层的。

其次,进入 21 世纪以后,乡村基层治理迈入崭新阶段。城乡关系整体格局发生变化,乡村基层不再是实现国家现代化的阶段性手段,而是发展目标本身,城乡关系转为资源输送型,乡村面临"创新社会治理体制""提升社会治理水平""农业扩大对外开放""乡村振兴""乡村建设行动"等改革攻坚目标任务,治理内容由经济发展转为现在的全面建设新农村。加上互联网技术的崛起发展,互联网的创新成果与经济社会各领域深度融合,虚拟化、平等化、开放化成为主要特征,乡村社会治理要求改进传统治理方式,讲求信息的公开透明、服务的精准到位,要求完善乡村治理结构体系,推进乡村治理能力现代化。选聘大学生村干部下到基层的主要目的并不是来维持农业村庄现有稳定社会秩序,而是为改变村庄落后面貌、促进

---

① 贺雪峰. 给大学生村干部计划泼冷水[EB/OL]. [2021-02-12]. http://m.chinavalue.net/Biz/Article/2008-11-5/142794.html.
② 贺雪峰. 乡村治理的社会基础[M]. 北京:中国社会科学出版社,2003:49.
③ 贺雪峰. 乡村治理的社会基础[M]. 北京:中国社会科学出版社,2003:52.

乡村发展振兴、提升乡村社会治理水平等而来，大学生村干部是以革新者和促进者身份出现和驻村服务，其身后带有国家惠农支农的项目与政策支持。因此，当下的乡村基层场域与大学生村干部人才涌现是契合的，它需要履职的大学生村干部介入，而且大学生村干部在国家和社会各界的支持下能够主动沉下基层。

不可否认的是，大学生村干部能够介入基层，并不意味着可以忽略以下必要环节：一是与土生土长的本地村干部相比，下乡大学生村干部受到乡村结构化情境的制约，需要额外付出适应基层环境的时间，需要得到当地干部群众认可才算通过考验。如若考验未能通过，势必会大大制约大学生村干部自身职业发展进程，影响大学生村干部计划最终目标的实现。二是乡村基层现有环境仍需不断优化，依托国家乡村振兴战略背景，要推出与大学生村干部计划等人才下乡项目施行相配套的制度供给，千方百计创造有利于基层大学生村干部青年职业发展的条件。通过激发人才的无限活力，使外部人才因发展机遇而走进乡村，使内部人才因心怀乡情而留在基层。

三、乡村基层场域的传统命题

如前所述，乡村基层场域是目前大学生村干部计划实施的主阵地。对于高校毕业生青年来讲，乡村基层既陌生而又熟悉。陌生的是，基层发展较为滞后，但发展滞后的程度感知却远离自己行动或者日常接触的范围；熟悉的是那句"广阔天地，大有可为"的宣传口号，这是耳熟能详的关于乡村基层的普遍说法，赋予了个体置身基层空间发展的无限遐想与期待，能够引起具有乡愁情怀的高校毕业生共鸣。20世纪60年代，我国伟大领袖毛泽东主席向学校知识青年发出这样的号召，"一切可以到农村中去工作的这样的知识分子，应当高兴地到那里去。农村是一个广阔的天地，在那里是可以大有作为的。"遗憾的是，当时由政府部门组织的城镇知识青年（中学生）离开城市、前往农村定居和劳动的群众路线运动（简称"上山下乡"运动），由于种种原因最后以下乡知识青年回城收尾，它不仅给这代人造成学业中断、家庭疏离、婚姻困难，也影响到社会各层面的固有秩序。因此，轰轰烈烈的"上山下乡"运动实践并没有破解学校（包括高等学校）知识青年与乡村基层的疏离问题。从20世纪90年代开始，共青团中央和教育部、宣传部等联合发起大中专学生暑期文化科技卫生"三下乡"活动，在高等院校组织设立理论宣讲团、科技帮扶团、教育关爱服务团、爱心医疗服务团、文化艺术服务团等，引领大中专学生在基层社会实践中受教育、长才干、做贡献，努力成长为社会主义合格建设者和可靠接班人。但该类型的志愿服务活动每次持续时间不长，通常为二周左右，参与对象通常为学校中低年级学生，效果仅停留在接触基层的实践层面，成为高校社会实践工作的常规组成部分，并没有实现高校毕业生与乡村基层的人才通道无缝对接，更没有实现毕业生青年个体在基层中奋发有为的目标。

目前我国社会主义现代化建设已经进入崭新的时代，乡村治理正在形成"党委领导、政府负责、社会协同、公众参与、法治保障、科技支撑"的体制机制，建设"人人有责、人人尽责、人人享有"的社会治理共同体。乡村治理能力水平提升的关键在于人才的引入。在此背景下，要打破长期以来高校毕业生青年与基层隔阂的怪圈，使乡村基层"广阔天地，大有可为"的传统命题得以成立，必须不断充实其基本内涵，将字面抽象意义上的广阔基层场域转换为具体可行的基层发展平台。对于大学生村干部计划基层导向人才工程而言，我们认为，客观上有四个重要条件需要予以满足成立。

（一）基层场域的"能量"释放

乡村基层地理空间范围广阔，且所需人才缺口很大，这是另一种意义上的"地广人稀"。因此高校毕业生青年人才如若选择在基层发展的话，他们的才能施展空间大、机遇多、发展快，更有可能实现自己的人生理想。但是这里的暗含前提必然是，基层场域长期累积的"能量"加以释放，基层主体的优势地位得以彰显，基层能够创造适合高校毕业生青年的客观条件。面对基层各种关联要素发展缓慢，资源分布极不均匀，如何尽快把基层的现实机遇和发展潜力充分展示出来，切实给高校毕业生基层履职提供"用武之地"，给当地群众发家致富提供有效支撑，这是当前地方政府部门在乡村振兴过程中亟须思考的问题。从长远角度来看，在市场经济背景下引导高校毕业生下到乡村基层履职，使大学生村干部岗位成为一种体面的就业形式，不可能永远依靠国家优惠政策倾斜或者扶持，而是需要乡村基层自身充分展现魅力与活力，主动吸引高校毕业生自愿下乡服务，并愿意长久扎根下来。《乡村振兴战略计划（2018—2022年）》提出的"立足乡土社会、富于地域特色、承载田园乡愁、体现现代文明"的升级版乡村,应是我们乡村基层建设的理想目标追求。

(二)基层就业(志愿服务)的利好政策扶持

国家接连出台鼓励高校毕业生到基层就业或者志愿服务的利好政策,部分高校也制定面向基层定向就业(志愿服务)的计划,辅以国家乡村振兴战略的大力实施,使得基层就业成为高校毕业生择业的一大"热门"。国家人才下乡政策红利的持续释放,宣示了国家推行基层战略导向政策的定力,给有志于基层干事创业的高校毕业生吃了颗"定心丸",通过不断健全高校毕业生基层工作的服务保障机制,特别是对干事创业的制度激励,有助于放大基层场域的吸引效应和形成良好的氛围,推动高校毕业生基层岗位建功和乡村发展振兴。当前,基层就业(志愿服务)或者人才下乡计划是由国家主导推动的,政策设计执行的关键在于保持其稳定性、持续性、权威性,绝不能朝令夕改或者"虎头蛇尾"而半途而废,原因在于政策"指挥棒"会直接影响地方基层就业(志愿服务)工作实践,也关系到乡村基层能否真正成为有志青年大有可为的广阔天地。

(三)来自城市发展的反哺

新中国成立之后很长一段时间里,我国采取计划经济运作模式,由政府根据计划调节安排经济活动,在城乡关系上以剪刀差的方式将农业资源转向工业和城市,形成城乡分割的二元结构。城市得到快速发展,城镇化率一度超过60%;而乡村则为城市的繁荣发展做出重大牺牲,乡村的发展在很长一段时间停滞不前,这是一个畸形的发展战略。城市发展与乡村发展本就密不可分,率先富裕起来的城市有义务带动落后乡村实现融合共同发展。改革开放之后,城乡位置关系在不断调整平衡。随着新世纪城市化进入城乡统筹的阶段,城乡关系格局从资源汲取转向资源输送:工业反哺农业,城市支援乡村,人才向基层流动,在某种程度上也算是对乡村过去巨大付出的弥补。城市通过给予乡村技术、人才、项目、融资等方面支持,形成产业带动链条,走生态绿色发展之路,完成乡村脱贫攻坚和发展振兴任务,同时也为城市接下来更高质量、更高水平的再发展打通脉络。对于广大乡村基层而言,必须重视与城市之间的正向互动联系,整体统筹谋划,用好城市提供的"反哺"资源,提升乡村公共服务供给水平,打造新型城乡共同体，在互动交往之中实现乡村建设。

（四）大学生村干部主体的职业发展

乡村振兴的关键在于人才。如前所述，身处基层的大学生村干部是一个边际人角色，他们正向成年社会迅速过渡，同时基层锻炼也是他们世界观、人生观、价值观形成确定的重要时期。虽然初次踏上社会的他们面临着不少客观困难阻碍，比如来自陌生乡村基层环境的严峻挑战，但也面临着乡村发展的重要机遇，只要每个大学生村干部保持积极心态，基层工作尽快上手，努力履职作为提升能力，一定能开辟出属于自己的事业发展空间，成就自己的人生价值理想。胡锦涛同志曾告诫广大青年："要深入了解国情，自觉到基层一线去，到艰苦环境中去，到祖国和人民最需要的地方去，在实践的熔炉中增长见识、砥砺品质、强化本领，努力成为可堪大用、能负重任的栋梁之材。"① 由一个个基层大学生村干部青年汇总而成的职业群体发展的成功，预示着乡村社会的育才"土壤"值得肯定，乡村社会值得大学生村干部长期扎根创业，这就实际论证了国家大学生村干部计划实施的有效性与合理性。当基层大学生村干部职业发展与国家主导的大学生村干部计划之间形成良性互促效应，实现两者的双赢，则可以预见大学生村干部计划等项目在乡村基层的推行落实会更为顺畅。

撇开大学生村干部主体的职业发展（后面部分予以阐述）之外，从苏北地区大学生村干部工作的实际调研来看，当前在国家的重视与推动之下，基层就业利好政策是在持续发力，中心城市对周边乡村郊区的反哺支援力度也在逐渐加强，稍显薄弱的是乡村基层场域的"能量"释放并不尽如人意，这减弱了乡村基层发展平台的吸引力。倘若上述三根"支柱"均能正常发挥作用，并彼此配合形成合力，这将意味着"新基层、新生活、新成长"的显著变化，将会大大改变当前大学生村干部基层职业发展的窘境，丰富和发展基层"广阔天地，大有可为"的传统内涵，真正满足民众日益增长的对美好生活的需要。2019 年 10 月底，中国共产党第十九届中央委员会第四次全体会议通过的《中共中央关于坚持和完善中国特色社会主义制度推进国家治理体系和治理能力现代化若干重要问题的决定》中提出，"要

---

① 胡锦涛. 在纪念中国共产主义青年团成立 90 周年大会上的讲话[EB/OL]. [2021-02-12]. http://www.chinanews.com/gn/2012/05-04/3866683_2.shtml.

构建基层社会治理新格局,完善群众参与基层社会治理的制度化渠道。健全党组织领导的自治、法治、德治相结合的城乡基层治理体系,健全社区管理和服务机制,推行网格化管理和服务,发挥群团组织、社会组织作用,发挥行业协会商会自律功能,实现政府治理和社会调节、居民自治良性互动,夯实基层社会治理基础"①,这能为大学生村干部基层职业发展奠定框架基础和确立信心。

第二节 大学生村干部选聘公告文本分析

在大学生村干部计划"落地"过程中,首先映入社会公众眼帘的是来自报端的选聘公告。选聘公告是以正式公开文本的形式对招聘的目标、招聘岗位的工作内容和人数规定,特别是对选聘对象条件的具体要求等作出公开详细规定,在人力资源招募过程中起着重要的指引性作用。与企业招聘简章相比,大学生村干部的选聘公告是由政府组织部门起草,其制作和发布较为规范统一,通过省市官方报纸和政府官方网站对外公布,并在高等学校校园进行宣讲动员。对此,我们引入文献研究中的内容分析法,希望借助若干构成指标对每年公开发布的大学生村干部选聘公告进行客观、系统的描述,从而对大学生村干部岗位设计进行总结反思,揭示村干部选聘背后的入围"门槛"或者条件要求,便于高校毕业生提前做好基层任职的必要准备。

考虑到苏北地区是一区域性概念,它实际包含5个省辖市40个县(市、区),而整个江苏全省大学生村干部招聘是以省辖市为实体分别展开,因此我们就选取其中的连云港市作为代表。从收集汇总的公开文本资料来看,从2009年开始到2018年,连云港市组织部门每年根据《江苏省选聘高校毕业生到村(社区)任职公告》制作当地的《选聘高校毕业生到村(社区)任职简章》(以下简称《简章》),组织开展本地区的大学生村干部选聘工作。以下是对江苏省连云港市10年来的招聘《简章》进行描述性统计分析的结果。

---

① 中国共产党第十九届中央委员会.关于坚持和完善中国特色社会主义制度推进国家治理体系和治理能力现代化若干重要问题的决定[N].中国青年报,2019-11-06.

一、《简章》选聘对象

大学生村干部计划的选聘对象具有单一指向性，就是高校应届全日制本科及以上学历毕业生（不含定向生和委培生），这是招聘《简章》明确规定的，在这方面全国各省市完全一致。需要指出的是，对于苏北地区乃至江苏全省来讲，2011年是一重要的时间节点，在2011年之前，大学生村干部选聘对象为应届全日制普通高校本科及以上学历毕业生，选聘对象的门槛基本固定。而在2011年之后，为引导和鼓励更多重点高校优秀毕业生加入大学生村干部队伍，进一步提高大学生村干部队伍素质，江苏省选聘高校毕业生到村任职工作领导小组决定，实施驻村实习村干部计划（"985"高校村干部工程），面向国内重点院校定向选聘。在云南省，简章附加了"中管高校"（直属中共中央组织部管辖的31所副部级高等院校）的毕业学校条件。这就是说，2011年之后，连云港市大学生村干部选聘对象包括普通高校本科及以上学历毕业生和"985"高校本科及以上学历毕业生，但"985"高校本科及以上学历毕业生人数比例要远远高于普通高校本科及以上毕业生，两者比例值粗略算来为7~8。

此外，在连云港市制定的地方选聘高校毕业生到村（社区）任职简章中提出，针对参加江苏省组织的"高校毕业生'三支一扶'计划""大学生志愿服务西部计划""江苏大学生志愿服务苏北计划"等活动的全日制普通高校本科及以上学历毕业生，如果服务期满、考核合格，本人自愿且具备选聘条件的，经组织推荐业可作为大学生村干部选聘对象，这实现了大学生村干部计划与其他基层导向工程在人员之间的对接、交流，大大提高了大学生村干部计划选聘的灵活性，丰富了基层大学生村干部对象的来源路径。

二、《简章》选聘人数

大学生村干部计划是国家主推的基层导向工程，政府需要选聘大量的高校优秀毕业生充实乡村基层，选聘人数规模是反映该项计划推广力度的重要指标。表3-1详细列举出2009—2018年连云港市大学生村干部选聘人数。不难发现，以2011年为界，在此之前每年大学生村干部选聘人数属于"扩招"，维持在高位，呈现上升的态势。但2011年之后，情况发生变化，大学生村干部选聘人数呈现下降趋势,特别是自 2015 年起,选聘人数只有数十人。同时期,整个苏北地区大学生村干部选聘人数也呈现类似前高后低的变化特征,这表明大学生村干部计划在选聘数量可持续方面出现问题。其一,"进出口"的畅通问题。对照已有连云港市的介绍资料,我们可知,连云港市下辖 3 个市辖区、3 个县级行政区:海州区、连云区、赣榆区、灌南县、东海县、灌云县,共计 53 个镇、30 个乡、17 个街道办事处,220 个居民委员会、1432 个村,把这些村和居民委员会数量相加起来为 1652。而实际选聘的人数,若暂时不考虑期满退出的情况(事实上每年留守村干部岗位的人数占比 6 成左右),汇总起来共有 2032 人,这表明期满分流出路不畅,导致"进口"阻塞招纳人数锐减,这与中组部提出的"选聘高校毕业生到村任职工作一般每年集中开展一次"(保持一定的选聘数量)规定不一致。其二,大学生村干部选聘质量的提升。从表 3-1 中看出,大学生村干部选聘人数下降的发展态势,表明选聘环节开始由注重人才数量累积到注重人才质量提升转变。这与中组部等部委出台的相关选聘政策,即坚持在总体数量稳定的基础上控制总体规模,不断提高大学生村干部的选聘质量要求有密切关系。无论是"进出口"的畅通问题,还是选聘质量的提升考虑,我们认为选聘数量应该基于乡村基层的人才需求经科学测算而出,保持大学生村干部选聘数量的适度性,避免出现大幅波动,特别是前多后少的情形。当然,选聘人数趋于减少的态势,对于高校毕业生而言,意味着今后成为大学生村干部队伍一员的难度系数会逐步加大。

表 3-1 江苏省连云港市及总的苏北地区大学生村干部选聘人数

所属年份	2009	2010	2011	2012	2013	2014	2015	2016	2017	2018	合计
连云港市	330	260	455	221	255	168	85	61	40	80	2032
苏北地区	1957	1678	2328	1591	1395	743	400	312	193	—	—

三、《简章》选聘条件

通过基层导向的大学生村干部计划,国家和地方政府希冀能选聘优秀大学毕业生下到基层履职服务,力图建立大学生村干部胜任力模型。在连云港市选聘《简章》中,可以看到具有稳定性和一致性的选聘条件。例如,2015 年连云港市选聘《简章》提出招募对象应具备的条件包括:① 思想政治素质好，作风踏实，吃苦耐劳，组织纪律观念强，志愿到农村基层工作，有一定的组织协调能力和社会实践能力，学习态度认真，能如期毕业；② 年龄在30周岁以下（1985年1月1日以后出生）；③ 全日制普通高校本科及以上学历；④ 中共党员（含预备党员）或优秀学生干部；⑤ 身体健康。选聘条件重点突出选聘对象的个人特征、身份面貌、思想道德品质和组织协调能力。

除上述显性的选聘条件外，事实上在选聘《简章》中还含有隐性条件规定：① 地域优先。考虑到乡村社会秩序格局和基层工作的开展的需要，熟悉本地村情民情的人士优先，因为更容易"存活扎根"，故而简章合理考虑地缘关系，通常设有一条"坚持同等条件下回原籍任职的优先"，优先考虑具有本地户籍的高校毕业生生源。② 结构设定。在选聘数量要求之外，还有人口结构上的设定，主要体现在男女性别比例上。对应于乡村的艰苦环境和基层工作的开展要求等因素，地方政府在大学生村干部性别上偏好男性，招募的男性大学生村干部居多。资料表明，2010—2016年连续六年的《简章》上具有明确的性别要求，而其他年份（2009年、2017年、2018年）《简章》上并没有明确要求，可见多数年份显现出性别偏好。在具体的性别比上（见表3-2），从2010年到2016年数值在不断上升，由最初的1.48∶1达到2.85∶1，平均男女性别比是1.75∶1。显然，相比较而言，男性大学生村干部更受地方政府的青睐，认为其能吃苦、抗压力强。落到实际选聘大学生村干部事务之中，男性大学生村干部人数普遍要多于女性大学生村干部人数。此外，招聘《简章》规定对中共党员和优秀学生干部优先考虑，在连云港市的招聘《简章》中，甚至要求中共党员（含预备党员）招聘的比例要大于80%，认为党员的为民服务宗旨理念与基层村干部岗位的志愿服务性质有高度关联。

表3-2 近些年份江苏省连云港市大学生村干部招聘简章的男女性别比情况

年份	2010	2011	2012	2013	2014	2015	2016	合计
男女数量比	155∶105	274∶181	134∶87	175∶80	116∶52	59∶26	37∶13	—
男女性别比	1.48∶1	1.51∶1	1.54∶1	2.19∶1	2.23∶1	2.27∶1	2.85∶1	1.75∶1

由显性和隐性招聘条件可以看出，一是选聘《简章》主要关注大学生村干部思想政治素质、工作态度、个性特征等方面，但对其专业素质和工

作能力关注较少，这是选聘需要优化的地方；二是选聘条件在逐步升高，强调择优选拔，迫切希望选聘优秀高校毕业生下乡，这些会对大学生村干部基层职业发展带来影响。有学者通过对2008—2014年全国10省（市）的70篇大学生村干部选聘公告进行内容分析也发现，大学生村干部选拔对年龄、学历和毕业学校、政治身份以及阅历等条件要求愈趋严格①，这与我们的分析基本一致。

四、《简章》待遇保障

如前所述，考虑到乡村基层的诸多不利条件和发展振兴对知识人才的渴求，为引导激励高校优秀毕业生下到基层志愿者服务，并在基层岗位勇于担当作为，给予必要的物质待遇保障势在必行。从连云港市的大学生村干部选聘简章来看，大致可以分为两种情形：其一，在职在岗期间优惠待遇。到村（社区）任职的高校毕业生，虽然是特设岗位的志愿者身份，但其户口原则上落户在任职的县（区）政府所在地，享有专项全额拨款的事业编制。享受当地全额拨款的事业单位工资待遇，新聘任大学生村干部直接转正定级，薪级工资高定一级，按照事业单位有关规定参加当地各项社会保险。为解决基层大学生村干部后顾之忧，地方政府实施"江苏省大学生村官综合保险保障计划"，即为在岗大学生村干部每人提供保额合计100万元的人身意外和重大疾病保险。此外，地方政府还为到村（社区）任职的高校毕业生提供免费宽带、《乡村干部报》②、《大学生村官园地》③。其二，服务期满优惠待遇。主要是服务期满职业发展去向上给予支持，助推大学生村干部由志愿服务者身份向真正职业者转变。《简章》规定：① 每年拿出一定数量的公务员职位，专门定向招录聘任期满、考核合格以上的大学生

---

① 方奕，程凤娇. 大学生村官招募变迁分析——基于2008—2014年10省（市）选聘公告 [J]. 中国青年社会科学，2016（1）：95.

② 《乡村干部报》经国家新闻出版总署正式批准，由中共江苏省委组织部主管，新华日报报业集团主办，宗旨是宣传党的路线方针政策，反映大学生村干部工作动态，宣传大学生村干部先进典型，激励大学生村干部扎根基层、干事创业，是大学生村干部工作的宣传阵地。

③ 《大学生村官园地》由江苏省选聘大学生到村任职工作领导小组办公室主办、淮海工学院协办，于2010年创办，以发表大学生村干部基层履职的稿件为主。

村干部。县（区）、乡镇各类事业单位有空缺岗位需补充人员的，优先聘用聘任期满、考核合格以上的大学生村干部。② 面向在村（社区）工作满 3 年、担任村（社区）"两委"正职满 1 年的大学生村干部，择优选拔，纳入选调生培养管理。③ 聘任期满、考核合格以上的大学生村干部报考研究生，初试总分加 10 分，同等条件下优先录取，其中报考人文社科类专业研究生的，初试总分加 15 分。聘任期满、考核合格的离岗大学生村干部 3 年内继续享受报考研究生加分优惠政策。④ 全日制普通高校应届本科毕业生到县级政府驻地以下地区（不含县级政府驻地）村（社区）任职满 3 年、考核合格，其在校学习期间的学费由省级财政返还 80%，其余 20% 由接收地县级财政返还。可以说，选聘《简章》中的待遇保障，都带有对下乡大学生村干部补偿的性质，但实际围绕基层工作表现的奖励性成分不足，激励导向有必要将如何下乡和下乡表现奖励结合起来统筹考虑。

五、针对选聘的简要反思

大学生村干部计划是一个处于探索实验之中的新生事物，从面向社会公开的文本分析来看，早期的选聘《简章》内容相对集中在选聘数量、选聘标准、选聘条件、待遇保障、报名办法等方面进行规范，希望为乡村地方经济社会发展给予人选对象保障。经过一段时间的摸索，选聘《简章》逐渐重视"明确任职条件""规范选聘程序方法""夯实保障机制"等方面，体现出选聘工作在逐步完善，希望能招募优秀高校毕业生生源，这实际上是属于选聘方面的变化，即迈向优质化选聘方向。

优质化选聘推行过程中需要反思的是，其一，大学生村干部选聘在人才专业能力、心理素质和思想品德上缺乏具体的测度意见，要尽量避免"高分低能"、心理承受能力差的情形。显然，乡村基层需要综合素质好，同时又志愿到基层工作的有为青年，选人机制显得极为重要。其二，选聘《简章》对大学生村干部岗位职责和性质缺乏明确说明，对人岗适配度、合适性重视不够，乡村基层急需的经济金融、信息技术、装备制造、城乡建设、社会治理、生态环境等专业人才需求未能体现。事实上现有选聘必须跳出志愿服务光环的束缚，上升到基层环境下的人力资源匹配角度来进行设计，强调专业适配性。如学者所言，在既有遴选标准之外，政府相关部门还应建立包含认知准备、思想准备、知识准备和身体准备在内的遴选标准体系[①]。上述所提及的要项需要在地方大学生村干部选聘环节予以重视并加以纠正。

总体来看，围绕大学生村干部身份的准入资格的认定，社会屏蔽与社会排他效应并不明显。对于应聘大学生村干部的高校毕业生而言，基于紧随而来的基层职业发展需要，有必要认真对照上述选聘简章的各项要求，结合自身的兴趣爱好、专业特长，以及国家意图、乡村基层的发展需要进行综合考虑权衡，进而做出慎重抉择并做好知识技能储备，这关系到自身未来职业生涯的开启。

第三节　高校毕业生基层任职的动机类型

大学生村干部计划的直接后果是建立起高校毕业生与乡村基层之间的链接。长期以来，高校毕业生与乡村基层的联系是脱节和失衡的，两者之间的人才要素流动通道一直未能双向打通。为改变这一不利现状，国家基于自身的意志决心、乡村的发展需要和基层就业的现实等考量大力推进大学生村干部计划。而对于高校毕业生主体而言，外显活动是在个体主观意识支配下由内部驱力推动并维持的，选择下乡担任村干部属于逆向社会流动，个体的内在动机具有不同于国家的意图考量，且所持的动机取向关系到其基层履职态度与行为表现。新闻媒体曾经披露早期阶段苏北地区少数大学生村干部"身在曹营心在汉"的不良现象：由于大学生村干部基层服务享有定向考录公务员、考研加分、创业扶持等一系列优惠条件，因而被少数高校毕业生视为实现"曲线就业"的跳板，他们虽然头顶着基层大学生村干部的头衔，但却毫无服务"三农"的热心与激情，既不深入田间地头、也不干事创业，好比葫芦瓢那样，浮在水面之上沉不下去，受到当地群众的差评。应该说，这种不良现象毕竟是少数，且多数产生在大学生村干部计划推行的早期。随着大学生村干部计划长效机制的建立，在源头选聘方面进行不断革新和优化，比如组织部门注重高校毕业生志愿服务精神

[①] 钟云华，刘姗. 新中国成立以来高校毕业生基层就业政策变迁逻辑与发展理路——基于1949—2020年政策文本的分析[J]. 高校教育管理，2021（2）：121.

的考察，像这种不良现象会大幅减少。

已有调查研究结果显示，高校毕业生选择做村干部的动机主要集中在积累基层工作经验、培养个人能力及缓冲就业压力三个方面，这说明多数大学生村干部有着强烈的成才意愿和长远的个人发展眼界①。我们认为，个体择业的心理动机往往具有内隐性，剖析并归纳高校毕业生基层任职担任村干部的现有动机，大致可以分为基层情怀型、政策导引型以及综合类型三种。

一、基层情怀型

高校毕业生具有青年自身的生理心理特点，他们正处青春年华、风华正茂，富有创新拼搏精神。"好儿女志在四方，有志者奋斗无悔"，"到基层去，到祖国和人民最需要的地方去"，"担当时代责任，勇立时代潮头，争做时代先锋"，这是新时代对广大高校毕业生青年发出的深切呼唤。基层作为最接地气的地方，是怀揣建功立业梦想青年腾飞的起点，也是热血青年施展拳脚、发挥创造力的舞台。高校毕业生青年志存高远、志愿下到基层，扎根乡村沃土，共话希望的田野。无论是献身基层教育、扶贫等公共事业，踏实做好本职工作；还是披荆斩棘，走在带头创业富民的道路上，只要有利于国家和基层民众，有利于实现青年人生理想价值，都是青春正确的打开方式，定能创造出彩的人生，做到青春无悔，新闻媒体和政府官方对此给予充分的肯定和赞美。

> "我在农村中出生长大，阡陌交通、鸡犬相闻的广阔田野为我提供了成长空间，淳朴浓厚的风土人情、多姿多彩的乡村生活让我记忆深刻。乡土情怀对我来说已是根深蒂固，早已渗入到我的骨子里，也正是因为这份乡土情怀，毕业之际我放弃了在城市外企单位工作的机会回到家乡，这是我发自内心的想法，期待能够回报这片生我养我的热土。"（大学生村干部 ZH-XSH-20110709-02，男，23岁）

我们认为，基层情怀型更多体现的是高校毕业生择业行为的价值合理

---

① 马抗美. 大学生村干部成长成才机制优化研究 [J]. 中国青年社会科学，2016 (1)：89.

性。所谓价值合理性，是指不管出于伦理的、美学的、情感的，抑或出于责任感、荣誉和忠诚等方面的目的，个体赋予实施的行为以"绝对价值"。价值合理性看重行为本身的价值，而不计较手段和行动后果。显然，基层情怀型符合社会公众和主流媒体的社会期待，它彰显了高校毕业生基层奉献的理想信念，志存高远，敢于担当，勇于拼搏，在实现中国梦的生动实践中放飞青春理想，在为民服务的奋斗中书写人生华章，用火热的青春在基层留下难忘的记忆。在基层志愿服务实践中，事实上也涌现出一批以张广秀（山东省）、周倍良（北京市）、郝新江（山西省）、秦玥飞（湖南省）等为代表的基层情怀型优秀人才。对此，社会应对高校毕业生内心的基层情怀予以长期褒扬与呵护。

我们认为，我国乡村农耕文明源远流长，国民乡村基层情结（乡愁）弥深。以基层情怀作为动力之源有其根基，在一定程度上确实能够动员一批高校毕业生下到基层志愿服务，但它面临的最大挑战是现实境遇下如何让基层情怀持久保鲜发力。众所周知，乡村基层条件较为艰苦，岗位工作琐碎复杂，当青年基层理想抱负与现实环境发生对立摩擦的时候，当青年基层发展信念受到亲朋好友质疑的时候，容易产生沮丧、失落之情。当投身基层的激情渐渐退去之后，大学生村干部要面临许多现实问题，比如个人的生计困扰，自身的婚姻大事等。以上这些，需要来自个体信念的坚持和不动摇，需要来自外部环境的培力增能，以免个体基层情怀动力之源枯竭。

二、政策导引型

为促使高校优秀毕业生志愿下到乡村基层，除激发个体内心的基层情怀、鼓励精神性追求之外，国家还须出台向基层倾斜的利好政策加以导引，所谓"政策引人，待遇留人"。例如，对高校毕业生基层服务期间给予事业编制，工作、生活补贴标准参照本地事业单位从高校毕业生中新聘用工作人员试用期满后工资收入水平确定；对于办理了国家助学贷款的大学生村干部，若聘期考核合格，其在校期间的国家助学贷款本息则由国家代为偿还，这是来自制度层面的激励支持。优惠政策很大程度上是对基层志愿服务的补偿与激励，而服务期满之后高校毕业生将有较大概率进入体制之内，这是诱发高校毕业生奔赴基层任职的重要缘由。政策导引型的背后展现的是高校毕业生择业行为的工具合理性，即通常个体为达到精心选择的目的，会考虑各种可能的手段及其附带的后果，进而选择最有效的手段行动。秉持工具合理性的个体，不太看重所选行为本身的价值，而是看重所选行为能否作为达到目的的有效手段。其一，市场经济的利益导向和竞争驱动属性已经影响到高校毕业生群体，一部分毕业生比较务实，他们喜欢把自己和外部经济环境结合起来，代以物质取向和竞争意识，增强了毕业生与社会的结合度。其二，基层志愿服务导向政策开始推行阶段，激励政策有加，但约束政策相对不够，并且激励政策的导向和高校毕业生基层发展去向不一致。为了能够"下得去"，如何"上得来"（离开基层）成为高校毕业生基层就业导向激励政策的主要内容，所使用的是负向强化策略。显然，工具合理性背后容易产生短期行为和依赖心理，在选聘选拔初始环节部分高校毕业生可能冲着优惠政策而来，希冀在乡村基层"镀金"三年，将基层作为曲线就业的跳板，而后谋求进入心仪的公务员或者事业单位体制之内，其主观层面实际缺乏扎根基层、服务基层的定力与决心，这会降低广大高校毕业生基层任职实际成效。

"在大学生村干部计划推出的最初几年，的确存在部分高校毕业生想利用这一政策作为今后发展的敲门砖。他们不是出自内心的价值驱动，对基层的热爱与责任，而是被服务期满后能够享受到的一系列优惠政策吸引和诱惑。在现实就业压力面前做出一时选择，临时报考大学生村干部基层岗位。"（县组织部门负责人 LD-SY-20110718-06，男）

以政策导引作为动力之源，我们认为，一是在不断优化基层倾斜优惠政策的同时，考虑在选聘环节做好精心设计，将一些主观动机不纯、存有就业"跳板""镀金"等短视心理的高校毕业生甄别出去，避免"一心钻政策空子，身在曹营心在汉"的情形，以减少基层履职中失位、缺位等不良行为的发生。二是做好必要的应急干预方案，特别是当现行优惠政策难以兑现或者不再持续维系的时候，应能妥善处理好基层任职毕业生期满的社会流动，避免引发不良的群体性上访事件。

三、综合型

上文已经阐述了基层情怀型和政策导引型，政策导引型具有利己的显著特征，即希望通过基层村干部工作经历磨炼增加自身经验、丰富阅历，借助服务期满的优惠政策实现向政府公务员或者事业单位的跳跃，它追求的是个人价值或利益的实现。这种动机类型是从个体层面单纯考虑问题的，看似符合情理，但实际具有投机性和目光短视性，因为基层履职若不能全心全意投入的话，不仅自己的能力本领提升有限，也得不到基层民众的认可与支持，服务期满职业流动时会面临无人问津的尴尬境地。因此，理想形态应该是把个人价值实现与基层发展紧密结合起来。基层情怀型具有利他主义的特征，表现为积极响应国家号召，志愿下乡服务基层，利用已有知识储备促进农村发展，它追求的是对社会需要的满足和贡献程度，这是社会主流舆论所极力推崇的家国情怀类型。它更偏重社会价值取向，而较少甚至不考虑大学生村干部青年所处的成家立业阶段，不考虑市场配置资源的经济形态背景，这也不太合乎现实，该类型取向不具有可持续性。我们认为，实际发生在大学生村干部个体身上的基层情怀型和政策导引型两种动机取向并非截然分离，而是很可能相互交叉、兼而有之，形成带有综合特性的一种类型，我们姑且称之为综合型。

"大学生为啥要到农村工作当村干部呢？在外人看来可能我们的动机不纯，其实自己的想法也蛮简单的。一个原因，是我出生就在农村，生于斯长于斯，对农村农民有着很深的感情，对农村工作也充满兴趣，愿意回来做点事情。另一个原因，可能更为重要，那就是希望通过基层做事改掉自己遇事紧张、信心不足的毛病，希望自己真正变得成熟起来，与村庄共同体共同进步。"（大学生村干部 DWH-GN-20110702-03，男，23 岁）

"当初选择下乡做村干部准备有些仓促，主要是临近毕业也没有其他合适的工作去处，家里的人、周围的人却不太理解我为啥这样。但是不管外界怎么想、怎么说，既然现在我们村干部下来了，那么此刻的目的就只有一个，诚心诚意为村民做点事，早日让村子摘掉贫困帽子，让村民过上好日子。我想，农村基层一样可以实现人生理想价值，只要自己努力而不是混日子，相信政府最后会设法解决好我们服务期满之后的去处。"（大学生村干部 TY-SY-20120810-05，女，22 岁）

"选择下乡做基层村干部，可能有多方面因素综合的思考吧。

个人方面,不想做温室里的花朵,希望能在基层接受磨炼,增长自身才干;社会方面,作为毕业生接受国家教育多年,想响应党和国家的号召,自觉为新农村建设贡献自己的一份力量吧。家庭方面,选择回家乡工作,可以跟父母亲靠得近些,便于日常联系和今后的照料。基层农村现在发展是暂时落后一些,但它具有发展潜力,我相信大学生村干部在基层会有很好的成长空间,最终也会有合适的发展去处。"(大学生村干部 LY-LY-20130711-03,女,23岁)

实际上,我们对下乡高校毕业生基层任职动机的判断,不能简单化和抽象化,更不能采取"跟着感觉走"的人生描述样态,片面认为大学生村干部都将村干部任职期作为就业缓冲期和准备期,择业"跳板"心理严重,应该高度关注考察人选的到村任职志向。上述列举的三个案例表明,高校毕业生到基层履职服务既有自身功利目标的考量,又有情感因素的投入,他们已做好干事创业的思想准备;希望在增进村民福祉的同时,也可促进理想抱负的实现,为自己的职业发展前途增添重要砝码,进而达到与乡村村民双赢的效果。一份调查研究表明,大学生村干部选择村干部岗位的主要动机是积累基层工作经验、培养个人能力、缓冲就业压力、个人兴趣以及户口等优惠政策,多数大学生村干部的职业价值导向良好,具有内驱性的成才动机,具有积极进取的品质和比较长远的发展眼界[①]。由此,随着大学生村干部计划深入实施,多数高校毕业生已做好心理准备,愿意下到农村,努力适应基层繁杂工作,贡献自己的智慧力量。总体来讲,高校毕业生基层履职或者志愿服务具备主观思想基础,国家政策导向也是给予颇多正面支持,尽管乡土社会特性和陌生工作性质等可能给其基层职业发展带来不小阻力。

四、简要小结

高校毕业生基层任职的动机,这是地方政府组织人事部门关心和亟须弄清的问题。结合苏北地区大学生村干部工作的实地调研,有两点内容值

---

① 马抗美. 大学生村官成长成才机制研究[M]. 北京:经济科学出版社,2017:247-249.

得进一步思考。

其一，当摸清高校毕业生基层履职的动机之后，有必要梳理这些动机背后具体的主观诉求，并给予积极回应。按照社会工作实务的通用模式：接案—预估—计划—介入—评估—结案，预估在其中居于重要位置，通过对对象进行需求评估和问题诊断，为后续实务活动展开提供依据。我们认为，国家主导的大学生村干部工作的推进，其出发点必须回归到高校毕业生主体自身，充分考虑和满足他们的合理主观诉求。苏北地区实地调研发现，高校毕业生下到基层任职主要有以下诉求：① 适应需要，表现为个体对乡村陌生环境的适应和对乡村基层工作岗位的熟悉；② 锻炼需要，表现为个体通过基层干事创业等加以锻炼，进而成长成才，走向成熟；③ 激励需要，表现为个体基层履职贡献要有与之匹配的待遇保障作为激励；④ 归属需要，表现为个体基层服务之后最终的职业发展去向，以及职业身份的确定与获得。这些共同性的主观诉求应是苏北地区大学生村干部工作若干举措制定的基本依据，通过个体需求的满足或者存在问题的解决进而快速释放大学生村干部青年的潜能，完成人岗的磨合匹配。

其二，价值观念的形成与重塑。青少年正处在价值观形成和确立的时期，继续抓好这一时期的价值观养成无疑十分重要，它决定了未来整个社会的价值取向。习近平总书记将青少年所处的人生成长的关键时期比作小麦的灌浆期。对于下乡的高校毕业生而言，其知识体系搭建已经初步完成，但价值观塑造尚未定型，情感心理并未完全成熟，需要通过基层履职实践加以正确引导，在实践中学真知、悟真谛，加强磨炼、增长本领，做到知行合一；需要树立正确的社会主义核心价值观，进而实现个体全面发展。因此，地方政府和乡村基层要重视下乡大学生村干部思想价值观念的引导和教育，如强化支持其将志愿服务作为个体的人生信条和基本追求，助推乡村的发展振兴。

第四节　高校对毕业生基层职业发展的助力

加强"三农"人才队伍建设是乡村振兴的重要保障，国家希望下乡大学生村干部能与基层顺利实现对接，从而达到青年成长成才和乡村振兴的双赢局面，由此催生出众多基层社会工程。在这些社会工程的背后，不仅需要高校毕业生做好充分的各项准备，包括择业思想观念、知识技能储备、身体健康条件等；更需要高等学校作为教育培养单位能未雨绸缪，主动及时做出专业人才培养方案的调整，并继续做好针对到基层工作的毕业生的后续跟进服务工作。这里，拟对高校对大学生村干部基层职业发展的作用和角色做一分析。

一、高校在大学生村干部计划中所处的位置

高校应在大学生村干部计划等人才下乡工程中居于极其重要的位置。我们认为，作为大学生村干部人才队伍的培养和输出基地，高校在诸多方面影响和塑造着大学生村干部的人格、知识体系。而大学生村干部是整个大学生村干部计划战略工程的主体核心，他们的素质、能力、价值理念状况直接关系着该工程实施的效果。中共中央组织部等部委明确规定，大学生村干部选聘对象为全日制普通高校本科及以上学历的毕业生，原则上为中共党员；要求思想政治素质好，身体健康，作风踏实，组织纪律观念强；学习成绩良好，具备一定的组织协调能力和社会实践能力，自愿到农村基层工作。很明显，大学生村干部选聘的对象是优秀高校毕业生，而优秀高校毕业生则是高校常抓不懈、辛勤培育的结晶。因此，单就下乡人才"源头"而言，高校为大学生村干部计划战略工程提供了主体"成品"，担负着无法替代的培养任务。

但是现实中，高校未能成为大学生村干部计划实施过程中的重要机构，处于一种比较尴尬的辅助位置。我们认为有多种影响因素交织在一起作用，其一是高校自身的主观认知因素。在高校看来，大学生村干部计划是一新生事物，它是由政府部门主导牵头，主要出于党政干部后备人才培养和社会主义新农村建设的需要，在广大农村基层实施推广的项目，它在一定程度上拓宽了高校毕业生的就业渠道。高校所需要做的仅是配合政府主管部门完成一些辅助性工作即可，如大学生村干部选聘工作的前期宣传，以及高校毕业生通过选聘之后政审材料提供等，其他的事项似乎与高校并无多少直接联系。由于认知上的错置，思想上没有高度重视，主动参与性明显不够，发挥的作用亦是有限。其二是高校自身的介入载体因素，即需要找到介入大学生村干部计划战略工程的合适"抓手"。要加入由多部门、多机

构共同参与的国家重大工程，高校首先必须厘清自身功能发挥和介入载体问题。为此，它需要认真研判大学生村干部计划战略工程，分析自身具备的资源优势和有利条件，在将两者有效结合且与地方联动的基础上探寻发挥能动性的项目载体。在实践过程中，由于校地联动不畅，高校在参与大学生村干部计划战略工程时显得比较迷茫，有的仅是做些表面"文章"，并没有多少实质性的行动介入，也就失去在大学生村干部计划战略工程中应有的话语权和影响力。

二、高校对毕业生基层职业发展的助力保障

对照大学生村干部计划战略工程的要求，我们认为高校实际上可在在校培养、村干部选聘、基层履职、后续服务以及智力支持等方面发挥功效，与政府部门、地方基层、大学生村干部等形成合力，助推大学生村干部扎根基层、干事创业，促进基层大学生村干部职业发展。

（一）"孵化器"角色

"孵化器"原本是指人工孵化禽蛋的专用设备，后来引入经济领域之中，比喻担负培育中小科技创新企业、加速高新技术成果转化以及对传统企业进行信息化改造任务的中介网络。这里借用"孵化器"主要是指高校应坚持育人为本理念，培养熟悉农村村情、对农民怀有感情、适合农村发展要求的大学生人才。"孵化器"角色体现在以下方面。

1. 引领大学生树立正确的人生价值观

高校的根本任务是为我国社会主义现代化建设培养合格的建设者与接班人，大学阶段除去文化科学知识和专业技能的传授外，高校还应积极引导大学生树立正确的人生价值观：培养是非观、善恶观、荣辱观，严以律己；培养合作意识和敬业精神，自觉遵守社会公德，并能自觉抵制社会不良风气；培养坚定中国特色社会主义的共同理想信念，自觉将自身命运与前途系于国家的兴衰和发展，增强奉献意识。大学生村干部计划是让大学毕业生在艰苦的环境中经受磨炼，培养对农民群众的深厚感情。这要求他们不仅要有满腔热情，而且须有不怕艰难困苦的思想准备，能坚定自己的人生选择。可以说，人生价值观的引导和塑造决定着高校毕业生的志愿奉献精神和人文情怀，也关系到大学生村干部服务期满之后二次择业的社会

流动。基于此，如某地方高校负责人访谈时所讲，"我们将基层就业观念融入大学生日常思政教育实践环节，通过实践教学、扎根基层事迹寻访等活动，引导大学生增强对城乡基层的认同与亲近感，树立扎根基层的远大志向"。

2. 深化课程体制改革

我国乡村建设发展的最大瓶颈在于人才的匮乏，农村基层对紧缺、急需的专业人才特别渴求。从江苏省大学生村干部选聘公告来看，文科类以中文、法学、会计学、经济管理、社会工作等专业为主，理工科类以农学、园艺、水产、畜牧、食品、林学、水利工程、建筑学等专业为主。高校应积极深化上述专业课程体制改革，建立与当下经济社会发展相适应的课程体系，回应广大农村基层的迫切诉求。涉农高校可以开设农村基层管理、农业实用技术、农村社会工作等相关课程，以打造学生的职业能力为发展导向。而非农高校可将三农问题的相关知识、政策文件纳入教学环节，如开设"三农"问题方面的公选课、专题讲座等，将《乡土中国 生育制度》《长江三角洲的小农家庭与乡村发展》《文化、权力与国家》《中国农村基本经济制度研究》等读本纳入大学生文化必读书目，夯实大学生的涉农知识基础储备，使其在基层村干部岗位上有所作为。

3. 走出校园开展社会实践，锻炼大学生劳动技能本领，做好基层服务的准备

农村生活条件较为简陋，且基层工作千头万绪、异常复杂，故而对大学生村干部个体的能力要求更高，如组织动员基层群众的能力、处理具体矛盾纠纷的能力、参与乡村劳动的技能等，由此高校应该高度重视大学生个体能力的提升。通过开展暑期"三下乡"社会实践、现场实习担任"准村干部"或者设立大学生创新性实验项目等途径让在校大学生深入农村基层，将所学的理论知识与农村实际有效结合，积累基层工作者所应具备的各项技能，为培养造就一支懂农业、爱农村、爱农民的"三农"青年工作队伍做好必要准备。

"孵化器"角色的主要任务是教导大学生村干部基层工作所需的劳动知识技能和态度作风，提升其基层履职的服务质量，它的目标是培养踏实能干的青年工作者，达到人才与基层环境之间的无缝对接。"孵化器"角色应

是高校主体教育职能的特长所在，在摸清基层需求和掌握大学生个体兴趣爱好的基础上，制定科学的专业教育培养预案，以取得理想的效果，培育出符合基层发展需要的有用人才。

（二）"助推器"角色

"助推器"原本是指导弹发射时使其迅速飞离发射器并加速达到预定飞行速度的火箭发动装置。这里借用"助推器"来指高校努力营造服务基层的良好氛围，推动优秀大学毕业生下到农村基层工作。"助推器"角色表现在以下方面。

1. 助推高校毕业生面向基层就业

基层就业目前面临两大利好：其一，基层事业舞台广阔，主动迅速走向基层舞台的毕业生，往往会获得更多的发展机会，更有可能实现自我价值。以苏北地区为例，它由过去的江苏经济薄弱地区、重点帮扶对象发展到今天，主要发展指标增幅已属于江苏省前列，人才成长的空间大、机遇多，具备高校毕业生干事创业的适宜条件。其二，政府针对服务基层毕业生的优惠政策力度加大。从2012年起，中央机关和省市机关录用公务员，除部分特殊职位，均从具有两年以上基层工作经历的人员中考录。基于此，高校应切实加强面向基层就业的宣传报道，建立有效的基层联系制度，及时总结基层就业的先进典型，塑造面向基层就业的良好气氛，动员毕业生特别是优秀毕业生下乡开展志愿服务，实现乡村人才振兴。

2. 严把大学生村干部入口关，积极输送优秀高校毕业生

做好大学生村干部源头选聘工作，选拔优秀高校毕业生下到基层，是大学生村干部计划战略工程的内在要求。从苏北地区来看，大学生村干部的主观任职动机与社会期望之间还存在一定差距，七成以上的大学生村干部表示"应聘村干部是希望在服务基层的同时，能通过农村工作锻炼自己，为以后报考公务员和从事其他工作积累经验"。他们中的一小部分人简单地把到村任职看作是享受报考公务员、事业单位人员优惠政策的手段，把基层工作俗化为"熬日子"，整天只是暗暗盘算着回城的日子和路径[①]。只有

---

① 安勇．大学生村官在新农村建设中的误区及其对策［J］．农业经济，2007（6）：60．

一成左右的大学生村干部思想坚定，直言自愿担任村干部，并希望长期留守农村基层。针对这种情况，高校需在思想上高度重视大学生村干部工作的选聘环节，特别是对报考村干部的大学毕业生的主观动机与基本能力进行摸底调研，做到严格把关、好中选优，通过推荐把真正立志于服务农村的优秀人才输送到基层一线，这也是对其基层锻炼成长负责。

3. 加强与地方政府间的联动

到村任职是高校毕业生和地方基层双向选择的过程，高校应利用适当时机，组织有志于从事村干部工作的大学毕业生走访农村，做好必要的衔接和铺垫工作。同时，也应邀请地方主管大学生村干部工作的负责人走进高校进行招聘宣传，共同参与到源头选聘事务之中，改变过去简单地以考取人的选聘方式，注重对应聘人选的基层适应性以及岗位胜任力的预判，确保选拔一批适合当地发展需要的骨干专业人才。

"助推器"角色重在方向导引和力量推送，它是将国家意图与地区发展、青年就业与基层发展结合起来，着重发挥高校在毕业生人才择业去向、实现"下得去"基层上面做文章。通过思想上"和风细雨"式的宣传引导，行动上的有力支持，扭转高校毕业生传统大城市、大企业、公务员岗位偏好的就业方向，实现高校知识青年与基层社会之间的对接。

（三）"服务器"角色

"服务器"主要是指在网络环境当中，能对其他机器提供某些服务的计算机系统软件或者服务器设备。这里借用"服务器"意指高校发挥服务与支持的功能，做到不仅将下乡高校毕业生"扶上马"，更要"送一程"，做好后续延伸服务，提升高校毕业生的就业能力，这也是"母校"的应有之义。"服务器"角色主要表现在以下方面。

1. 开展跟踪服务，传递人文关怀

由于缺乏农村基层工作经验，再加上年纪轻、阅历浅以及心态不稳等因素的影响，刚入职的大学生村干部不能迅速地将所学知识与实际工作结合起来，个体特长得不到有效发挥，短时间内难以适应基层环境，角色过渡与职业发展面临艰巨挑战。高校应重视这一"水土不服"问题，校学生工作处等部门应借助毕业生跟踪联系卡，采取电话慰问、网上交流、实地走访等形式予以跟进，掌握大学生村干部的工作生活状况，开展心理辅导和结对帮扶活动。

2. 大力提供智力支持

高校要利用现有的教育资源、科技资源和人才智力资源等优势，积极为基层大学生村干部提供信息、技术和管理等方面的支持，帮助他们实现岗位建功。在苏北地区灌云县，豆丹是当地农民人工养殖的一种纯天然无公害食品，但自然条件下只有等到八月份才能大批量上市。江苏海洋大学豆丹研究所经过大量实验，于 2007 年攻克了反季节豆丹养殖技术，并将技术无偿转让给灌云县侍庄乡大学生村干部进行示范养殖，产生了巨大的经济效益，有效带动了当地贫困农户的脱贫致富。显然，高校完全能够成为农村发展智力支持的重要依托力量。

3. 做好岗前培训和后续"充电"工作

岗前培训主要是高校利用其学科专业优势，从业务能力和思想教育上加强对即将担任村干部的大学毕业生的培训。通过培训，让这些刚踏入社会的大学生村干部了解自己将要担任的职务的工作内容、性质、职责、任务、环境和条件等，正确认识自己所从事的工作的意义，以及职位的特殊性[①]，推动其向农村基层工作者的角色转换。后续"充电"是指高校一方面通过开放图书馆（资料室）、网络课程教学资源以及学校实验室等，为大学生村干部提供数据资料和相关专业知识，帮助他们更新原有知识库，掌握新的技术技能。另一方面，当大学生村干部服务期满之后，高校应为其考研深造提供支持，如开展与大学生村干部岗位对口的农业推广专业硕士、社会工作专业硕士教育，以增强他们深造的实战性。

毕业离校并不等于割断高校与毕业生之间的交往联系，相反，"服务器"角色意味着高校要加强与毕业生之间的互动交往，将智力服务及时送达身处基层的毕业生手中，激发他们的潜能活力，助推他们的基层职业发展。"服务器"角色的意义在于实现高校大学生工作由校园向外部基层社区的延伸，体现出高校的责任担当与服务意识，也为基层高校毕业生历练成长成才起到"雪中送炭"的作用。

---

① 卢福营，李琼. 论大学生村官选任中的职位分析缺失［J］. 浙江师范大学学报（社会科学版），2010（3）：78.

(四) 倡导者角色

在市场经济背景下，市场在国家宏观调控下对资源配置起着决定性的作用，国家推行基层志愿服务的基础并不十分牢固，需要全社会同心协力予以助力支持。倡导者角色是指高校主动出面代表大学生村干部群体的利益，向政府相关部门发出合理倡议，争取针对他们的资源倾斜，提出政策改善建议。

其一，基层志愿服务是一个长期系统的工程，其核心是基层导向理念的设计，需要把理论性、原则性的构想转换成可操作、易于实施的方案。围绕基层就业指向，最后须出台成型的制度方案、阶段性安排和运作图表，形成主旨内容与配套服务体系的衔接，里面涵盖选聘制度、岗位培训制度、福利保障制度、流动制度等。这些业已出台的制度需要在实践过程中不断修改完善，需要接受来自基层一线工作的大学生村干部信息反馈，高校利用与毕业生的交往联系，站在中间人的立场可向政府相关部门如实汇报政策实施情况，提出中肯的建议主张。

其二，大学生村干部基层角色地位比较尴尬。如前所述，基层内部具有熟人社会特性与运作逻辑，毕业生下到基层往往处于体系的边缘，缺乏中心话语权和决策影响力；加上基层是社会矛盾的交汇点和聚集地，毕业生缺乏基层经验和人脉关系，基层工作开展难度很大；基层志愿服务年限到期之后，他们未来职业发展路在何方？这些困境与挑战需要高校密切关注，高校可以利用学校现有研究智库资源，将基层志愿服务课题分解成"下得去""待得住""干得好""流得动"等若干子课题，进行专题调查研究，提出富有创新性的智力成果，指导地方政府破解这些难题，并做出相应的政策维度倡导，供政府部门决策时参考。

倡导者角色要求高校把目光投向政府组织部门，起到间接支持大学生村干部的作用。倡导者角色能够弥补基层任职大学生村干部"代言人"缺失的问题，作为地方政府和大学生村干部之间的中间人，这意味着高校需要秉持社会公平正义的思想，为身处基层的他们寻求来自政府的赋权，激发个体的发展潜能。倡导者角色有助于改善基层工作的政治生态环境，有助于吸引更多来自高校毕业生的加盟，促进个体基层的职业发展。

三、余论

对于高校而言，如国家中长期教育改革和发展纲要指出的那样，要牢固树立主动为社会发展服务的责任意识，全方位开展服务，充分发挥智囊团、思想库的作用。随着我国市场经济的发展与逐步完善，高校应该及时走出"象牙塔"，凸显参与国家重大工程、为地方经济社会服务、传承创新文化的功能，成为地方经济社会发展的"智力引擎"。同时，参与国家重大工程、为地方经济社会发展服务、创新传承优秀文化的过程也是高校融入社会，增强核心竞争力和社会声望，促进自身健康发展的必由之路。

当前，围绕大学生村干部计划基层导向工程，特别是在高校毕业生缺乏基层履职的思想和行动准备的背景下，高校应主动参与和介入，通过项目载体推动加强校地合作，在大学生村干部"下得去""待得住""干得好""流得动"流程环节上大做文章，充分扮演好"孵化器角色""助推器角色""服务器角色""思想库角色"，不断提升服务质量和服务水平，为大学生村干部青年对接基层农村发展平台、实现基层职业发展创造良好的条件。显然，有志于乡村基层任职的高校毕业生，应该密切与高校相关部门的联系，主动融入高校正在参与的大学生村干部计划等基层项目中来，早做相应的准备和部署，以便顺利通过大学生村干部计划的选聘工作流程。

第五节　政府对高校毕业生职业选择的导引

大学生村干部选聘是党政干部后备人才的源头工程，包括政府部门村干部选聘工作和高校毕业生的职业准备在内的事务，实际上对应的是"下得去"环节。"下得去"环节是构建大学生村干部工作长效机制的源头和起始，由于大学生村干部计划实施采取政府决策和推进的方式，该环节的展开必然离不开政府部门的导引。政府部门在加强大学生村干部计划宣传报道的同时，要科学做好大学生村干部选聘工作，完善大学生村干部选聘机制，严把大学生村干部"入口"关，真正把立志于服务农村、建设农村的优秀人才输送到基层一线。

从 2009—2018 年苏北地区的大学生村干部选聘工作来看，招聘环节在不断得到调整和优化。在招聘时间安排上，江苏省大学生村干部选聘报名工作从每年 12 月份开始宣传启动；1 月上旬完成高校毕业生个人网上报名，各市选聘办对高校毕业生报名信息材料予以审核，确定参加笔试人选；3 月，省选聘办统一组织笔试；5—6 月，省选聘办组织实施面试；6—7 月，省市选聘办组织考察、体检、公示，办理聘用手续。招聘时间紧凑有序并整体提前，较为符合大学毕业生择业时间进程安排，时间上的宽裕给他们报考大学生村干部职位提供了更多的思考和准备空间。在具体报名方式上，基于大学生的身份特点，采取网上报名的方式，上传照片、资格审查和缴费确认等均在电脑上操作完成，减轻了高校毕业生往返的旅途奔波劳累，方便了他们的报名工作。在招考方式上，2009 年开始江苏大学生村干部选聘设置全省统一笔试环节，侧重考察履行村干部工作必备的能力和素质，笔试之后还有面试、考察公示等，具体考务工作由所在市县组织人事部门实施。除招聘细节得到改进之外，地方政府还与高校展开一些合作。高校通过开辟网页专栏、张贴校园海报、邀请本校毕业的大学生村干部回母校宣讲等多种形式，努力营造"下基层光荣"的良好氛围。地方政府则采取主动出击姿态，派出宣讲小分队奔赴各大高校，以吸引青年人才加盟，如苏北宿迁市委书记、市长联名撰写《致 2009 年高校毕业生的一封信》，动员广大高校毕业生到农村建设第一线激扬青春、锻炼成才。同时，宿迁市政府领导还带队走进重点高校，深入大学毕业生中间进行现场宣传，发放专门印制的宣传海报、宣传手册和宣传片。通过上述举措，2009—2018 年苏北地区大学生村干部队伍的整体素质有了明显提高，报名的中共党员、优秀团干部、学生干部的人数达到选聘计划的两倍以上；所在高校分布范围得以进一步扩大，来自"985""211"高校生源比例日趋增大；新进选聘的大学生村干部全部具有大学本科及其以上学历，与探索时期零星选聘的地方大学生村干部学历是有显著差异的。

目前，在"下得去"环节上，政府对高校毕业生基层任职的导引仍然存在进一步提升的空间。首先，大学生村干部选聘和乡村实际需要之间缺乏有效衔接。当前社会主义新农村建设需要什么样的优秀人才，大学毕业生本身具备什么样的专业技术能力，这两者在政府组织选聘和人才需求的具体计划上体现得不明显，彼此之间未能形成优化配置，需要在招聘简章内容上进行体现。例如，可以突出对信息技术、装备制造、城乡建设、社会治理、生态环境等基层乡村紧缺专业人才的需求。其次，针对高校毕业生报考村干部的动机与能力缺乏摸底调研。如前所述，部分大学毕业生思想上存在误区，仅把村干部当作"跳板"，服务农村基层社会的意识不强；他们对农村并不了解，也未做好必要的准备，缺乏担任大学生村干部必备的组织交际能力和解决问题的能力。在大学生村干部招聘过程中，政府组织部门并没有及时掌握这些重要信息，笔试与面试环节也没有充分关注高校毕业生涉农能力和心理动机，故需要将报名工作与高校审核把关连接起来，设立考察小组，通过与入围人选面谈、与高校师生座谈、查阅学生档案等方式，全面了解人选的政治素质、学习成绩、专业素养、发展潜力和服务基层志向等情况。最后，在选人进人方面，地方政府与高校之间的工作对接不够流畅。以大学生村干部通过笔试面试之后的政审为例，地方政府部门对政审事项非常重视，但是在考察时间、考察方式和考察材料准备等方面的要求差异明显。有的县市派人来校考察，有的则委托学校考察；考察时间前后也存在不一致；对考察材料标准以及材料种类的要求不一，导致高校相关工作缺乏预见性和条理性，增加了高校配合大学生村干部工作的难度[①]，间接影响到大学生村干部基层履职。

针对上述几点问题，从政府层面来讲，应该不断改进现有选拔方式，密切与高校之间的沟通、合作，加强对大学生村干部报名对象的把关和推荐，实行地方基层乡村与大学毕业生的双向选择；及时将大学生村干部计划项目与已有的江苏省选调生制度、"三支一扶"项目、大学生志愿服务苏北计划等很好地衔接起来，进行通盘统筹考虑，实现优势互补、产生合力。针对高校毕业生青年初次走上社会参加工作的特点，还须赋权增能，充分发挥他们的专业技能和发展潜力，同时还要加大针对高校毕业生基层就业优惠政策的力度，特别是提高基层就业的福利薪酬标准，吸引他们志愿服务乡村基层并努力扎根下去。此外，还须借鉴国外政府促进高校毕业生基

---

① 郑利军.大学生"村官"选聘工作流程探析[J].淮海工学院学报（社会科学版），2010（4）：133-136.

层就业的相关政策，如韩国政府出台的高校毕业生"回乡创业"计划①，重视民众诉求和民生问题，重视利益激励与协调，政策实行注重纵向沟通与横向衔接。

总体而言，围绕大学生村干部或者下乡高校毕业生基层履职、职业发展，政府部门应加强谋划，创设出一揽子导引计划，提供良好的政策支持。高校毕业生对此应做好对政策文件的学习与领会，做到自身的择业行为与政府政策文件精神的相互契合。比较而言，在政府部门的组织和强力推动下，在高校的大力宣传引导下，促使高校毕业生"下得去"的阶段性目标似乎比较容易实现，这为他们的基层职业发展开了个好头，难点还是后面的"待得住""干得好""流得动"等环节，大学生村干部如何一步步实现基层职业发展值得进一步关注。

---

① 韩国的"回乡创业"计划主要是为缓解高校毕业生就业压力，促进三大产业的平衡发展而制定的。政府对回乡务农的大学生给予物质奖励，设立回乡创业咨询服务中心，实施专业化教育培训，对扶持项目提供资金支持。

第四章　人才下乡与基层大学生村干部岗位适应

第一节　大学生村干部青年的基层介入

高校毕业生青年与乡村基层之间的初始对接，究竟使用什么样的概念来指代颇具争议。有学者尝试引入"嵌入"概念，将西方嵌入性理论运用到现实社会问题的解释之中，提出高校毕业生基层任职是一种"嵌入性"制度设计，体现在三个方面：一是制度嵌入，高校毕业生基层任职制度不同于村委会成员的产生和管理制度，它是由上级组织人事部门考核选聘；二是资源嵌入，高校毕业生基层任职制度的实施，推动以高校毕业生为代表的一批知识型、复合型人才下到乡村基层，部分缓解了社会主义新农村建设主体缺位的问题；三是关系嵌入，高校毕业生基层任职担任村干部，是乡村治理结构的一次重大调整，是在国家与村庄、城市与乡村、干部与群众之间嵌入的一个重要变量。① 我们认为，嵌入概念内容囊括的范围过大，不能很好突出高校毕业生青年的主体性，且该范畴更倾向于隐含嵌入结果，几乎不包含彼此脱离（未嵌入）的可能。为此，我们使用"介入"概念来取代"嵌入"。

一、基层介入的内涵

人才下乡之后的基层任职，首先体现在"介入-接纳"层面。根据《现代汉语词典》（第8版）的解释，"介入"是指进入事件之中进行干预或指参与进去干预其事，通常用于政府介入或组织介入等，目前它在医学

---

① 钱德洲，刘祖云. 从"嵌入"到"融合"：大学生村官制度的弱化与优化[J]. 江苏社会科学，2018（4）：108-109.

和社会工作领域运用较多。本研究引入的"介入"概念是指接受政府部门委派的高校毕业生进入乡村参与基层建设管理的行为,属于属地治理范畴。"介入"概念意在凸显如下特质。一是主体性。"介入"突出大学生村干部的主体性,随着大学生村干部计划的实施推进,需要大学生村干部个体主动融入基层环境、干事创业,大学生村干部主体能动表现直接关系到计划目标能否达成。二是基点性。作为外来新生政治力量,大学生村干部进入陌生环境,基层介入途径是他们首先要面对并且急需处理好的问题,他们迫切需要一个能在乡村舞台上立足的支点,并以此为中心实现乡村基层工作的生发与拓展,作用点的选择意义重大。三是获得性。大学生村干部身份指向具有模糊性、过渡性的特点,他们既非地方政府公务员,也不是本地村民,也非事业单位编制人员,其身份地位缺少法律依据。基层介入是大学生村干部赢得村民拥护、摆脱尴尬身份的重要手段,也为其服务期间以及期满之后的职业发展提供铺垫,基层介入成效对大学生村干部意义重大。

"介入"概念的引入指向陌生的乡村基层实践场域,它立足于大学生村干部主体自身,以岗位适应为中心,考察大学生村干部与国家、地方政府、农村基层的互动,为随后的大学生村干部岗位建功打下基础。作为高校毕业生主体与外部环境共同建构的社会事实,基层介入反映的是互动交往的场景,并体现出介入深度、广度等维度的差别,与偏重结构差异研究的传统国家-社会二元框架明显不同。

二、基层介入的基础

伴随着我国经济社会的全面转型,国家大型项目或者社会工程的实施推进不再单纯依靠国家机器广泛政治宣传动员,或者借助国家、集体的名义来强制要求个体无条件服从,它更大程度上在寻求与现行市场经济准则接轨,注重提炼精细化的运作技术。在地方政府部门看来,介入基层不是仅凭国家营造高校毕业生基层任职的浓厚氛围所能化解,它与大学生村干部计划的源头选聘技术等直接关联。按照国家的政策设计,大学生村干部选聘对象为高校优秀大学毕业生,要求:思想政治素质好,作风踏实,吃苦耐劳;学习成绩良好,具备一定的组织协调能力;中共党员或优秀学生干部优先。在上述规定的基础上,苏北地区部分县市在大学生村干部选聘中根据本地实情对选聘标准做了补充,注重选拔当前乡村急需的专业人才,例如金融财务、通信信息、城镇建设、环境保护、行政管理等专业人才,并且基于地缘因素考虑鼓励具有本县市户籍的毕业生投身家乡新农村建设,将国家政策设计与乡村社会逻辑两者协调起来,尽可能地把高校优秀毕业生人才吸纳进来。

"谁都知道担任村干部的高校毕业生素质十分关键。地方各个县市村情千差万别的,我们尽可能要求增加地方在选聘过程中的权限,比如加强与高校间的联系合作,进行选聘现场宣传;对选聘对象附加专业、(原籍)地域等方面的优先规定之类,实际目的就是能让高校精英顺利地加盟,尽量减少选聘之后产生的一些不确定性。"(县组织部门负责人 YR-BH-20130705-01,男)

"乡村基层环境确实挺复杂的,面临的矛盾困难也多,所以选聘的大学生村干部自身条件要比较优秀,无论是在心理,还是在个人能力方面。他要在基层开展工作,打开局面,就必须有两把刷子,说实话我们真心希望选聘到这样的能人或者具有这样潜质的人选。"(县组织部门负责人 TBR-SH-20150720-08,男)

乡村环境复杂,专业对口、户籍优先等条目的细化主要着眼于大学生村干部到村适应度和岗位匹配度的预判,增强选聘工作的针对性和实效性,避免因人选素质问题出现"不合村""不为村"等情形,从源头上为大学生村干部基层介入打下基础。从介入指向的对象来看,传统乡村是村民彼此了解和熟悉的熟人社会,成员个体按照宗族、村庄遗留下来的传统规范或惯例标准进行思考和行动[①],村庄精英则通过利益共享的方式编织和维护自己的关系网络,对其权力再生产和资源控制起着重要的支持和保护作用,形成利益组织化的村庄内部关系网络。随着社会的发展、乡镇村组的合并,乡村异质性持续增长,并逐渐发展成为半熟人社会,农民已不完全捆缚在土地上、靠着土地谋生,人际关系趋于理性化,村庄共同体意识出现消解。在苏北地区乡村,由于受到所在区域中心城市,如徐州、连云港等市的虹吸效应影响,当前农村空心化问题突出,显现在人口主体、空间聚落以及

---

① [美]弗里曼·毕克伟·塞尔登. 中国乡村, 社会主义国家[M]. 陶鹤山,译. 北京:社会科学文献出版社,2002:372.

基础服务设施等方面；青壮年劳动力大量外出，留居人口呈老龄化、贫困化趋势，人地关系面临挑战；乡村集体经济空壳化，公共服务建设滞后，村庄整体格局和景观风貌遭到破坏①；村级领导班子年龄老化，缺乏合适的干部后备人选，农村基层基础工作薄弱。乡村社会整体性功能退化，由此迫切需要青年骨干人才进入，推动乡村地域系统的空间重构、组织重建和产业重整。在集体访谈中，当地政府组织部门负责人指出，"大学生村干部下乡任职受到当地干部群众的欢迎，毕竟新农村建设发展多了一个好帮手，基层农村有了一个连接官方渠道的'桥梁'"。而乡村村组干部普遍认为，"乡村并不缺少抓杂务的干部，最缺的是有市场意识、时代观念、创新活力和现代知识的'领头羊'。大学生村干部年纪轻，文化素质高，头脑灵活，能够为农村发展建设带来新思想、新方法，有助于活跃基层工作氛围，开阔本地农村干部的致富路子和国情社情认识"。

已有调查表明，大学生村干部认为自身存在的不足主要表现在创新创业能力（78.57%）、农村事务管理能力（65.48%）、对涉农政策的了解（64.48%）、沟通技能（52.38%）、职业生涯规划（46.43%）、心理素质（41.07%）等方面。②对苏北地区大学生村干部工作的调研发现，作为下到乡村基层的"空降部队"，多数大学生村干部能认清自己具备的优势特长和短板不足，摆正自己的位置；能走村串户观察村民的生活起居，详细了解村庄概况；能踏实地从"新手"做起，多向村民请教，多向镇村干部"取经问道"，努力适应基层工作环境，这是令人颇感欣慰的地方。

"作为刚到农村基层工作的一个新人，我们确实对很多农业生产知识、农村工作方法都不了解，对农村环境、文化习俗也不熟悉。应该放下架子，俯下身子，虚心地向广大群众、当地干部学习，在对待这个问题上我们不怕丢面子。常言道'达者为师'，只有虚心学习才能使自己尽快地认识农村状况、熟悉工作流程，掌握农村工作的基本方法，进而在基层工作中推陈出新，实现自己下乡之前设下的目标理想，促进自己的成长。"（2010年新任大学

---

① 刘彦随，刘玉. 中国农村空心化问题研究的进展与展望 [J]. 地理研究，2010 (1)：35-40.

② 马抗美. 大学生村官成长成才机制优化研究 [J]. 中国青年社会科学，2016 (1)：89.

生村干部 ZQF-XY-20100708-02，男，中共党员，新沂市时集镇凤云村支部副书记）

"学习党在农村的各项路线、方针、政策，使我在办事过程中有理有据；学习村干部、老党员多年的农村工作经验，树立为民服务的工作意识，使我抓住了农村工作的窍门；学习村民身上朴实的智慧，让我学会脚踏实地，并且构筑了与当地群众的深厚情谊。一句话，要成为一名基层工作者，需要摆正心态，走近群众，加强学习，提升自身水平，把所学的书本上的知识转化为解决实际问题的能力。"（淮安市优秀大学生村干部 LCY-LSH-20120705-10，男，中共党员，涟水县保滩镇张渡村党支部书记）

"自愿下到基层，面临熟悉村情的任务和压力，我就按照县乡政府规定的要求践行：整理一套涉农政策，走访一遍全村农户，完善一套村情档案，形成一份调研报告，提出一条发展建议，学习一门实用技术。在适应基层环境这块，效果挺不错，逐渐建立起具体问题具体分析的工作方法。"（2012年新任大学生村干部 PYH-SHY-20130706-03，男，中共预备党员）

总体来讲，下乡高校毕业生能够调整姿态、肯学好学，加上乡村结构属性的变化，其基层介入具备现实条件基础，尽管乡土社会特性可能给其基层介入带来阻力。

三、基层介入的途径

人才下乡背景下的基层履职属于属地化的治理行为，需要进入乡村基层框架之中，无疑大学生村干部内心具有适应需求，表现为对基层陌生环境的适应和对工作岗位的熟悉。已有研究表明，乡村治理通常是建立在熟人（半熟人）社会的组织体系之上，而下乡的大学毕业生缺少必要的乡村根基、人脉关系以及农村工作经验，基层介入面临很大挑战。就角色扮演的制度设计来讲，大学生村干部担任村党支部书记助理或村委会主任助理，主要履行宣传落实政策、联系服务群众、促进经济发展、推广科技文化、参与村务治理等职责。在这些宽泛而笼统的岗位职责中寻找合适的抓手并非易事，大学生村干部容易产生在其位不知何为"其政"的困惑。① 大学生村干部基层介入初期多从事"面上"的杂务，如整理规范村务文件、宣传政策法规、撰写公文报告等，难以接触村务管理的核心，长期下去会导致其创新意识不强、基层介入表象化的问题。"身处落后而封闭的社会环境里，职业角色期望往往表现出松散、模糊和人格化的倾向"②，基层群众对大学生村干部持欢迎接纳态度，但他们现有的角色认知尚存很大误区。他们认为，大学生村干部的组织人事关系落在政府部门，下村任职只是来"镀金"的，走过场而已，以为将来个人升迁发展积累资本；他们对大学生村干部青年的基层工作能力也存有很大疑虑，觉得高校毕业生头脑聪明读书在行，但是过于年轻不太成熟，缺乏实际经验，在基层开展工作会吃不开；他们对大学生村干部抱有些许期待，但角色期望的内容并未完全明朗化。以上这些需要大学生村干部自身去思考、领悟并予以行动证明，充分激发基层任职的使命感和责任感。好在大学生村干部计划是国家层面组织开展的选派项目，在国家力量的影响干预下，当地政府积极打造大学生村干部介入的载体平台，以迎合来自上级的要求，这无形中减少了大学生村干部基层履职过程中的"藩篱"。

> "刚下乡的大学毕业生阅历上确实是稚嫩了些，农村工作和实务经验近乎两眼一抹黑，专业方面也不太对路子。组织部门作为他们'娘家人'就不能坐视不管啦。我们主要结合政府年度规划的实事工程、民生工程，推出一些实用的基层发展平台，通过压担子、交任务、搭梯子，帮助他们早些走入基层，去除基层陌生感、无力感，工作上也好早点上手。"（县组织部门负责人 ZJG-GN-20110712-01，男）

鉴于此，在大学生村干部计划施行过程中，苏北地区比较注重大学生村干部个体旨趣和专业特长，建立村干部个人成长档案，形成差别化的发展路径，主要表现为创业富民取向、服务亲民取向、社会管理取向等。除

---

① 卢福营，李琼. 论大学生村官选任中的职位分析缺失 [J]. 浙江师范大学学报（社会科学版），2010（3）：77-81.

② 郑以灵. 知青运动与毛泽东的"三农"思想 [J]. 厦门大学学报（哲学社会科学版），2001（2）：67.

厘清发展取向外，苏北地区还辅以帮扶、考核机制加以导引和施压，确保大学生村干部找准"位子"。要做到"待得住"，除需要大学生村干部能动地适应农村基层外，还需要地方政府对大学生村干部给予关注和帮扶。为此，地方政府要开展多种形式的培训，探索建立多样化的帮扶机制，积极充当大学生村干部的引路人。如苏北地区沭阳县组织部将大学生村干部纳入该县干部教育培训规划，按照"缺什么补什么"的原则，利用农村党员干部现代远程教育网和沭阳干部教育网等平台对大学生村干部进行菜单式、点单式培训；邀请信访、计划生育和涉农等部门专家授课，重点加强农村政策法规、农业科技知识、创业技能和农村工作方法等方面的知识培训，优化大学生村干部知识结构，增强岗位适应能力。徐州市新沂市则尝试建立"4＋1"帮带制度，实行县四套班子领导帮扶大学生村干部，乡镇领导班子与大学生村干部结对，村党支部书记帮带大学生村干部，优秀科技人才、农村实用人才和科技专家与大学生村干部结成帮扶小组，明确帮带责任人的主要职责，手把手传授经验，并做好大学生村干部心理疏导工作。此外，苏北地区地方政府还高度重视大学生村干部的日常生活，尽可能地为他们创造较好的生活条件，以激发他们工作的热情和信心。目前，苏北地区绝大多数市县政府将大学生村干部食宿安排在地方乡镇大院，按照每人一间宿舍、一台电视机、一辆电瓶车、一套生活用品、一份党报党刊、一套培训教材、一份人身保险等要求，为他们配备生活设施和工作学习用品，尽可能地在生活上给予关心厚爱。

"人才下乡后的岗位培训必不可少，主要围绕农村经营管理、农业实用技术、基层党组织建设等内容，结合村情民情讲解，激活大学生村干部干事创业念头，提高他们种养殖技能和把握市场的能力。同时，县里还为他们聘请了到村工作指导员，建立县委机关干部、乡镇领导、驻村扶贫工作队、村支部书记'4＋1'的传帮带机制，进行手把手的帮教，希望这些村干部新人能尽快适应基层工作，发挥自身的潜能。"（泗阳县人力资源与社会保障局负责人 HKC-SY-20110715-02，男）

"大学生村官绝对不能一派了之，要重视其日常管理服务和工作业绩考核，把他们管好用好，更要培养好。县大学生村官管理办公室为此制定了具体细则，对村官行为规范和目标任务提出详细要求，建立量化测评考核办法。大学生村官下基层绝不能让他们变成'水上皮球'，脱离村民和村庄实际，那会背离大学生村官计划选聘的初衷。"（灌云县大学生村官管理办公室负责人 YL-GY-20130715-07，男）

熟悉适应乡村环境之后，多数大学生村干部采取选择性介入的方式，这是一种强调主体互动、避免对抗的策略，是行动主体对社会融入不同维度、过程及机制中可资利用要素资源的运作与调节。① 在地方政府部门的帮扶下，大学生村干部经协商讨论后，利用拓展过的手头知识库选取主打方向，或联合村民发展致富项目，或主动为村民提供便利服务，或参与村务治理，施展才智以服务于当地建设。这是"在外在结构性力量的影响和制约下，面对社会所建构的身份，通过主体的积极认知、行动的意义赋予和参与，寻求认同和自我实现的过程"②。

"面对基层工作，我将脱贫致富的突破口放在帮助本村妇女就业上。在对苏南羊毛衫生产基地调研后，我决定创办羊毛衫厂，靠着从亲友那借来的 50 多万元钱，利用村子闲置的小学校舍，购买了 42 台机子，招纳了 60 名留守妇女就业，人均月收入达 1200 元以上，仅此一项就带动 40 余户脱离贫困。"（大学生村干部 ZYE-GN-20110710-03，男，25 岁）

"考虑到村里进城打工人员很多，我就留心做好留守儿童的人头统计，制作成一份关爱工程的信息库。借用村里综合服务中心开办留守儿童活动之家，我主动担任孩子们的校外辅导员，开展趣味游戏活动，组织知识竞赛、文艺演出等，努力让孩子们的课外生活丰富多彩些。"（大学生村干部 SH-GN-20100710-05，女，23 岁）

为降低经营风险、发挥群体智慧，大学生村干部采取联合行动，比如村干部之间的抱团创业，共同组建志愿者服务小组等，村干部青年自组织

---

① 徐晓军，邵占鹏. 失衡：主体预设对客体解释类型的依附 [J]. 学习与实践，2012（4）：95-100.

② 郑庆杰. 飘移之间：大学生村官的身份建构与认同 [J]. 青年研究，2010（5）：45-53.

互助效应得以显现。大学生村干部计划是一种新生事物,并无现成经验可供依循,地方政府部门应敢于打破条条框框的束缚,探索新思路、开辟新途径。由此,在基层介入难题的破解上,得出的答案是地方政府部门的主动"铺路搭台"和大学生村干部的积极"借梯上楼",两者形成默契的配合,"组合拳"能为大学生村干部工作模式创新奠定基础。从先后顺序来讲,地方政府部门的"铺路搭台"在先,它起到很好的因势利导作用,助推大学生村干部干事创业,为其基层介入定下良好基调;而大学生村干部积极作为、大展身手,又会推动村干部工作整体向纵深迈进。

四、基层介入的注意事项

基层介入关系到大学生村干部与乡村基层的有效对接,需要指出的注意事项如下。

一是在大学生村干部计划运作的早期,大学生村干部的确存在变成"乡官"身份的尴尬处境。由于乡镇政府工作任务繁重、工作人员人手紧张,再加上个别乡村交通、住宿条件艰苦等因素影响,一些原本吃住在乡镇的大学生村干部被免费借调到乡镇工作,基层政府对大学生村干部的截留,使得大学生村干部长时间在乡镇政府部门工作,很少或者几乎不去所分配的村里,产生虚度年华之感[①]。新闻媒体曾披露大学生村干部下乡服务初期存在的"井中葫芦"现象,指如井中的葫芦从上面看下了水,从下面看却漂在水上,大学生村干部基层服务浮于表面或处于游离状态。对于这种苗头和大学生村干部"沉不下去"的不良现象,中组部等部委及时出台通知意见规范此类问题,明确提出大学生村干部必须沉下基层履职,地方乡镇政府不得截留。通过制度调整设置,大学生村干部与所任职的乡村基层开始紧密连接起来。

二是大学生村干部与村民的关系摆正问题。乡村基层是一个熟人(半熟人)社会,有学者指出,大学生村干部介入村庄,实际上分为"村民化"和"化村民"两个前后相连的阶段。首先是"村民化",下到基层要放下架子、俯下身子,要入乡随俗,要在语言、行为习惯、生活方式等方面逐步

[①] 黄志辉,陈九如. 乡村人才与组织振兴的青年担纲者——云南省H县大学生村官的角色转变[J]. 社会建设,2019(6):91.

与村民们保持一致。然后"化村民",包括通过宣传教育、政策引导等方式破除原有陈规陋习,提升村民们的思想道德水平;通过创业富民、村务处理等方式改变村民对自己的旧有印象,接纳自己为村庄共同体的正式新成员[①]。将上述两个注意事项结合起来,实际上点明大学生村干部基层履职有一个适应、提升过程,特别需要与村民之间保持密切交往互动,当中要防止介入表象化的问题。

三是大学生村干部基层介入的正面效应问题。高校毕业生下乡志愿成为一名村干部,主动去介入乡村基层社会,这本是一件可喜可赞的事情。但是,媒体宣传不要过分夸大介入效果。毕竟大学生村干部工作处于探索发展之中,仍存在诸多亟须解决的难题,需要有一个完善的过程;而且,基层介入之后取得的成绩应是多元主体共同努力、合作的结晶,基层介入初期大学生村干部主要担负的是助理、协助者角色,不能为了单独突出某一主体作用而屏蔽其他主体或者整个团队的共同努力。

大学生村干部青年的基层介入意义重大,它是个体迈入社会和开始自身职业发展的起点,罗马尼亚青年学学者 F. 马赫利尔(Fred Mahler)曾指出:"青年标志着一个人的人格进入社会存在的特定轨道,而此后人格发展的许多问题取决于它进入社会存在轨道时的'初速度'。因为,恰恰是在确立自我意识和自觉地建立最初的社会关系的这个初始阶段,构成了人的社会人格的基础,以及人的社会自立的基础。"[②] 同时,大学生村干部青年的基层介入和履职服务也有助于回应针对青少年思想的质疑。传统观念多认为青少年群体不成熟,对外界有着高度依赖性,缺乏独立的办事能力。对此,我们应该充分相信身为大学生村干部的高校毕业生,重视大学生村干部青年初始的基层介入,尽可能减少在此过程中出现的阻碍,努力推动基层大学生村干部职业发展的迅速起步,进而带动乡村的发展进步。

[①] 钱德洲,刘祖云. 从"嵌入"到"融合":大学生村官制度的弱化与优化 [J]. 江苏社会科学,2018(4):113.

[②] 马赫利尔. 青年问题和青年学 [M]. 陆象淦,译. 北京:社会科学文献出版社,1987:193.

第二节 大学生村干部青年基层介入的角色定位

作为政府部门统一组织选聘、下派驻村的高素质人才，大学生村干部介入乡村基层的道路却并非一片坦途。如何在乡村广阔天地中准确定位自身角色，将个体人生价值实现与推动乡村发展振兴有机结合起来，渡过陌生基层的适应难关，将关系到大学生村干部计划目标能否最终实现，也关系到高校知识青年与乡村基层对接问题的解决，更关系到大学生村干部基层履职方面的职业发展。

一、大学生村干部基层角色定位

基层履职是大学生村干部社会行为模塑的过程。由高校校园跨入陌生农村基层，由大学生身份迅速转向村干部角色，空间地域及角色的快速切换决定了大学生村干部需要进行全新定位，即在充分考虑现有环境以及职业角色社会期待的基础上，确立积极的自我概念，能动判断个体角色发展目标和行动实现路径，塑造健康人格。农村基层主要是基于人情网络、关系资本编织起来的熟人（半熟人）社会，当前正面临摆脱贫困、发家致富的重任。同时，农村基层也是转型时期诸多社会矛盾问题的交汇点和聚集地，急需社会管理体制和农村治理工作方法的革新。面对千头万绪、繁杂纷乱的农村工作事务，作为外来者的大学生村干部需要在有限的服务期内选准方向，迅速找到工作落脚点和有效突破口，扎扎实实地做出业绩，以便能在乡村空间"坐标体系"中谋得一席之地。

在乡村基层政权中，传统意义上的村干部扮演着上级政府代理人、村民当家人的双重角色，而在改革开放之后，村干部不仅扮演着"代理人"和"当家人"的双重角色，还充当着发展村级经济的经营者角色。[①] 与基层村干部角色相比，"下乡"的大学生村干部担负的角色具有明显差别，它是一种新型农村治理主体。在政府官方红头文件中，大学生村干部被设定为

---

① 田原史起，武萌，张琼琼. 中国农村的政治参与[J]. 国外理论动态，2008（7）：42-47.

村级组织特设岗位人员，系非国家公务员身份，担任村"两委"干部的助理或"帮手"，主要从事宣传贯彻党的路线方针政策及上级党组织有关安排部署；组织实施社会主义新农村建设的有关任务，配合完成社会治安、计划生育、矛盾调解、社会保障、调查统计、办事代理、科技推广等工作。可以说，大学生村干部是一种暂时无法纳入我国现行干部和人事制度的新生事物，其身份指向具有模糊不明的特点，这种模糊性处理固然能灵活适应乡村复杂形势满足探索实验的需要，但也会给大学生村干部基层角色定位和工作开展带来"名不正言不顺"的尴尬。已有研究表明，相当一部分大学生村干部对其村级组织特设岗位的定位不理解、不接受，为自身没有编制、不确定的身份感到尴尬。期满后个人发展的诸多不确定性，造成部分大学生村干部出现在岗心态不稳和对待遇不满等问题。① 此外，现有大学生村干部岗位职责只是给出基本范围框架，由于大学生村干部性格特点、专业特长和发展旨趣的不同，再加上任职乡村村情的客观差异，需要因人而异、因地制宜进行科学定位，即在这些宽泛的岗位职责中选取某种或某几种作为大学生村干部履职期间角色扮演的主攻方向。

从已有文献研究来看，关于大学生村干部基层角色定位问题，学者们见仁见智。有学者基于乡村治理视角，提出大学生村干部是乡村社会的嵌入者、左右逢源的"老好人"，在岗位工作中面临配角与主角之间的转换。② 有学者基于大学生村干部角色所遭遇的主要悖论，指出大学生村干部在国家政策与农村社会之间扮演着"弱化的国家政策嵌入者"、村务工作中的"秘书人员"以及"无根的农村治理群体"。③ 有学者基于大学生村干部基层履职内容，提炼出大学生村干部是推动农业现代化的宣讲员、乡村建设的研究员和组织者、提高农民素质的推动者和实践者。④ 在此基础上，有学者更为详细地罗列出大学生村干部是国家方针政策的宣讲者、新思想新理念的转变者、基层情况的调研员、民事纠纷的调解员、村民致富的带头人和

---

① 马抗美.大学生村官成长成才机制优化研究[J].中国青年社会科学，2016（1）：89.

② 郑明怀.大学生村官角色研究[J].内蒙古社会科学，2010（5）：142-145.

③ 郭明.游走在国家政策与农村社会之间：杜镇"大学生村官"的个案[J].青年研究，2012（2）：33-41.

④ 何淑明.大学生村官角色定位反思[J].广西社会科学，2011（9）：154-156.

乡村发展的规划者。① 面对上述种种观点与主张，究竟该如何定位大学生村干部的基层社会角色？我们认为，大学生村干部的角色定位要考虑到国家、地方政府、基层民众以及大学生村干部自身的实际状况，找出他们不同期待意向之间的共有"交集"；同时，大学生村干部的角色发展定位更要立足基层"接地气"，淡化传统官位思想，与村民服务对象拉近距离。基于以上考虑，农村基层社会工作者是当前大学生村干部较为合适、可行的角色定位，即落脚于在农村基层从事助人自助的社会工作职业身份之上，服务对象涵盖乡村所有农民。

作为当前乡村建设亟待加强的重要领域，农村社会工作是专业社会工作者和实际社会工作者合作，以村庄为基础，持守社会公正、社会关怀和真诚信任的伦理情怀，以重建政府与农民信任关系，增强农民的自信心、自尊和权利意识为根本宗旨，通过与村民的同行、广泛参与和增能，促进村民之间团结互助，减少社会冲突，维护农村社会稳定；通过对村民提供个人、家庭、小组等直接服务，改善他们的人际关系和沟通能力，最终实现能力建设目标。② 和农村社会工作相比，大学生村干部计划具有某种耦合性。国家推行大学生村干部计划有三个主要意图。① 充分挖掘村民个体潜能，大力提升生计发展能力，实现赋权增能。② 协助地方政府解决基层社会问题，积极应对改革发展带来的挑战，巩固农村基层政权建设，维护乡村社会的良好秩序。③ 让大学生村干部在基层艰苦环境中磨炼意志、砥砺品质、增长才干，培养对农民群众的深厚感情，为其今后人生道路打下坚实基础。不难看出，大学生村干部计划背后的国家意志与农村社会工作功能是契合的，共通之处在于以促进村民个体潜能的发挥和生计发展能力的提升为根本动力，积极解决农村发展建设中出现的主要社会问题。③ 农村基层社会工作者适时、恰当的定位，能够有效化解大学生村干部基层履职时的职业发展定位不明确问题，能够得到大学生村干部和广大基层民众的认可与接纳。

---

① 钮钦. 大学生"村官"的角色定位 [J]. 人力资源，2008（17）：22-25.
② 张和清. 农村社会工作 [M]. 北京：高等教育出版社，2008：12.
③ 许芸，张浩. 社会工作视角下大学生村官的角色定位和能力培养 [J]. 常州大学学报（社会科学版），2011（4）：20-23.

二、大学生村干部角色定位具体内涵

在社会工作实务领域，助人活动的展开实施是社会工作助人自助目标得以实现的关键环节。在助人活动的过程中，社会工作者传递的是精心设计的、能够满足服务对象需要的信息与服务，而服务对象输出的则是需求以及对社会工作者助人行为的理解与回应。在苏北地区乡村基层，大学生村干部基层社会工作者的角色扮演主要有以下内容。

（一）服务提供者

社会工作者是向服务对象提供服务的主体，服务既包括物质帮助和劳务服务，也包括心理辅导或意见咨询等。具体到大学生村干部，其身份具有志愿服务性质，它是国家公共服务向下延伸的标志，和强调村务管理的传统村干部相比，更应具有社会公共性与使命感。此外，大学生村干部的中共党员（含预备党员）身份也需要他们履行服务职责，将社会服务作为加强与基层民众联系的纽带。如苏北地区组织部负责同志座谈中指出的那样，"大学生村干部到村任职后，要牢记全心全意为人民服务的宗旨，牢固树立心系群众、奉献农村的思想，既要从感情上尊重群众，又要从行动上贴近群众，与农民群众打成一片。要尽快熟悉农村情况，深入了解农民群众的期盼，从小事做起，从具体事务做起，从一点一滴做起，脚踏实地地为群众做好事、办实事、解难事"。

从调研来看，苏北地区大学生村干部服务提供者角色主要表现在三个方面。一是代办事务。通过担任农村关爱工程统计员、便民服务室代办员、综合业务办事员等工作，大学生村干部免费帮助村民"跑腿"代办各类服务事项，如就业登记证、残疾人证、独生子女证等证照办理，以及物品邮寄、农村低保、医疗保险、新生儿户口、家电下乡补贴的申请递交等事宜，力图打通一条便民服务的"绿色通道"，实现村民"小事不出村、大事不出乡"的零距离服务目标。二是咨询服务。大学生村干部发挥自身知识优势，学习宣传国家强农惠农政策要旨，认真领会中央一号文件精神，引导村民选准合适的种养殖致富发展方向；利用互联网络资源的全面、海量、动态性的特点，及时为村民提供市场行情信息咨询，帮助村民拓宽农产品销售渠道或寻找其他有价值的潜在商机；利用自身所学专业优势，在地方科技局的扶持下,发挥大学生村干部科技服务能力等。三是开展志愿帮扶活动。大学生村干部根据自身特长和村民所需组建各种贴近实际、特色鲜明的志愿者服务队,开设"志愿服务热线""党员接待日"等窗口,展开"走访慰问暖民心""结对帮扶献爱心""留守儿童爱心妈妈"等主题活动,解决村民生产生活中遇到的一些难题,逐步形成"社工引领义工、义工协助社工"的服务模式,有效提升基层志愿活动的服务效果。

显然,服务提供者的角色表现在便民服务若干具体的举措上,针对乡村基层公共服务供给不足的特点,大学生村干部应直面村民,主动深入田间地头问民需、帮民忙;开展一系列的贴心服务活动,赢得广大村民的拥护和支持,增强与基层民众之间的感情联系。就对象而言,基层留守儿童、孤寡老人和贫困户家庭属于当前重点监测、照顾服务的范畴。从实施效果来看,依靠真诚的社会服务和日常交往,大学生村干部拉近了与广大村民之间的心理距离,有效促进了基层融入。应该说,作为国家选聘到农村工作的大学生村干部,身份具有自上而下的合法性,但缺少自下而上的合法性基础,强化为农村服务的理念并付诸行动是取得后一种合法性的关键。①

(二)行为倡导者

社会工作的服务对象常常是在现实生活中遭受挫折或者处于困境之中的弱势人群。在服务对象必须采取新的行动才能走出困局而他对行动又比较茫然、犹豫时,社会工作者应承担倡导者角色,即率先提议某种合适的行为或行动方式,并悉心指导服务对象实践力争成功。在苏北地区经济薄弱村履职服务,大学生村干部倡导者角色主要体现在经济和思想文化观念两个层面。

第一,创业富民的带头人。苏北地区农村发展相对滞后,要迅速改变当前贫困落后面貌,关键是要有一批精英、"能人"出面带领广大村民创业致富,这是地方政府对下乡人才的殷切期待。大学生村干部视野开阔,知识面宽,富有创造热情,由他们来带领创业能够起到良好的倡导示范效果。其一,创业项目以涉农项目为主。大学生村干部根据所在乡村产业基础和资源优势,结合自身兴趣特长,选择种植业、养殖业等农村旧有的项目类

---

① 于江.大学生"村官"角色的深层解读[N].镇江日报,2009-07-22.

型,项目具有"短、平、快"的特征。这些项目多为当地村民所熟悉并易于"上手"跟进。其二,创业类型以合作创业模式为主。考虑到项目实施可行性等因素,大学生村干部创业已形成"大学生村干部+大户+基地+贫困户"、"大学生村干部+专业合作社"、大学生村干部抱团创业等多种合作创业模式。合作创业意味着对外界的开放性与包容性,当地村民可以陆续加入现有致富项目之中,有效壮大了创业的规模力量,降低了生产经营成本。其三,创业行为与富民使命结合。大学生村干部创业不仅是寻求个体自身的发展,其背后还肩负着富民一方的责任与使命,即要通过创业带动、引领当地村民发展致富项目,共同迈向致富的康庄大道,达到个人利益与村民利益的统一。

第二,思想文化观念的引领者。苏北地区农村文化建设落后,农民精神文化生活较为匮乏。当地流行着这样一句顺口溜,"一个月种田,两个月过年,九个月麻将"。村民平常无事就打点麻将、喝点小酒。面对上述状况,苏北地区大学生村干部积极宣传造势,向村民倡导健康向上的生活方式和文化氛围,促进乡村移风易俗和村民观念转变。其一,以多种形式开展落实书香家庭、五好家庭、星级文明户、尊老爱幼户等评优活动,优化乡村现有人文环境,抵制聚众赌博、封建迷信等不良习气,促进乡风好转。其二,协助村"两委"干部向上级政府申请资金、场地等物质资源支持,建立乡村社区文化娱乐中心,开辟图书阅览室、舞蹈室、健身房、计算机房等场所设施,引导村民闲暇之余进行健康向上的娱乐活动,满足村民日益增长的精神文化生活需要。其三,挖掘创新乡村自身的传统特色文化,利用重大节假日、民间传统节日和农村集市开展健康文明的文体活动。比如,发动民间艺人创办地方乡村戏台、筹办特色民俗月等活动,努力促成乡村联动机制,吸引村民广泛参与和义演,推动乡村文化活动的蓬勃发展。

与服务提供者角色不同,行为倡导者角色要求大学生村干部发挥"领头雁"作用,摸清基层民众生计发展现状和迫切需求,把握经济社会发展主流方向,以新农村建设、乡村文化繁荣发展计划、乡村振兴等国家重大工程的实施为契机,带头示范、引导一种健康合理的生产生活方式,使基层民众摆脱旧有的陋习或保守的思想行为取向,不断提升现有行为能力。

(三)关系协调者

社会工作开展过程中,常常会面临成员之间、成员与组织机构之间的矛盾冲突，社会工作者希望通过实务介入，促进当事双方的沟通和相互理解，从而解决矛盾冲突。如前所述，作为村级组织特设岗位人员，大学生村干部既不是政府公务员，也不是本地土著村民，不易受到当地农村家族势力控制。这种"中间人"的独立身份，加之秉持的客观公正立场，便于大学生村干部扮演关系协调者角色，调解农村基层现存的诸多社会矛盾，维护各方合法正当权益，成为村庄现有秩序的"守夜人"之一。

1. 访民情，搜民意

苏北地区多数大学生村干部能俯下身子，脚踏实地，沉到基层。通过广泛开展基层探访活动，"访小康户，问致富经验；访老干部，问发展良策；访普通群众，问群众呼声；访困难户，问百姓疾苦"，畅通村民意见表达的渠道，将村民最关心、最直接、最现实的问题及时搜集汇总上来，做到"上情下达、下情上传"，为矛盾冲突的预防和协调处理提供科学依据。从此种意义上讲，大学生村干部类似观察员或者治理网格员，可谓是乡村基层社会问题的发现者、思考者和研究者，他们对基层社会治理具有重要价值。

2. 排矛盾，重实效

矛盾纠纷的解决关键在于早发现、早处理。按照"排查得早、发现得了、控制得住、解决得好"的原则，苏北地区大学生村干部积极落实基层重点区域、突出矛盾的排查工作，摸清主要矛盾纠纷和社会不稳定因素，努力协助村"两委"干部清除不良隐患。在日常工作中，大学生村干部走访入户，发现私搭乱盖有悖村庄居住整体规划管控的现象便登门劝诫拆除，发现邻里产生重大纠纷就出面"降温"化解，发现农户家庭存在生活困难便协调相关部门开展帮扶。此外，在诸如农村承包用地纠纷、乡村环境污染以及子女赡养老人等纠纷事件中，他们主动予以介入，避免现有矛盾的升级。通过进一步加强人民调解工作，做到"小事不出村、大事不出乡、矛盾不上交"。

3. 谈心声，以情感人

在矛盾冲突的梳理和排解的过程中，苏北地区大学生村干部遵循"法为上、理为先、和为贵"的指导思想，结合基层乡村村情实际，有效注入亲情与耐心，懂得换位思考，讲究和风细雨般的说服技巧，走进村民的心理世界，倾听他们的真实心声，赢得他们的信任支持。通过柔性方式试图减少摩擦、消除分歧、克服"窝里斗"怪圈，力图将矛盾冲突化解在基层范围。

总体而言，关系协调者角色要求大学生村干部利用自己的中立身份当好调解员，在当地农村干部群众的支持下，采取建设性的工作方式，创造合适机会或有利途径，推动基层现有社会矛盾冲突的软化、消解，成为促进乡村社会稳定、和谐的一支生力军。

（四）资源筹措者

资源是指社会工作服务过程中一切有助于服务对象的生存与发展，促进、协助服务对象预防和解决问题，增进服务对象福利和社会功能的要素。它包括个人的资源、社会的资源和制度的资源。① 社会工作坚持"人在环境中"的系统观点，认为仅靠社会工作者和服务对象个人的力量是远远不够的，还需要联络政府相关部门、企事业单位和社会大众，向他们筹集服务对象所需要的多种资源，并将这些资源及时传递到服务对象手中。作为国家主导的一项人才选派项目，大学生村干部计划得到政府部门的强力支持。《关于建立选聘高校毕业生到村任职工作长效机制的意见》中着重指出，建立由组织、宣传、教育、公安、民政、财政、人力资源和社会保障、共青团、妇联等部门参加的联席会议制度，定期召开会议，通报有关情况，研究解决重大问题。组织部门发挥牵头协调作用，其他部门各司其职，密切配合，共同抓好大学生村干部工作。有着这样一层官方支持背景，大学生村干部在基层履职、挖掘体制资源更为便利。

资源筹措者的主要工作常常是挖掘或者激活外部的社会资源，促使服务对象有效加以利用。就苏北地区农村而言，最为突出的问题之一便是经济薄弱村的存在。2007年登记在册的经济薄弱村共有1011个之多，它们大多远离主要城市中心，分布在苏北盐城、徐州、宿迁等市十多个县的乡镇交界处。面对上述经济薄弱村，江苏当时采取整体推进的财政扶贫计划，派遣扶贫工作队驻村蹲点展开"菜单式"扶贫，主要根据当地村民的意愿和需求，有针对性地确定以改善生产生活条件为主的帮扶项目，重点推动

---

① 杜景珍. 个案社会工作——理论实务［M］. 北京：中国水利水电出版社，2007：268-271.

乡村产业发展和贫困农户家庭增收。各类涉农资金，以及农村"新五件实事"——农村道路通达、教育培训、农民健康、环境整治、文化建设项目陆续覆盖到经济薄弱村。在城乡之间要素趋于流动的背景下，作为承上启下的衔接者，大学生村干部能较好地担负起乡村脱贫攻坚的重任，他们主动联系当地的扶贫工作队和政府有关部门，"上牵下联、穿针引线"，争取建设资金，承接致富项目，确定扶助对象，向村民宣传政府优惠政策和脱贫奖励计划，协调扶贫项目的落地，推动扶贫攻坚工作的长效化。

"我所任职的村内无砂石路，与村外连接无水泥路。每逢阴雨天，村民就只能窝在家里，大量的农产品也只能堆在田里。为此，我把工作的重点放在改善交通条件上。我与其他村干部一起，积极向驻村扶贫工作队和上级有关部门争取资金，并动员群众出工出力。2007年底，M村铺设了有史以来的第一条混凝土路。虽然只有短短的600米长，却畅通了村子与外界的联系。一个刚出校门的大学生之所以能在短时间内为群众做了件实事，主要还是得益于国家给我们搭建了实现人生价值的舞台。"（大学生村干部DXP，女，GY县M村党支部副书记）

在发展相对滞后的乡村基层环境中，多数村民对大学生村干部计划的总体认识呈现出模糊的特点，但在对大学生村干部的社会期待上有两点却相对明确：一是为民请命，维护村民合法权益；二是拉入资金，带来致富或者建设项目。显然，大学生村干部能否为村庄共同体带来资源成为村民评判的一个重要标准。资源筹措意味着大学生村干部要具体扮演动员者和组织者角色，发挥黏合与助推的作用。围绕村民的生计发展需要，努力发现、拓展和利用各种社会资源，为促进服务对象的发展提供有力的保障，尽快让服务对象摘掉头上贫困落后的"帽子"，跟上地方经济社会发展的步伐，并稳步提升当地民生水平。

三、简要小结

大学生村干部计划可以说是一项乡村实验，在实践推广过程中面临着一些挑战和困境。例如，有学者基于国家与社会关系理论视角提出大学生村干部计划面临的三个悖论。一是国家政策意图与基层社区情理之间的悖论。国家政策意图是通过人才下乡改善乡村治理水平，实现国家对农村社会的整合，而由于乡村社区情理的存在，大学生村干部难以真正得到村民的认可和理解。二是村务"主力"与村务"助理"之间的悖论。乡村发展需要依靠知识型人才作为引路人，大学生村干部本应在此过程中扮演主力角色，但事实上基层缺乏能力发挥的平台，大学生村干部只能从事一些文字处理、档案整理、材料撰写等工作，沦为辅助村干部的秘书人员。三是政策文本与法律文本之间的悖论。根据《村民委员会组织法》等规定，法律文本上存在限制外来大学生村干部扎根农村社会的相关条款，而现有政策文本难以化解大学生村干部面临的一些困惑。[①] 造成上述悖论的重要原因之一，我们认为在于不同系统、不同主体之间缺乏连接与协作，即大学生村干部计划难以实现在国家、农村基层、大学生村干部群体之间的有效贯穿，进而获得一股积极向上的助推力量，巩固大学生村干部基层履职服务的脆弱根基。

就制度而言，大学生村干部计划遵循了一种自上而下的运作逻辑，国家顶层设计居于主导位置，而基层大学生村干部的角色是不断被制度化的，或者说是政策文件赋予的，基本是一个"他塑"的结果。因此解决上述角色困境的关键似乎是国家在制度条例上清楚界定大学生村干部的角色身份即可，但大学生村干部明确的身份到底是什么，大学生村干部角色有无"自塑"的可能，如何处理政府组织选聘与村干部职业市场化运作之间的关系等，这些直接关系到大学生村干部基层职业发展。显然，以上问题解决并没有一个先天的模板可供参考，也没有现成的制度可以覆盖，归根结底还是需要来自基层实践的经验支撑。这种经验通常是在社区中反复实践，并被实践所检验、印证和改造的结晶。

基于苏北地区乡村基层的性质特点，大学生村干部将自身定位为基层社会工作者，挖掘自身在文化教育、社会保障、医疗卫生、住房保障、体育健身及残疾人群服务、农技推广等基层公共管理服务领域的潜力，努力在服务提供者、行为倡导者、关系协调者、资源筹措者等角色内容上展开工作实践，展现出高校毕业生青年的主体能动性。与传统的地方村干部相

---

① 郭明. 游走在国家政策与农村社会之间：杜镇"大学生村官"的个案 [J]. 青年研究，2012（2）：33-41.

比，大学生村干部的功能有多方面的拓展空间：从"访贫问苦"到完善农村社会保障系统；从"大包大揽"到发展村民自治；从"上传下达"到建立农村社区的发展规划；从"丰富生活"到全面提高农村精神文明水平。[①] 基层社会工作者的定位无疑符合基层多极主体意愿，适合广大乡村村情村貌，并能确保大学生村干部职能的真正履行——服务基层民众、协调人际关系、带动乡村发展、提升乡村文明。

当然，我们也应看到，社会工作是在一定的社会福利制度框架下，根据利他主义的价值观念帮助有需要的人走出困境的职业性活动。而社会工作职业化进程在我国尚在发展之中，其覆盖领域较为有限，专业化程度不高，专业人才队伍尚在建设之中。当前苏北地区大学生村干部社会工作职业化整体水平并不高，有的助人服务内容甚至都不能被称为专业性社会工作，也印证了这一点。基于此等情形，我们认为苏北地区大学生村干部工作可以做出一些调整改变，在大学生村干部选聘环节，要注重对社会工作专业高校毕业生人才的吸纳；在基层履职初期，要普遍开展涵盖社会工作专业知识技能的教育培训，以此来提升大学生村干部的助人服务水平；在村干部基层履职中后期，应广泛开展社会工作实务救助活动，充分发挥基层大学生村干部助人服务功能。社会工作者的身份的确立，有助于重新塑造高校知识青年与基层农村的新型关系，促进基层大学生村干部身份的职业化。

第三节 影响大学生村干部青年基层介入的因素

乡村基层是国家与社会的连接载体，具有基础性、对接性的特点，同时也是当前智力人才的"洼地"所在和补强重镇。基层导向理念就是鼓励并引导高校毕业生到基层就业、进社区任职，国家期盼他们能够俯下身子干事创业，促进乡村人才振兴与组织振兴。问题是，将基层导向理念的大学生村干部计划付诸实践会受到来自现实诸多因素的干扰、制约，行动主体能否真正介入基层颇令社会公众疑虑。这里试就影响大学生村干部基层介入的因素进行阐述。

---

① 程毅，刘军.大学生村官的角色定位与功能拓展[J].前沿，2010（4）：77.

一、主体素质因素

作为岗位适应的核心因素，高校毕业生自身素质很大程度上决定着基层履职过程的顺畅程度。中共中央组织部等部委联合下发的《关于选聘高校毕业生到村任职工作的意见（试行）》指出，大学生村干部选聘要求是中共党员或优秀学生干部，思想政治素质好，作风踏实，吃苦耐劳；学习成绩良好，具备一定的组织协调能力；自愿到农村基层工作；身体健康。启动阶段的大学生村干部计划尤为注重村干部选聘数量的增长，要求在较短时限内迅速实现在广大乡村"落子"下乡。截至2012年底，在岗大学生村干部人数已超过21万，覆盖全国三分之一以上的行政村落。经过连续几年的推进建设，大学生村干部计划进入内涵质量提升的关键期，要求将大学生村干部工作导向规范化、高效化、制度化的轨道。在此背景下，中组部等部委2013年明确提出严格选聘标准，坚持中共党员、优秀学生干部和回原籍优先的原则，并注重从全国重点高等院校以及乡村急需专业的毕业生中选聘。国家对大学生村干部选聘的关注重点过渡到素质提升上来，力图把综合素质较高、专业吻合的大学毕业生纳入村干部队伍之中。在苏北地区，当地政府着眼于大学生村干部选聘的提档升级，重点从全国"985""211"高校中选聘优秀大学毕业生。

美国学者斯潘塞（M. Spencer）基于岗位胜任提出"冰山模型"，该模型将个体职业素质划分为表象的"冰山以上部分"和潜在的"冰山以下部分"。其中，"冰山以上部分"包括专业知识、基本技能，是容易了解与测量的外显部分，相对而言也较易通过学习培训来改变和发展。而"冰山以下部分"包括社会角色、自我概念、个性与心理动机，它是个体内在的、难以测量的部分，不太容易通过外界的影响而得到改变，但却对个体行为与表现起着关键性作用。[①] 对照"冰山模型"，可以发现，现有大学生村干部选聘实践注重的是外显的"冰山以上部分"，诸如学历、党员身份、生源户籍、学生干部经历等，却相对忽略了隐藏的"冰山以下部分"。具体如下。

---

① 张立富. 人力资源开发［M］. 天津：南开大学出版社，2009：88-89.

(一) 志愿服务的思想意识

大学生村干部计划是国家组织开展的选派项目，村干部身份带有社会公共性质，它是国家公共服务向下延伸的标志，与传统的村干部相比，更应具有社会公共性与使命感。① 而目前选聘出来的大学生村干部的志愿服务意识呈现分化现象，除一少部分基于内在的成长动机专心基层历练外，还有很大一部分是源于当前就业压力和政府出台的基层任职优惠政策吸引，仅将村干部作为实现就业的权宜之计，而后谋求进入公务员体制之内的出路。主观动机不纯，服务思想欠缺，缺乏当好基层村干部的心理定力。

(二) 吃苦耐劳的思想准备

与繁华都市相比，乡村硬件设施和基础条件相对落后，精神文化生活单一，且基层事务细碎繁杂。"天将降大任于斯人也，必先苦其心志，劳其筋骨"，介入基层需要大学生村干部做好吃苦耐劳的思想准备。一些高校毕业生下到基层之后，发现面临工作情境与事先想象的极不吻合，产生巨大心理反差，出现畏难与摇摆退出的思想情绪，基层履职表现出"不合村、不为村、不在村"的情形。

(三) 人格特质的匹配

依据英国心理学家艾森克（H. J. Eysenck）编制的人格量表，个体人格主要分为外向稳定型（多血质）、内向稳定型（黏液质）、外向情绪型（胆汁质）和内向情绪型（抑郁质）。农村拥有广阔的空间舞台和复杂的社区情理，介入基层需要大学生村干部具备开朗外向、情绪稳定的人格，能深入田间地头，走家串户，"说农家话，体农家情，办农家事"，与村民打成一片。已有调查表明，多数大学生村干部人格属于外向稳定型，内向稳定型和外向情绪型所占比例较少，但内向情绪型仍占有一定比例，心理问题或者心理障碍出现的可能性会很大，这有可能影响岗位适应的效果与质量，需要引起政府管理部门的警觉。②

在大学生村干部选聘过程中，注意要及时剥离志愿"下乡"的道德光

---

① 于江，张水娟. 大学生"村官"角色的困境分析与对策研究——以江苏镇江地区为例[J]. 江苏社会科学，2010（5）：240.

② 冯成志，惠扬. 大学生"村干部"的主观幸福感研究——以连云港地区为例[J]. 苏州大学学报（哲学社会科学版），2009（6）：15-16.

环，结合村干部岗位的性质特点，在原有选聘条件基础上注重考查人选的内在素质和到村任职意愿旨趣。当地政府管理部门需要加强与高校特别是地方院校的沟通联系，及时主动到学校做思想动员工作，广泛宣传基层就业的价值意义、工作内容、发展前景等，为毕业生预期社会化做铺垫。同时，邀请高校学生管理部门参与推荐优秀毕业生赴基层任职，改变单纯的"以考取人"的方式，借助学校推荐、组织考察、驻村实习见习、双向选择等多种途径，将基层作为"考场"，重点了解选聘对象的思想品德、专业特长、组织能力、个性特点、择业动机取向等，确保把综合素质较高、能够适应农村工作、志愿"下乡"的优秀人才纳入到村干部队伍行列，以加强大学生村干部人才队伍建设，为村干部嵌入基层和岗位履职提供坚实保障。

二、政策导向因素

大学生村干部计划遵循自上而下的发展逻辑，大学生村干部的角色定位、保障激励及其发展走向是由制度规范赋予，可以说，制度性供给限制着大学生村干部基层工作的施展空间。马赫利尔（Mahler）分析青年所要求的现在和未来的状态-角色与社会所承认和保障的状态-角色之间的关系时指出，"还存在着形式上承认要求的现在或未来状态-角色，实际上得不到保障的情况。要求的状态-角色与受到保障的状态-角色之间的不一致，说明青年的权利被剥夺或者得不到承认，青年的希望和要求得不到满足。这是青年产生失望情绪的一个原因，从而有可能影响青年一代在社会中的自立过程"[①]。显然，马赫利尔所着重指出的这种类型应该是我们在大学生村干部政策施行过程中需要予以警惕和避免的情况。

（一）基层履职

基层大学生村干部青年处在适应和扮演成年人社会角色的特定人生阶段，面临着就业、技能、创业、社交、婚恋等广泛的人生阶段性任务，产生多元化的现实需求。广泛强烈的需求与资源供给的有限性使得基层大学生青年往往居于某种尴尬的地位，需要国家公共政策予以支持。政府官方文件将大学生村干部设计为村级组织特设岗位的志愿者，到乡村一般担任

[①] 马赫利尔. 青年问题和青年学［M］. 陆象淦，译. 北京：社会科学文献出版社，1987：221-222.

村党组织书记助理或村委会主任助理职务，系非国家公务员身份，但工作管理及考核比照公务员的有关规定进行。学界普遍认为，大学生村干部角色是一种暂时无法纳入我国现行组织人事制度的新生事物，其身份指向带有模糊性、过渡性的实验特性，处于社会体制内外的边沿位置。

非官非工非农的过渡身份，给大学生村干部基层履职带来"名不正言不顺"的尴尬，不能解决其与村务管理、村民选举、工作保障等关系协调问题。政策文件规定，大学生村干部基层服务主要是宣传落实政策、促进经济发展、联系服务群众、推广科技文化、参与村务治理、加强基层组织建设等内容，但是这些只是粗线条的框框，大学生村干部并没有固定的职位和具体工作内容，以至于新闻传媒将大学生村干部形象地概括为新农村建设的"八大员"：政策宣传员、科技普及员、民情调研员、决策咨询员、档案管理员、村务协管员、文化小教员和活动组织员。要在有限的服务期内担当全能型的"八大员"比较困难，大学生村干部基层履职缺乏强有力的"抓手"，容易致使他们产生在其位不知何为其政的困惑。按照村干部概念的应有之义，村务管理本是大学生村干部基层服务的重点内容，然而在村务决策上，外来者的身份、协助者的角色使得大学生村干部并无真正的决策管理权，他们在农村事务的决策处置中居于从属边缘地位。纵使内心怀有乡村发展设想、建设蓝图，但想要开展工作予以实施，还须得到村"两委"干部的认可同意才行，故在基层任职之初苏北地区大学生村干部的工作一般是以文书处理、远程教育、行政办公等内勤性事务为主，岗位适应显得底气不足、手段有限、程度不深，自然所取得的工作成效一般。这容易产生一种夹在国家和村民之间的悬浮状态，既不能完成上级政府交给的"代理人"任务，也不能很好地履行起村民期待的"当家人"责任。改变这一不利局面，需要国家持续出台相关政策予以赋权增能，围绕基层工作在大学生村干部岗位履职内容上做足文章，为大学生村干部才华施展创造有利条件。

（二）发展走向预期

相比其他年龄群体，青年无疑拥有最广阔的展望性前景，但大学生村干部身份的模糊性，会给基层青年个体职业发展带来（在岗）心态不稳等负面影响，服务期满之后的出路成为他们履职期间普遍担忧的问题。当然，这也对后续有志进入基层工作的高校毕业生产生负面影响。国家政策设计给出期满流动五条出路：留村任职、考录公务员、自主创业、另行择业和考研深造。① 留村任职，进而成为真正意义上的乡村"三农"工作干部，会面临《中华人民共和国村民委员会组织法》等法律瓶颈和户籍身份限制；加之传统乡村是一个熟人（半熟人）社会，社会资本对于村干部选举至关重要，大学生村干部知识优势与人脉经验劣势同时并存，短时间内很难通过公开选举成为正式村干部，留村任职出路缺乏持续性的制度安排。② 考录公务员，本是吸引大学毕业生去基层志愿服务的重要政策砝码，然而严峻的现实是地方公务员编制指标十分有限，"僧多粥少"竞争激烈，且逢进必考的制度限制着大学生村干部心中的"公务员情结"实现，故公务员之路注定不会成为他们期满流动的主通道。③ 自主创业，理应成为大学生村干部期满去向的重要选择，而事实上大学生村干部自主创业比例极低。这有其主客观原因，大学生村干部创业意识不强，风险承受能力弱，创业缺乏必备的资金、技术、信息等要素资源，以及服务期满之后政府对大学生村干部创业帮扶力度减弱，因此选择自主创业出路的人员寥寥无几。④ 另行择业。村干部岗位面向基层农村，能力锻炼具有定向的特点。另行择业脱离农村场域的话，意味着从零开始，已有的村干部服务经历在城市人力资源市场招聘中并不算优势，甚至可能成为"鸡肋"；加之所持依赖政府的被动心理也制约着大学生村干部另觅出路。⑤ 学习深造。基层工作的紧张忙碌，大学生村干部难以抽出大把的时间再去高校"回炉"深造，加之承受结婚组建家庭的无形压力，以及读研之后依旧要重新寻找工作，故大学生村干部对考研深造兴趣不大。事实上，一些基层大学生村干部倒是对在职读研深造产生出浓厚兴趣，它可以同时兼顾基层工作和个人婚姻家庭，故回校学习深造这条出路应该调整设置方向，可将之转变为培养管理过程中对优秀大学生村干部的嘉奖，例如有针对性地选拔大学生村干部骨干人才去高校读研进修，学业完成之后再继续回乡服务工作，而不是作为一条流动出路来对待，这样设置也许更加科学合理，符合大学生村干部的个体发展需要。

由上可见，国家规定的留村任职、考录公务员、自主创业、另行择业和考研深造等出路，实质上缺乏刚性保障基础。这意味着大学生村干部计划的优惠政策部分存在不能兑现的情形，大学生村干部职业发展预期走向并未明朗化，该结果会反过来削弱大学生村干部的基层履职表现。对现在的状态-角色的感知与对未来的状态-角色的计划不吻合，无疑是一个不协调的因素，它是关于未来的错误想法和不现实的期望的根源，这些错误想法和不现实期望一旦同现实发生冲突，就会导致挫折和失望，或者造成不能充分调动和发挥个人的上进性的结果。[①] 所以现有期满分流出路政策设计尚需优化改良，拓展新型安置出路，通过可以预期的职业发展前景来提振大学生村干部嵌入基层、适应岗位的信心。

三、环境作用因素

生态系统理论敏锐地将发展视为个体与外部环境互动的产物，认为个体镶嵌于相互影响的一系列环境之中，环境与个体相互作用并制约个体的发展。毋庸置疑，大学生村干部岗位适应离不开指向的乡村环境，撇开"广阔天地大有可为"的传统认知之外，乡村环境有三个重要认知值得关注：第一，（半）熟人社会的基本特性。传统乡村是基于人情网络、关系资本编织起来的（半）熟人社会。成员交往互动通常根据彼此之间关系的生熟、亲疏、远近程度，区别性地对待交往的不同对象，主要经济往来是依赖双方的信任而不是借助于书面契约的约束。对于外来的陌生者，村民实际上是持警惕和排斥心理的，由政府部门派驻下乡的大学生村干部岗位适应面临乡村的无形阻力。第二，复杂村情的外显表征。乡村特别是经济薄弱村是我国现代化建设的重点难点所在，村级组织债务严重、干群关系疏离、养老社会保障体系不健全、公共服务设施滞后等问题亟待解决；而且部分地区农村家族势力日益膨胀，关系盘根错节，给基层社会治理带来挑战。据此，有专家就提出，基层农村事务需要一个熟悉本地村情、民性的不脱产的组织体系来应对，而大学生村干部是外来新生力量，在农村基层秩序维护过程中发挥的作用十分有限。[②] 第三，成员头脑已存的社区记忆。社区记忆是在发展变迁过程中形成的集体记忆印象，是社群成员对过往重大事件或者社会发展轨迹的感知评价。大学生村干部计划的全国推行，易使村民联想起上山下乡运动。在过去那场有组织的大规模人口迁移中，

---

① 马赫列尔. 青年问题和青年学 [M]. 陆象淦，译. 北京：社会科学文献出版社，1987：208.

② 贺雪峰. 给大学生村干部计划泼冷水 [EB/OL]. 三农中国网，2008-07-19. http://www.snzg.cn/article/2008/0719/article_11122.html.

1600多万城镇中学生下放到农村去接受再教育。那场彻底的政治运动对整整一代城镇青年产生深远的影响，不仅打乱了他们的正常生活秩序，使他们在应该学习的年龄丧失了求学机会，而且影响他们的家庭，以及整个城市和农村社会的稳定。①最终，上山下乡运动被叫停，绝大多数知识青年得以"上调"回城重新就业。基于社区记忆的旧有印象，有识之士担心大学生村干部计划是否就是新的上山下乡运动，普通村民则容易较早形成对大学生村干部计划的预判和结论，认为"大学生村干部下乡是来镀金、走过场的，他们在基层待不长，对村组所负的责任也不会持久，很快就会被抽调到上面去"。（半）熟人社会特性、复杂村情表征以及头脑现存社区记忆等共同作用，使得乡村在很大程度上对大学生村干部存在斥力，基层岗位适应需要大学生村干部"破冰"。

用发展的视野加以考量，实际上乡村已并非"铁板"一块。随着时代的变迁，乡村的面貌和特质禀性也在发生缓慢变化。如前所述，在苏北乡村地区，青壮年劳动力大量进城务工，留居人口呈现老弱化和贫困化之势；住房、土地资源闲置严重，村级集体经济薄弱；民生领域欠账较多，基础设施和公共服务建设滞后，脱贫攻坚任务艰巨；村级领导班子成员年龄老化，缺乏合适的青年干部接班人选，乡村社会治理亟待强化。另外，由于大规模的乡镇村组合并精简，村庄空间区域范围变大，使得原有的熟人社会逐渐变为半熟人社会。乡村社会整体性功能呈现退化之势。苏北地区多数乡村属于规模较大的中心村组，需要在原有规模基础上有序推进改造，需要激活产业、优化环境、提振人气、增添活力，需要保护保留乡村风貌，建设宜居宜业的美丽村庄。上述这些，迫切需要掌握专业知识的知识青年进入，推动乡村地域系统的空间重构、要素重整和组织重建。因此，在基层环境作用问题上，也应看到"破冰"的有利契机一面。

基层岗位适应是青年主体与介入客体（社会环境）共同建构的社会事实，在社会环境的结构性框架下，青年主体并非完全是"水土不服"、无能为力的受动者，而是具有一定可塑性的能动者。大学生村干部可将自身定位于社会工作者角色，借助于国家农村公共服务方面的政策导引与资金投

---

① 潘鸣啸. 失落的一代——中国的上山下乡运动·1968～1980[M]. 欧阳因，译. 北京：中国大百科全书出版社，2010：1-2.

入，在乡村教育、基础医疗、社区文化、精准扶贫、人居环境、科技推广等方面为村民提供公共物品链接服务。同时，社会工作者的助人特性主要在于活跃乡村生活，构建便民利民的公共服务体系，不会对利益组织化的村庄既有权力生态构成触动和威胁，这会降低大学生村干部嵌入基层的难度和阻力。大学生村干部成为由国家出资的给乡村振兴提供公共服务的公益专项岗位，并继而成为相对固定的职业类型。这一设想可从19世纪末英国睦邻组织运动成功实践中获得启发与支持。当时英国政府号召知识青年志愿为城市社区贫民提供服务，要求他们与贫民同吃同住，以便了解贫民的需要和问题，建立情感联系；要求他们主动挖掘当地资源，互助合作，做到亲睦邻居，帮扶贫民。这场社区改良运动增进了社区居民福祉，成为社会救助领域的典范。对于当下村民旧有的不佳社区记忆，需要国家加大对大学生村干部计划的宣传力度，将大学生村干部计划的出台背景、预期目标、主旨内容、实施步骤、管理措施等宣传到村组农户，消除广大村民头脑残留的偏见和错误认知，推动村民支持大学生村干部工作的实践，进而构建起大学生村干部自下而上的合法性基础，营造大学生村干部介入基层、岗位适应的有利环境氛围。

四、组织整合因素

在制度嵌入理论看来，外在制度是因设计而产生确立，它们被清晰地制定在法规和条例之中，并要由一个诸如政府那样的、高踞于社会之上的权威机构来正式执行[1]。对于政府主导推行的大学生村干部计划来说，大学生村干部岗位适应仍面临艰巨挑战，诸如任职身份的模糊、乡村工作经验的匮乏、社会资源的欠缺等因素限制着他们基层工作的展开。减少岗位适应过程中的种种藩篱和羁绊，促进大学生村干部基层成长成才，急需来自当地政府部门的帮扶"援手"。

（一）培养管理力量的分散

与"三支一扶计划"、"大学生志愿服务西部计划"、选调生制度等诸多国家基层项目一样，大学生村干部计划是一个跨部门、多机构各司其职、

---

[1] 柯武刚，史漫飞. 制度经济学[M]. 韩朝华，译. 北京：商务印书馆，2000：36-37.

相互协作的"团体项目"。在苏北地区县市一级,大学生村干部的日常管理工作主要是由地方组织部门、人力资源和社会保障部门、共青团组织负责。县级组织、人力资源和社会保障部门主要负责建立大学生村干部人事档案,落实跟踪培养措施,做好考核测评工作,提出选拔任用意见;团县委主要做好大学生村干部的联系服务事项;乡镇党委、村级党组织则负责具体管理、联系、服务等工作。除日常管理工作之外,针对大学生村干部的培养发展,还涉及农业、民政、教育、财政、妇联、宣传等多个部门机构的协同参与。由此,在大学生村干部对象培养管理力量上呈现多元化格局,政府给予的正式支持亟待整合提升。"尽管不同机构的角色无疑会有一些重叠,但是每一个机构本身都为这一进程做出其独特的贡献。一旦善加组织,就可能出现整体大于部分之和的结构性状况。当然,相反的状况也会出现,一堆机构不恰当地凑在一起,各个组织以一种恶性的方式进行竞争并且毫无必要地重复行动。"① 如何在现有组织部门牵头抓总的框架体系下,凝练对大学生村干部工作的看法共识,调动各部门机构的积极性,实现功能上的互补、行动上的协调和资源上的整合,形成助推基层青年职业发展的良好工作大局,这可能需要经过详细论证精心设计,进而形成强大的大学生村干部岗位管理合力才行。

(二) 培养管理方案的定型

社会舆论认为大学生村干部计划是一场进行当中的乡村实验,是将高校知识青年融入乡村基层的有力探索。它不仅需要来自上层的顶端设计,更需要来自地方的实践,贡献"行进路径"和运作技术。起初,苏北地区Y县在摸索中最早提出将大学生村干部作为党政后备干部的培养方向:经过三年的组织培养与自身努力,使部分大学生村干部成为熟悉农村情况、对农民怀有深厚感情的县级机关干部,部分大学生村干部成为热爱农村、善于指导村组工作的乡镇干部,部分大学生村干部成为带头致富能力强、带领群众致富能力强的双带双强型村干部。而随着大学生村干部计划的推进,苏北地区S县提出更加贴近实际的分类培养机制。按照个体意愿与岗位设置相一致、专业与产业相对应、潜能素质与岗位要求相匹配的原则,

---

① 安东尼·哈尔,詹姆斯·梅志里. 发展型社会政策[M]. 罗敏,范酉庆,等译. 北京:社会科学文献出版社,2006:142-143.

因人制宜地确定大学生村干部发展目标:"双强型"村干部,从组织协调能力较强、村民认可度较高、发展潜力较大的大学生村干部中选定;乡镇党政后备干部,从担任村"两委"正职和聘期考核优秀的大学生村干部中选择;事业单位专业技术骨干,从县乡事业单位急需、所学专业对口、服务意识较强的大学生村干部中圈定;优秀企业家,从市场意识敏锐、立志创业的大学生村干部中选取,体现人尽其才、才尽其用的培养理念。① 中共中央、国务院印发的《中长期青年发展规划(2016—2025年)》明确提出,要培育青年人才队伍,统筹推进党政人才、企业经营管理人才、专业技术人才、高技能人才、农村实用人才、社会工作人才等领域青年人才队伍建设。对照人才培养管理方案要求,基层大学生村干部的培养管理思路基本理清,但具体的指导意见、组织实施、依托条件、考核标准等尚未明确确立,培养管理方案并未正式成型,这会极大影响到现有基层大学生村干部岗位履职与岗位适应。

五、简要小结

以上,我们试就苏北地区大学生村干部岗位适应过程中主要的影响因素做了分析概括,得出存在主体素质因素、政策导向因素、环境作用因素和组织整合因素。这四种类型的因素突出的重点有所差异,主体素质因素依据岗位适配性的原则,指出履职大学生村干部个体内在素质欠缺,与村干部岗位条件要求存在一定的差距;政策导向因素从村干部角色定位出发,认为大学生村干部模糊的身份设计,不利于基层工作开展和未来出路的抉择;环境作用因素基于乡村社会的特性和社区记忆,产生对大学生村干部基层服务的阻力;组织整合因素,则强调政府部门正式支持的整合不足,对大学生村干部嵌入基层的助力不够。在影响大学生村干部岗位适应的诸多因素中,这几种主要因素并不是相互独立的,实际上政府部门、基层环境和大学生村干部个体等形成一个综合的互动场域,各种力量相互交织、共同作用,最后形成一个基层履职显性结果。从时间角度来看,实际留给基层大学生村干部岗位适应的时间不多,基本是从下乡开始到基层任职的

---

① 张耀西,翟晓翔.江苏泗阳:分类培养大学生村官[N].农民日报,2012-10-19.

半年左右时间，故基层导向的大学生村干部计划无疑需要快速打通上述各个环节，形成无缝对接，对大学生村干部岗位适应赋权增能，最终建立以大学生村干部为主体、其他组织机构参与并助力支持的"一体多翼"格局，以使大学生村干部尽快渡过适应难关。

大学生村干部基层介入给我们展示的是系统社会工程的影子，社会工程的核心在于运作机制或者运作模式的建立。为此，需要从以下三个方面开展工作。① 强化探索实践总结并逐步建章立制。大学生村干部计划与农村社区情境、结构存在广泛互动。为降低风险和减少盲动，基层介入需要加强探索，寻求发展路径；不断总结经验教训，提炼精细化的运作技术，并将之充实到顶层制度设计当中。② 要求多极主体通力合作、齐抓共管。大学生村干部计划选聘规模宏大，庞大的大学生村干部队伍介入乡村基层需要多方参与，组织部门须发挥牵头协调作用，其他部门各司其职、密切配合，共同建立齐抓共管的管理体系。③ 考虑大学生村干部青年主体诉求。基层介入应考虑大学生村干部的内心真实需要，解决其后顾之忧，做到事业留人、感情留人和待遇留人。当然，系统社会工程的诸多特点，意味着下乡大学生村干部基层介入之路的复杂性、艰巨性，需要组织管理部门采取一系列有力举措予以助推、"护航"。

第四节　大学生村干部青年的岗位适应及其统筹应对

美国学者 W.I. 托马斯和波兰学者 F. 兹纳涅茨基曾在所著的《身处欧美的波兰农民》一书中，揭示出外来移民从传统乡村文化迈向现代都市文化的普遍现象，认为家庭、邻里等初级社会群体和社区纽带在移民环境适应中起着重要作用。基层介入正式开启高校毕业生青年与乡村基层场域的交往互动，而引发公众关切的一大议题是，下到基层的大学生村干部新手岗位适应情况到底如何？

一、大学生村干部的岗位适应

有学者通过调研指出，大学生村干部发挥作用的关键在于能否真正嵌入乡村社会，与乡村内生社会环境相互契合[①]。岗位适应意味着基层大学生村干部职业发展迈出重要的一步。正如现象社会学理论指出的那样，社会生活中的行动者，并不是时刻思考着、算计着的理性行动者，而是运用手头的库存知识，按照某种自然态度，来应对各种不同的情境，采取的是一种"合乎情理"的处世方式。手头的库存知识是个体用于指导行动的框架，个体行动所需要的类型化知识和面对情境进行权宜性行动的窍门及关联系统都包括在个体的手头知识库中。此种知识库并非一成不变，它始终处于拓展之中。如果总是处于熟悉的实务领域，个体运用已有的手头知识就可以"轻车熟路"地处世，其知识拓展的动力和可能性都会受到限制。换句话说，只有当个体的手头知识库不能处置所面临的情境或者问题时，个体才会有意识去拓展手头知识库存资源。"陌生情境"迫使个体拓展新的知识以便能有效应对新环境，这个过程就是社会适应的过程。

来自地方政府支持的乡村基层发展平台清晰地勾画出正式的工作情境，点明大学生村干部需要"沉下"基层的要旨，"当人们遭遇到一个新的情境，就会试图发现规则、了解规则，并把这个情境和已经存在某种规则的情境联系起来"[②]。对此，苏北地区大学生村干部在座谈中对现有工作情境给予了确认和认可。个体最初对情境所做的定义往往为后续合作行为提供一个程序表，大学生村干部提出基层介入应采取渐进的方式跟进，遵循恰适性逻辑。个体现有知识储备通常是由其成长的生平情境形塑的，或者更准确地说，是由积淀在个体境遇之中的他的生活历史决定的。[③] 由校门走向农门，由城市社会进入乡村基层，面临的陌生情境需要大学生村干部拓展和更新现有知识储备，以便合理地应对，重新恢复旧有秩序感，逐渐进入工作状态。因此，下乡任职初期，如大学生村干部在集体座谈中指出的那样，主要是下乡驻村要尽快熟悉乡村地方性知识体系及民间规则，学习村务工作要领和相关农业技术，调整好自身的心态，努力完成向基层村干部

[①] 宋言奇. 基于制度"嵌入"的大学生村官计划再思考[J]. 苏州大学学报（哲学社会科学版），2009（4）：7-9.

[②] [美]詹姆斯·G. 马奇，约翰·奥尔森. 重新发现制度[M]. 张伟，译. 北京：生活·读书·新知三联书店，2011：160.

[③] [美]阿尔弗雷德·许茨. 社会实在问题[M]. 霍桂桓，译. 北京：华夏出版社，2001：10.

角色的转型与适应。

> "下乡进村后的第一项工作就是深入田间地头,走门串户,和村民拉家常,交朋友,学技术,取得村民的认可。在镇村干部的引导介绍下,我很快掌握村子基本情况,对村组致贫的原因有了清楚的认识,初步有了发展的思路,原本忐忑不安的内心渐渐踏实下来。"(大学生村干部 MXH-BH-20100702-10,男,23岁)

同时,进入陌生的乡村基层,大学生村干部要跳出生理和心理的舒适区域,与人交往合作,解决乡村发展之中面临的障碍和问题。通过加强与当地村民的互动,大学生村干部不断学习和调适自己的行为,逐渐拉近与所在村庄的心理距离,这有助于提振大学生村干部的信心,促进其基层自我价值实现。此外,从基层环境适应来看,大学生村干部总体年富力强,思维活跃,视野开阔,社会适应能力强,对于基层陌生环境适应通常只需要几个月至半年左右时间即可,这方面几乎不存在太大的障碍。无论是从履职大学生村干部的座谈反馈,还是从新闻媒体的报道情况来看,苏北地区大学生村干部基层环境和岗位适应尚可,没有发生不良影响事件,且大学生村干部年度选聘工作仍在每年持续加以推进也可以从侧面予以证明。

二、大学生村干部岗位适应的统筹应对

岗位适应对应的是"待得住"环节,这是基层大学生村干部岗位履职和职业发展的第一步,是对他们初次踏入社会的心理考验。作为构建大学生村干部工作长效机制的基础部分,"待得住"需要大学生村干部个体用实际行动守望青春理想,在乡村广阔天地中找到人生的新坐标,岗位工作尽早上手;需要政府部门对大学生村干部给予关注和帮扶,形成强大的管理助推机制。为此,苏北地区地方政府开展多种形式的培训,探索建立多样化的帮扶服务,积极充当大学生村干部的基层引路人,以达到人岗匹配效果。例如,盐城市沭阳县组织部将大学生村干部纳入该县干部教育培训规划,按照"缺什么补什么"的原则,利用农村党员干部现代远程教育网和沭阳干部教育网等平台对大学生村干部进行菜单式、点单式培训;邀请信访、计划生育和涉农等部门专家授课,重点加强农村政策法规、农业科技知识、创业技能和农村工作方法等方面的知识培训,优化大学生村干部

知识结构，增强岗位适应能力。徐州市新沂市组织部则尝试建立"4＋1"帮带制度，实行县四套班子领导帮扶大学生村干部，乡镇领导班子与大学生村干部结对，村党支部书记帮带大学生村干部，优秀科技人才、农村实用人才和科技专家与大学生村干部结成帮扶小组，明确帮带责任人的主要职责，手把手传授经验，并做好大学生村干部心理疏导工作。此外，地方政府部门还高度重视大学生村干部的日常生活，尽可能地为他们创造较好的生活条件，以激发他们工作的热情和信心。目前，苏北地区大学生村干部食宿均统一安排在乡镇大院之内，绝大多数乡镇为他们购置了必要的生活用品和家用电器，并根据到村工作距离的远近配备电瓶车等交通工具。

尽管如此，大学生村干部在新角色适应的过程中还是存在一些困难。访谈过程中，工作上面临最大困难，五成左右的大学生村干部表示"学不能致用，所学专业与工作挂不上钩"，近四成的大学生村干部表示"村民认为大学生村干部没有基层工作经验，不能给予信任"。同时由于语言、文化层次、年龄代沟等因素，导致大学生村干部与当地村民、基层干部之间的沟通存在障碍。此外，培养管理方面，地方管理培养工作缺乏连贯性。大学生村干部上任伊始，往往受到地方政府和媒体的普遍关注，培训机会较多，但随着大学生村干部数量的逐年增加，地方政府对新村干部的关注度较高，而忽视了对原有老村干部的管理，导致他们产生心理上的巨大落差感。生活方面，由都市文化、校园文化走进乡村生活方式，存在大学生村干部基层生活单调、精神文化生活不够丰富等问题。座谈中，大学生村干部多次谈到"与日新月异的城市相比，农村物质条件较差，生活太枯燥、单调、平淡，娱乐设施极少"，"人生地不熟，交往圈子比较狭窄，个人交友及婚姻大事不好解决，有些时候真难耐得住自己的性子"。在苏北地区调研中，我们发现部分在服务期内中途离岗的大学生村干部，他们是因急于选择考录公务员或进入事业编制单位，最终因成功考取而离开大学生村干部岗位，但却在名义上保留着大学生村干部的头衔；当然，还有部分大学生村干部因岗位履职极不适应，选择直接离职彻底离开乡村基层的方式。

"大学生到农村，就像种子落进了泥土，实际上两方面都面临着考验，在其中起着主导作用的，还是基层政府对待他们的实际态度：不仅要重选拔，还要重培养，更要重管理监督，以形成一个完整的机制。"① 我们认为，在整合大学生村干部培养管理力量的基础上，需要建立大学生村干部专门负责机构，并不断建章立制，切实解决好基层农村如何培养现代知识青年人才的棘手问题，提升大学生村干部岗位适应信心与能力。具体来讲主要有以下几个事项。

一是加强日常管理监督。地方组织人事部门应明确规定在大学生村干部服务期内乡镇机关和上级部门不得截留或者借调；出台定期汇报、教育培训、实绩考核、工作督查等制度，实现针对大学生村干部工作的规范化管理。

二要定岗定责，搭建干事平台。厘清并细化大学生村干部的岗位职责，给大学生村干部压担子、交任务，通过考核引导他们"沉下去"，在干事创业中适应成长。基层履职服务之初，大学生村干部担任村"两委"干部助理，重点了解熟悉农村工作，整理一套涉农政策，走访一遍村组农户，完善一套村情档案，形成一份调研报告，提出一条发展建议等，努力实现角色转变。从第二年开始，考核称职、符合任职条件的，原则上应担任村"两委"委员或以上职务并明确分工，帮助村民发展致富项目、领办合办农民专业合作社、组织开展群众文体活动、参与排查调处矛盾纠纷、为村民代办各项事务，不断提高能力素质。

三要及时开展心理辅导。高校毕业生下到乡村基层之后，无论在岗位任职的方式内容，还是与当地村民之间的接触交往，与其内心的固有想象会有很大出入，需要顶住压力、承担责任，需要巨大耐心、忍受委屈，在入职初期个体容易产生失落、苦闷、烦躁等不良情绪和心理波动，因此地方政府部门要及时开展心理辅导，给予人文关怀支持，使其树立基层履职的信心，在岗位工作中保持发扬耐心和细心，尽快适应复杂的基层工作。

如前所述，大学生村干部计划有多种使命担当。它是为农村输送培养新农村建设带头人而实施的"强基工程"，也是为党政干部队伍储备后续力量，培养造就有基层工作经验、对人民群众有深厚感情的高素质领导干部人才的"育苗工程"，还是在一定程度上为缓解毕业生就业压力，引导大学

---

① 大学生村官别闲置［N］.美国侨报（洛杉矶），2008-04-07.

生转变就业观念,面向基层就业创业而开辟的一个"就业过程"。在此背景之下,被社会寄予厚望的基层大学生村干部岗位适应情况良好,这显然有助于其接下来在村干部岗位建功立业,为乡村振兴和个体职业能力提升奠定良好基础。

第五章　岗位建功与基层大学生村干部乡村融入

大学生村干部下到基层履职，不仅仅要适应基层岗位、了解村情民意，更关键、更重要的是在基层岗位上建功立业，助推乡村发展振兴。对于身处基层的大学生村干部，学术界曾有观点认为，"空降"的大学生村干部游走在国家政策与农村社会之间，处于一种悬浮状态，实际并没有真正融入乡村社会。那现实情况到底是不是如此呢？我们认为，答案的关键取决于基层大学生村干部的职业发展进展如何，也就是说，个体能否在乡村基层工作岗位锻炼成才，比如经受磨炼、提升能力、实现价值等，而职业发展意味着下乡大学生村干部的乡村融入。

第一节　大学生村干部青年岗位建功的窘境及其可行路径

基层岗位建功意义重大，无论是对个体成才、乡村振兴还是国家富强均是如此，它开辟出基层高校毕业生青年职业发展的现实路径。《中长期青年发展规划（2016—2025 年）》提出，要站在党和国家事业后继有人、兴旺发达的高度，把青年发展摆在党和国家工作全局中更加重要的战略位置，整体思考、科学规划、全面推进，努力形成青年人人都能成才、人人皆可出彩的生动局面，为实现"两个一百年"奋斗目标、实现中华民族伟大复兴的中国梦注入强劲、持久的青春动力。

一、大学生村干部青年岗位建功的窘境

基于个体生理发展的年龄阶段，例如青年、中年、老年，完全可以在国家法律文本和机构设置中通过数字加以体现确定，但诸年龄段个体要想

得到社会公众的广泛接纳认可,除了要借助于必要的习俗和社会仪式(如"成年礼")之外,更多地则要通过个体能力和业绩的彰显得以实现。对于大学生村干部个体而言,进入陌生基层后,个体肩上担负起职责使命,而职业发展面临的一大窘境是村务"主力"和村务"助理"之间的悖论。理论上讲,"农村社会的发展必须依靠知识型人才作为引路人。农业科学技术的推广和应用、农村优良文化的弘扬及农村治理绩效的提高都需要高素质、懂技术的带头人。大学生村干部恰恰在此过程中扮演着重要引导角色,成为村务工作的主力。然而,国家在选聘大学生村干部中给予大学生村干部对农村社会发展的期待,却没有赋予其实际的权力,没有给予其农村社会能力发挥的平台"[1]。在实际村务工作中,刚走上社会的大学生村干部初始阶段做着一些文字处理、档案整理、材料撰写等辅助性工作,扮演着辅助村干部工作的配角,对乡村事务的决策管理并没有实质的发言权,处于边缘位置。而外界,无论是上级政府,还是社会公众,都对大学生村干部在基层施展身手、大展宏图抱有很高的期望。如何看待大学生村干部岗位建功方面出现的困境,我们认为,作为新手,大学生村干部介入基层之初面临环境适应和岗位熟悉压力,此时担负助理角色从事辅助性工作有助于其度过过渡时期。当适应期结束之后,应及时根据大学生村干部的能力特点,赋予实质性工作任务和相应权限。对于身处基层的大学生村干部而言,基层履职应该及时调整心态,做好职业发展规划,根据自身性格特点、专业特长和发展旨趣的不同,以及任职乡村村情的客观差异,找寻适合当地农村发展需要并且能够有效发挥自身才干的切入点,以便能在乡村基层岗位建功,实现人生立业目标,得到当地干部群众的认可支持。

二、大学生村干部青年岗位建功的类型

由于乡村的村情民情和资源禀赋条件各不相同,大学生村干部基层岗位建功的侧重点或者突破口也不一样,但共性的方面是需要因地制宜创设合乎自身的发展路径。通过对苏北地区大学生村干部工作的调研梳理,我们总结出以下几种类型。

---

[1] 郭明. 游走在国家政策与农村社会之间:杜镇"大学生村官"的个案[J]. 青年研究,2012(2):33-41.

(一) 创业富民类型

经济发展是当前苏北地区城乡建设面临的主要任务，寄托着广大基层民众的殷切希望。统计数字显示，在2010年江苏13个省辖市人均地区生产总值的排序比较中，苏北地区所辖的5个省辖市排名下游，居于第9至第13位，其中宿迁市处于末尾，人均地区生产总值仅为22525元。更为糟糕的是，苏北地区还尚存上百个经济薄弱村，脱贫致富、摆脱落后局面是这些经济薄弱村面临的紧迫任务，这直接关系到江苏能否在全国率先全面实现小康社会和率先基本实现现代化的目标，因此备受政府领导层的高度关注。囿于生存伦理以及农民自身素质等因素的显著制约，农村要迅速摆脱贫困落后面貌，关键是要有能人带领广大村民创业奔小康。由此，这里的村干部已不再是此前纯粹意义上的干部，而是要担当干部和经营者的双重角色。相比内生型的当地村干部来讲，基层任职的大学生村干部视野开阔、知识面宽、富有创造热情，而创业基础并不牢固，由他们出面来带领创业能够起到良好的示范引领作用。

在地方政府部门的政策激励下，在当地银行、信用社等机构的资金支持下，在村组种养殖大户和致富能手的热心帮扶下，大学生村干部创业富民行为很快起势，形成席卷苏北地区乡村的创业热潮，带动周边村民就业和致富。对于这样一道亮丽的"风景线"，可以总结出其呈现的显著特点，如创业项目多为村民熟悉的涉农项目，创业类型以合作创业模式为主，创业与富民并举，具体内容将在下面几节中详细阐述。以创业富民作为岗位建功类型的大学生村干部多将自身定位为"创业者"或"实干家"角色。他们通过创业平台有效融入当地新农村建设之中，不仅影响和改变农民传统的保守思想意识，也给当地村民带来物质经济上的实惠和利益，通过实实在在的创业业绩赢得广大村民的信任与支持。当然，如何正视创业富民过程当中业已显现的阻碍因素，例如创业富民项目层次不高、项目运作市场化导向不足等问题，将大学生村干部创业富民工程进一步做大、做强和做久，是需要我们在今后大学生村干部工作实践过程中予以重点考虑的问题。

"我所任职的村子杨树多，这种树木具有早期速生、适应性强的特点，但它的板材密度不高，成品耐用性不够。于是，我便想到将杨木制成一定规格的小板材,再将其钉制成井型支架起到减震的效果,用于商品包装箱的运输和挪动。我租了厂房,找了村里几个老师傅(年龄50岁左右,有一手木匠活),帮助扶持了6户贫困家庭。厂子办起两年了,工厂的生产已上了正轨,产品主要销往苏南地区。村民现在都知道我是创业能人,我在他们中间说话更有威信了,村里工作开展也变得顺利多。"(大学生村干部LCH-GN-20100721-01,男,25岁)

江苏省全面建设小康社会、实现现代化建设的短板在乡村基层,大学生村干部以创业富民为主要抓手,符合时代发展的需要,契合各方主体的诉求,因而该类型有其发展壮大的动力。

(二)社会治理类型

如果说创业富民是大学生村干部工作面临的阶段性紧迫任务的话,那么基层社会管理就是大学生村干部常规工作的中心。党的第十九次全国代表大会提出,"打造共建共治共享的社会治理格局,完善党委领导、政府负责、社会协同、公众参与、法治保障的社会治理体制;不断提高社会治理社会化、法制化、智能化、专业化水平,预防和化解社会矛盾,健全公共安全体系",这为基层社会治理创新实践指明发展方向。从调研情况来看,当前苏北地区乡村社会治理基础薄弱,基层民主建设面临挑战:乡村选举中家族和宗派势力有一定影响,村民对选举投票积极性不高;民主监督过程中村务公开重表面形式,轻实质内容;民主管理运行机制不畅,村民代表会议组织不力、决策能力不强等问题,严重影响着基层社会治理。显然,农村基层社会治理需要变革与创新。大学生村干部完全能够成为乡村治理多元主体中的"一元",他们思维敏捷,获取外界信息能力强,具有现代社会治理理念和专业技术,能为农村基层社会治理变革增添活力、思想,产生"鲶鱼效应"和"标杆效应",且与乡村基层之间没有利益纠纷冲突。

就苏北地区大学生村干部社会治理方面的情况来看,主要尝试做出如下努力。

1. 认真宣传贯彻有关"三农"政策和村民自治等法律法规

例如,与村"两委"干部交流沟通,向他们澄清利弊关系,促使他们转变观念,带头遵纪守法,杜绝违规操作。同时,加大对广大村民的普法力度，使村民明确自身的权利和义务，调动他们管理村级事务、参与民主建设的积极性，在国家和农民之间扮演"国家政策的宣传者"。

"作为大学生村干部，要做好新形势下的村务工作，自身一定要加强学习，强化自身觉悟，吃透有关文件精神，掌握政策精髓并不断宣传，利用政策去凝聚人心，引导群众规范行为。"（大学生村干部 ZQS-GY-20110802-02，男，23 岁）

2. 建立健全民主管理和民主监督的保障机制

第一，强化民主监督机制。在基层乡村，大学生村干部倡导成立民主决策和监督委员会，把具有一定文化素质和自愿为村民服务的成员吸收选进委员会，监督村"两委"干部行为，并定期、重点审查村级财务的收支情况。

"说到底，村级财政的监督是整个村务监督的核心所在。自己作为村里理财小组的负责人，掌管公章，专职审核村内各项财务往来。而资金进出则由村会计负责，这样各司其职，确保村级财务工作的公开透明，以便随时接受村民的监督和问询。"（大学生村干部 WR-XS-20120710-05，男，24 岁，村党支部副书记）

第二，建立信息公开制度。除在村头公告栏张榜公布村务、财务信息外，大学生村干部还定期印发村务手册，利用手机短信、微信群、公众号等载体将村民关心的重要问题第一时间传递出去。

第三，拓宽村民民意表达渠道。通过频繁走访和畅通村民意见表达的渠道，大学生村干部密切干群关系，积极预防和减少基层纠纷、矛盾的发生，做到"小事不出村，大事不出镇"，努力协助维护乡村社会安定。

作为村级组织特设岗位人员，大学生村干部既不是国家公务员，也不是本地村民，不易受到当地农村家族势力控制，可以成为乡村基层网格化管理服务中的"网格员"。这种近似"中间人"的身份，便于大学生村干部保持客观公正的立场，维护广大村民权利，获得他们的信任与支持。应该说，大学生村干部社会治理层面的积极作为对推动基层民主政治进程起到积极作用，它有利于打造熟悉基层的乡村建设骨干力量和党政干部后备人才链，健全乡村治理工作体系。当然，也应看到乡村基层组织往往是诸多矛盾指向的交集点，大学生村干部由于担负的助理身份，加之社会经验、人脉关系的不足，在基层社会治理上面临诸多困难。《中共中央关于坚持和完善中国特色社会主义制度推进国家治理体系和治理能力现代化若干重要问题的决定》中指出，要构建系统完备、科学规范、运行有效的制度体系，加强系统治理、依法治理、综合治理、源头治理，把我国制度优势更好转化为国家治理效能。显然，在基层社会治理上，需要加强乡村基层基础工作，需要当地政府对大学生村干部赋权增能，需要基层民众给予大学生村干部更多的工具性和表达性支持，从而建设和谐有序的乡村社会，增强村民的获得感、幸福感和安全感。

（三）便民服务类型

前面讲过，当前大学生村干部较为合适、可行的角色定位是农村基层社会工作者，亲民服务可作为大学生村干部基层工作的重要思想理念。中共中央组织部前部长李源潮同志告诫指出："从学校门直接进机关门的干部增多，从工人、农民中成长起来的越来越少，这种结构性缺陷不抓紧解决，就会造成领导机关脱离基层、脱离实际的危险。大学生到农村，要当村干部必须先当村民，要拜农民为师，千万不能老坐在办公室里。"[①] 依托村两委或团组织平台，大学生村干部要学会"进农家门、说农家话、知农家情、办农家事"，主动担起便民服务重任，努力成为广大村民的"贴心人"，真正赢得广大基层民众的拥护。当前，国家正在进行乡村建设行动，推动社会治理和服务重心由城市向基层下移，把更多资源下沉到基层，力求能够提供精准化、精细化服务，便民服务型契合这一形势需要。

调研资料表明，在便民利民服务方面，苏北地区大学生村干部在走家串户调研摸底的基础上，找准便民服务的重点环节，适时推出"暖人心"工程，主要围绕事务代办、信息咨询服务和乡村基础设施修缮三个方向展开。一是事务代办。大学生村干部通过担任农村便民服务室代办员，帮助村民代办受理范围内的各类事项服务，如就业登记证、残疾人证、独生子女证等证照办理，以及物品邮寄、农村低保、医疗保险、新生儿户口的申请递交事宜，基本实现了村民足不出村就能享受到优质服务，此举受到村民们的一致好评。二是信息咨询服务。大学生村干部发挥自身优势，学习并分析领会国家强农惠农政策要旨以及每年中央一号文件最新精神，引导

---

① 李源潮. 到农村去拜人民为师，在广阔天地里锻炼成长[N]. 新华日报，2011-12-04.

村民朝着合适的种养殖致富方向发展；利用互联网络信息资源的全面、海量、动态性的特点，及时为村民提供市场信息咨询服务，帮助村民拓宽农产品销售渠道或寻找其他有用商机。三是乡村基础设施修缮。基础设施建设不仅关系到村容村貌的整洁与美化，也影响到广大村民生活质量的提升。目前苏北地区乡村一些道路存在雨天泥泞，村民出行不便问题；村民居住的房屋、庭院、厕所以及垃圾处理点建设缺乏科学规划，普遍存在脏、乱、差情形；电网、通信网络老化需要升级改造，需要通光纤、通宽带网络。大学生村干部结合国家乡村振兴战略试图在人居环境改善方面有所作为，弥补乡村基础设施短板，尽量缩小城乡之间鸿沟。

> "村里有条著名的'健康路'，由于年头太久，路基下陷，在两车会车的时候最容易发生危险。我了解情况以后，找到村干部商量着手修路的事宜，可是修路需要资金做保障，村干部有些犹豫。于是我主动请缨，挨家挨户地向村民讲明道路现状和修路的好处，结果村民很配合我的工作，大家集体出资，并动员了村中300多名劳力，终于把路基垫高，乡亲们出入这条道路变得安心，更方便了大伙进城销售农副产品。"（大学生村干部 MGY-XY-20110714-03，女，24岁）

以便民服务类型介入的大学生村干部将自身定位于服务者角色，要求把村民的安危冷暖放在心上，真诚倾听村民呼声，真情关心村民疾苦，为村民办好事、办实事。这种便民服务工作，不追求所谓的轰轰烈烈，但一定是踏踏实实，它融入村民生产生活情境里一件件具体的小事中。这种贴心服务有效拉近了外来大学生村干部与广大村民间的心理距离，增进了彼此之间的情感联系。《中共中央 国务院关于实施乡村振兴战略的意见》中就提出，把懂农业、爱农村、爱农民作为基本要求，加强"三农"工作干部队伍培养、配备、管理和使用。当然，今后需要改善的是，大学生村干部便民服务存在诸如服务活动缺乏长效持续性、便民服务手段缺乏专业技巧性等问题。为此，如何把便民服务的爱心持续接力，并与服务专业技巧运用结合成为大学生村干部职业发展需要重点解决的问题。

（四）文化提升类型

文化堕距（Culture Lag）理论指出，"由相互依赖的各部分所组成的文化在发生变迁时，各部分变迁的速度是不一致的，容易产生各部分之间的不平衡、差距和错位，由此造成社会问题。一般说来，物质文化的变迁速度要快于非物质文化"[1]。改革开放四十多年来，苏北地区经济建设取得了突飞猛进的发展，但存在婚丧陋习（高额彩礼、大操大办）、孝道式微、赌博屡禁不止等不良风气，基层文化建设较为滞后，面临活动经费短缺、文化队伍人才紧缺、农民精神文化生活匮乏等窘境。此外，调研发现，苏北地区农村最漂亮的建筑莫过于教堂，村民（多以老年和妇女为主）信教（基督教）已蔚然成风。在加强对农村基督教场所管理的同时，也潜在地向我们提出新形势下如何正确引领和提升村民精神世界的重要议题。

乡村振兴战略提出不仅要重视发展经济，也要关注文化保护传承，在让村民"富口袋"的同时，也要"富脑袋"。目前，国家正在努力完善城乡公共文化服务体系，优化城乡文化资源配置，推动基层文化惠民工程扩大覆盖面、增强时效性，健全支持开展群众性文化活动机制，达到培育文明乡风、建设守望相助的文明乡村目标。面对社会主义新农村文化建设大发展大繁荣的潮流，大学生村干部要争当农村先进文化的传播者，引领农村先进文化建设，"传播现代生活方式，转变农民卫生环境观念，引导群众移风易俗、破除迷信，为农民群众提供优质精神食粮"[2]。具体到苏北地区，大学生村干部进行了探索性的尝试。第一，建设文明乡风，夯实农村文化阵地。大学生村干部利用与企业、高校、社区的联系，开展图书募捐活动，筹集各类书籍充实乡村农家书屋，并担任农家书屋管理员，引导村民树立读书学习的良好习惯；以多种形式开展五好家庭、文明家庭、和谐村组、尊老爱幼户等评比评优活动，丰富群众文化活动载体，优化乡村文明风气建设；协助村干部积极申请上级政府资金支持，建立乡村文化娱乐活动中心，开辟乒乓球室、舞蹈室、健身房、计算机房等设施，方便村民闲暇时进行娱乐活动，充实村民的精神文化生活。第二，创新农村文化活动内容。其一，苏北地区农村大规模的文化活动主要以科普下乡、政府送戏送电影下乡为主，大学生村干部在这些活动中扮演组织协调者和活动策划者的角色，采取村民喜闻乐见的方式让村民接受教育，促进城乡公共文化服务融

---

[1] 郑杭生. 社会学概论新修 [M]. 北京：中国人民大学出版社，2005：68.
[2] 宣言. 为大学生村官播种文化叫好 [N]. 人民日报，2011-06-02.

合。让村民共享城乡优质文化资源。其二，善于挖掘农村传统文化和民间艺术资源，使现代文化与乡村民间传统相结合，培育具有地方特色的"新文化"，如根雕、剪纸等技艺的传承再生，丰富了村民的文化生活需要。其三，充分利用节假日、民间传统节日、农民丰收节和农村集市，开展健康文明向上的文化活动，如创办地方乡村戏台、开展特色民俗月等活动，提高村民参与活动的热情。通过深入宣传教育和群众节日民俗活动，加强文化引领，注重实践养成，逐渐把传统美德和现代文明观念转化为广大村民的行为习惯准则。

以文化提升类型为主要抓手的大学生村干部人数占比虽然不高，但是不能否认的是，文化提升类型代表着未来重要发展方向。《乡村振兴战略规划（2018—2022年）》提出要弘扬中华优秀传统文化，"立足乡村文明，吸取城市文明及外来文化优秀成果，在保护传承的基础上，创造性转化、创新性发展，不断赋予时代内涵、丰富表现形式，为增强文化自信提供优质载体"[①]。大学生村干部将自身定位在"引导者""宣传员"等角色上，在诸如现代生活方式传播、农村文化活动的丰富、乡村文化设施的打造以及非物质文化遗产保护等方面发挥积极作用。当然，在乡村文化振兴过程中，由于大学生村干部是外来者，存在对任职村落传统文化习俗了解不深，而上级政府缺乏对农村文化建设事业的资金持续投入的情况，这些都会极大地影响大学生村干部文化提升型工作路径的实施效果。

三、简要小结

在本节中，我们试就大学生村干部基层工作主要类型做了分析概括，归纳得出创业富民路径、社会治理路径、便民服务路径和文化提升路径四种形态，这四种类型的工作形态反映出大学生村干部岗位建功的侧重点有所差异。对于大学生村干部及其所处的外部基层环境而言，四种类型的工作形态均有其可取之处，它们是大学生村干部赢得村民信任的支撑点和锻炼实践能力的基准点，贴合了乡村基层的发展需要。

当然，也应看到，在实施过程中以上大学生村干部岗位建功类型会面

---

① 中共中央，国务院. 乡村振兴战略规划（2018—2022年）[EB/OL]. [2021-02-12]. http://www.gov.cn/xinwen/2018-09/26/content_5325534.htm.

临艰巨的挑战，要想青春建功，绝非一朝一夕，这需要我们不断完善大学生村干部培养帮扶机制，优化成长环境，为大学生村干部成长成才提供条件、搭建平台。"农村既是施展才华的舞台，又是砥砺人生的学校。'艰难困苦，玉汝于成'。大学生到农村去任职，可以直接了解社会的实际情况，亲身体验我国的国情，建立与人民群众的深厚感情，利用有知识、眼界宽、信息灵的优势为发展生产、致富农民、建设新农村服务。大学生当村官的经历和经验，将会成为有志成才者受益终生的精神财富。"[①] 习近平总书记2018年5月2日在北京大学师生座谈会上号召指出："广大青年应该在奋斗中释放青春激情、追逐青春理想，以青春之我、奋斗之我，为民族复兴铺路架桥，为祖国建设添砖加瓦。"[②] 我们有理由相信，在国家大学生村干部计划的顶层设计下，在地方政府积极探索和强力帮扶下，在大学生村干部自身不懈努力下，大学生村干部定会拥有美好的职业发展前程，实现"基层天地广阔，青年大有可为"的目标。

第二节　大学生村干部青年岗位建功的主要抓手

《乡村振兴战略规划（2018—2022年）》提出要强化乡村振兴人才支撑，实行更加积极、更加开放、更加有效的人才政策，推动乡村人才振兴，让各类人才在乡村大施所能、大展才华、大显身手。面对日趋庞大的大学生村干部人才队伍，如何确保他们在乡村基层"待得住""干得好""流得动"，形成一套行之有效的工作机制，需要我们找出切实可行的"突破口"。所谓"突破口"往往意味着所开的"口子"不大，但对大学生村干部计划全局具有重要价值和深远影响，且实施路径合乎当前社会主义新农村建设发展实际。基于这样的标准设计要求，我们的目光应由原先的宏观政策和制度规范视野迅速转移到大学生村干部成长成才的鲜活实践中寻找，创业富民映入公众的眼帘。

---

① 李源潮同志给大学生村官的回信［EB/OL］.［2021-02-12］. http：//daode.youth.cn/zhuanti/zyzzt/yw/200805/t20080507_701552.htm.

② 习近平.习近平在北京大学师生座谈会上的讲话［EB/OL］.［2021-02-12］. https：//www.ccps.gov.cn/xxsxk/zyls/201812/t20181216_125673.shtml.

一、创业富民的兴起

作为国家层面组织开展的选派项目,当大学生村干部下乡驻村之后,对于他们处在村干部岗位上该干些什么以及如何干好村干部本职工作,以及他们的未来职业发展走向如何,国家尚需进一步观察思考,迫切需要来自地方实践的处境化经验知识支撑。这种知识被美国人类学家詹姆斯·C. 斯科特(James C. Scott)称为"米提斯","在科学知识的霸权范围内,'米提斯'被贬低是由于它的发现是应用的、处于具体时间和背景之下的,不能被综合进科学交流的一般惯例中,而只有把握'米提斯'潜在的成就和范围才能真正欣赏它的价值"[①]。就形态而言,它通常是在当地社区反复进行实践探索,并被实践所检验、印证和改造的结晶产物。

就苏北地区而言,启动之后的大学生村干部工作需要逐步探索和规范,当 2007 年首批 1011 名大学生村干部满怀豪情地嵌入到农村基层后,由于缺乏明确的村干部岗位职位分析与职位描述,他们便陷入"无事可做"的尴尬境地,产生在"其位"不知何为"其政"的困惑。显然,大学生村干部基层履职服务迫切需要一个与"三农"工作密切相关同时又能大展身手的有形"抓手"。与基层大学生村干部的初始迷茫相比,地方政府运作的目标却较为明确,在经济增长至上的意识形态统摄下,经济建设成绩成为衡量地方政府作为的首要指标。为获得快速增长的经济指标,各地依靠政治压力和行政命令对整个体制进行动员,从而将指标和任务在官僚制的行政等级中层层下达,直至基层的乡镇一级,最终形成压力型体制[②]。这种体制要求下级组织和个人须在规定的时间内完成有关任务,并根据完成情况予以奖惩。首批大学生村干部任职的村均是苏北地区经济薄弱村,国家对农村扶贫开发工作有着详尽的规制,脱贫致富、摆脱落后局面是这些薄弱村面临的紧迫任务。在压力型体制之下,地方政府选择创业富民作为大学生村干部计划的重要突破口并非偶然。"目的性取向,面向未来和按照未来的前景行动,这是青年所固有的年龄特征,但打上了具体的社会文化历史环境

---

① [美] 詹姆斯·C. 斯科特. 国家的视角——那些试图改善人类状况的项目是如何失败的 [M]. 王晓毅,译. 北京:社会科学文献出版社,2004:444.

② 欧阳静. 压力型体制与乡镇的策略主义逻辑 [J]. 经济社会体制比较,2011(3):116-122.

的烙印。"① 在地方政府的积极助推、引领之下，2008年初开始，苏北地区宿迁、盐城等市开始进行试点，一年之后大学生"村官"创业富民狂潮席卷整个苏北地区。数据显示，仅2007年、2008年到村任职的2600多名大学生村干部中，已有1242人通过创办、领办、合办各类合作经济组织和经济实体982个，吸纳创业资金4.7亿元，提供就业岗位1.3万个。2009年，中组部、民政部、农业部、中国人民银行和共青团中央等联合下发《关于鼓励和支持大学生"村官"创业富民的通知》，力图从顶层努力推动大学生"村官"创业富民实践。截至2014年底，江苏省大学生村干部参与创业人数共有5690人，占到全省在岗大学生村干部人数的36.74%。

创业富民是一重要的突破口，它契合大学生村干部、广大村民以及当地政府的需要。第一，创业富民是大学生村干部能力提升以及融入乡村基层的有效途径。创业富民符合大学生村干部的内心需要，可以发挥他们有知识、有文化、眼界宽、信息灵的显著优势，推进成果转化，实施高效农业，对农民群众起示范带动作用；可以帮助大学生村干部更深入地接触农民、体验农村，在摸爬滚打中成长成才；可以促使大学生村干部克服临时思想和浮躁心理，坚定信心和理想，扎根农村，通过创业实绩赢得当地村民的接纳与支持。第二，创业富民是激发村民个体潜在能力、推动乡村发展进步的着力点。囿于生存伦理以及害怕挫折失败心理，部分农民不敢创业，他们更多的是观望；囿于缺少科学技术和实际经验，一些农民不会创业，小小的失误或某些失败使得一些农民重新退回原地。显然，农村要脱贫、实现良性发展，关键是要有能人带领广大村民创业致富。大学生村干部的基本素质和有利条件，决定了由他们带头创业、带领创业，加上地方政府部门的鼓励扶持，能够起到良好的示范和辐射作用，村民愿意跟进创业项目。第三，产业兴旺是当前乡村振兴的重点所在，地方政府需要深化乡村供给侧结构性改革，逐步构建现代农业生产经营体系，增强农业创新活力，大学生村干部创业富民是一个好契机，可以起到引领作用。

---

① 马赫利尔.青年问题和青年学［M］.陆象淦，译.北京：社会科学文献出版社，1987：142.

二、创业富民的表征

正确看待苏北地区大学生村干部创业富民的兴起,我们提出不仅要紧扣事件的起因和摸清所处的时代背景,还要静观其发展过程,梳理其表象特征,以便合理判断大学生村干部创业富民今后的发展走向。

(一)项目选择的本土化

项目选择是大学生村干部创业富民的关键,选准合适项目意味着创业成功了一半。与苏南地区不同,苏北地区农业经济优势相对突出,辖区所属县市业已形成自己的特色产业和主打品牌,如沭阳县的花木种植、盱眙县的龙虾养殖、邳州市的板材加工等。大学生村干部以乡村资源优势和独特的历史文化为基础,有序开发优势特色资源,依托这些特色经济发展优势,坚持因地制宜、因人制宜的基本原则,并与乡镇工业集中区、扶贫产业园和康居示范点规划有机结合起来,用足用活优惠政策,最大限度地整合外部资源,迅速融入当地农村旧有的产业链之中。在这样的背景下,大学生村干部创业富民项目的选择呈现明显的本土化特征,他们主动选择养殖业、种植业、农副产品加工业等与本地村民相一致或相近的项目,采取与当地农户结帮结对的方式,共同劳作,同时还聘请村组之中生活贫困的村民做帮工,在一定程度上带动村组当中贫困人口的脱贫。在创业初期,大学生村干部所选项目的准入门槛较低,基本都属于劳动密集型产业,受制于资金、技术、场地、市场销路等要素的限制,他们的创业活动规模较小,科技含量不高,创新性不足,属于尝试型的"小打小闹",但大学生村干部秉持创业实践理念,投入巨大精力。随着创业富民的深入开展,大学生村干部正加强与当地种养殖大户、民营企业家、技术专家和经济合作组织之间的合作,发挥各类创业群体的优势,壮大项目规模,提高创业水平。正如苏北地区盐城市委组织部负责同志指出的那样:"大学生村干部要通过创业进一步发挥自己的优势,赚到人生的第一桶金,关键还要进一步提升层次、打造品牌、增强能力,发挥示范作用,通过创业带动和带领广大群众脱贫致富,在事业的发展中、在农村广阔天地中实现自身人生价值。"[1]

---

[1] 宿组萱.乍暖还寒春意浓[N].宿迁日报,2009-02-20.

（二）创业模式的多样化

在竞争日趋激烈的市场经济时代，寻求合作、讲究团队意识已成为企业发展主流之势。大学生村干部下到陌生的农村基层，缺少创业资金和实用技术，创业富民项目运作往往依靠他们白手起家，挑战难度系数极大。在创业富民试点阶段，大学生村干部个体就近就地自发创业模式比较常见，但是创业结果多以失败或者勉强保本收尾。此后不久，大学生村干部创业逐渐走向联合共赢，由单兵作战向协同作战转变，村干部之间的抱团创业、村干部与其他村民之间的联合创业成为主要形式。从群体构成来看，大学生村干部有着共同的目标理想，相互之间可以优化组合、互利共生，根据各自不同的专业、经历和拥有资源共同创业，发挥取长补短、集思广益、资源集聚的作用。从空间距离来看，大学生村干部虽然工作要"下沉"到各自所在村组，但其吃住均安排在所在乡镇政府大院，空间距离上的临近加之每年新进大学生村干部的不断补充，客观上给大学生村干部集群和抱团创业提供了便利条件。

如果说大学生村干部之间的联合是基于同辈群体之间趣缘关系的话，那么，随着创业富民的推进，合作创业的主体关系扩展到地缘、业缘等多种关系的混合型，创业模式呈现多样化的特征。地缘关系是以地理位置或空间结构而形成的社会关系，如大学生村干部与当地农村种养殖大户的联合；业缘关系主要是以社会分工为基础而形成的社会关系，如大学生村干部与村"两委"干部的创业合作。地缘和业缘关系反映的是强强联合，它们的出现表明大学生村干部交往活动半径的扩大，已开始主动融入当地农村。在创业富民起步较早的苏北宿迁市，目前已经提炼出"大学生村干部＋大户＋基地＋贫困户"、"大学生村干部＋村支部书记"、"大学生村干部＋专业合作社"、大学生村干部抱团创业等多种模式。其中，"大学生村干部＋大户＋基地＋贫困户"模式最为普遍，大户投资、大学生村干部带动、贫困户进入基地务工挣工资，这种联手共创的创业模式有效实现了资源优势互补和风险共担。联合创业模式将资源利用率最大化，将经营风险最小化，这是一条容易迈向成功的创业之路，受到当地基层民众和政府相关人士的好评。

（三）创业时间的短期化

从时间角度来看，创业时间的短期化这里具有两层内涵。一是创业时间投入的短暂性。大学生村干部属于上级党委政府委派下来的"空降兵",是乡村社会的"嵌入者"。他们的服务期为三年,第一年基本属于环境适应阶段,重点是了解熟悉基层工作,学习相关实用技术;第二年是进入角色的干事创业阶段,帮助村民发展致富项目、领办合办农民专业合作社等;第三年便切换到流动转向阶段,所以真正用于创业富民实践上的时间并不是很长,这当中还要去除一些村务管理和业务学习培训方面的时间,毕竟大学生村干部还担负着村"两委"干部的助理工作。创业时间投入上的短暂性,一定程度上影响着创业富民的实施效果。二是项目持续时间的短暂。既然服务期为三年,那三年之后何去何从呢?显然,大学生村干部会面临重新选择定位的问题,目前国家明确后续出路共有五条:留村任职、考录公务员、自主创业、另行择业和学习深造。除了留村任职和自主创业之外,其余三条后续出路都会面临手头创业富民项目流转的问题。从调研情况来看,结果令人感到担忧,具有扎根基层、奉献农村建设志向的大学生村干部寥寥无几,绝大多数都打算报考公务员或者另行择业。这也意味着,大学生村干部服务期满后流失严重,众多创业富民典型项目不具有可持续性,在大学生村干部聘期结束时创业项目就可能终止,前期经过一番努力刚刚建立起来的、尚处发育阶段的富民产业就会重新归零。鉴于创业时间的短期化情形,如何来巩固已有创业富民实绩?调研发现,苏北地区正尝试采取以下措施。其一,对考取乡镇机关公务员的大学生村干部,给予其一段过渡期。过渡期间,大学生村干部通过转让股权、赠与等方式将手头创业项目有序转为当地村民的创业项目。其二,在大学生村干部创业富民的指导上,注重由鼓励扶持个体创业向引导集体示范基地创业转化、由带头创业向带头带动创业转化,以此达到大学生村干部创业富民项目的平稳过渡和接力发展。

(四)创业支持的常态化

社会支持理论认为,在个体与外部环境的互动过程中,个体所拥有的社会支持网络越强大,就能够越好地应对各种来自外部环境的挑战,更能实现对环境的融入。由高校校园转向农村田间地头,由高校毕业生变为基层村干部角色,大学生村干部经历了空间地理位置和社会层面的生硬"移位",面临着心态调适、工作适应以及困难应对等难关,创业富民行为急需来自外界特别是当地政府部门的鼎力支持。"无论是在国家的、地区的抑或地方的层面,政府都是一个重要的力量,可以推动农村的良性发展,支持民众维持可持续生计。"① 苏北地区大学生村干部创业富民实践表明,当地政府部门高度重视大学生村干部的帮扶工作,并不遗余力地创造各种条件施以援手。

1. "土政策"的出台

"土政策"是地方或组织根据上级的方针性政策或根据自己的需要,结合本地区和组织的实际状况和利益而制定的一套灵活、可变、可操作的社会资源的再控制与再分配准则,而这套准则对其他地方和组织没有效果。② 在苏北地区诸县市,伴随大学生村干部创业富民的探索实践,有关创业富民的"土政策"及时出台,如《关于鼓励和支持大学生"村官"创业富民的实施意见》《大学生"村官"创业富民引导资金管理办法》《大学生"村官"创业富民考核办法》等,给那些有志于创业的大学生村干部吃了"定心丸"。

2. 整合型的支持体系

苏北地区针对大学生村干部创业的支持力度很大,业已形成包括资金、技术、场地、项目、奖励等要素在内的一揽子计划,全方位的"包裹式"服务体系增强了大学生村干部创业富民的勇气和信心。例如,苏北地区SH县采取四个"帮助"来引导和扶持大学生村干部创业。①帮助解决创业资金难题。对大学生村干部创业因资金不足而需要贷款的,由县农业银行和扶贫办统筹安排。②帮助选准创业项目。引导大学生村干部围绕自身的专业优势、任职村的区位和产业优势以及市场需求选取项目。③帮助聘请创业导师。由高校科研院所专家教授、县乡农林科技部门专业技术人员以及具有丰富实践经验的种养殖能手组成的导师团队,为大学生村干部创业进行项目论证、指导。④帮助引导创业模式。鼓励联合创业,通过股份制合作、公司化经营,让大学生村干部能够以小资金创办大项目,降低生产成本,提高抵抗市场风险的能力。总之,通过优化环境,让基层大学生村干

---

① 安东尼·哈尔,詹姆斯·梅志里. 发展型社会政策 [M]. 罗敏,范酉庆,等译. 北京:社会科学文献出版社,2006:145.

② 翟学伟. "土政策"的功能分析——从普遍主义到特殊主义 [J]. 社会学研究,1997(3):90-97.

部想创业；通过提升本领，让基层大学生村干部会创业；通过加大扶持，让基层大学生村干部创成业。苏北地区 BH 县针对具有创业意愿的大学生村干部，提供项目开发、方案设计、风险评估、专业技术培训、融资服务、跟踪扶持等"一条龙"创业服务。LS 县推行大学生村干部科技服务工程实施方案，聘请大学生村干部为"特别科技助理"，由科技主管部门结对帮带、提供科技服务，让大学生村干部参与各类新品种、新技术的推广，产学研活动的联络和科技项目的组织，并安排县人大代表（创业成功人士）与大学生村干部牵手，进一步落实好即将上马的创业项目。可以说，创业支持的常态化有力推动了苏北地区大学生村干部创业富民实践进程。

总体而言，苏北地区大学生村干部创业富民工程是一大特色和亮点，它不仅为基层大学生村干部岗位建功提供了有利抓手，也为大学生村干部计划的基层深入展开积累了宝贵经验，对高校毕业生青年与乡村基层之间的发展平台构建贡献了思路，有利于促进乡村的产业兴旺和村民的脱贫致富，有利于大学生村干部发挥积极性，在创业富民平台上经风雨、增智慧、长才干。有关大学生村干部创业富民工程的地方经验和优化建议，值得进一步总结提炼。

第三节 制约大学生村干部青年岗位建功主要抓手的主客观因素

大学生村干部是我国"三农"工作队伍的新生力量，政府需要充分引导和发挥其优势，与乡镇基层干群一起促进"三农"问题的逐步解决。当前，苏北地区将创业富民作为大学生村干部岗位建功的主要抓手，积极营造良好的社会氛围，这与国家提倡的"大众创业、万众创新"精神是一致的。那么，在实践过程中制约大学生村干部创业富民的因素有哪些？这是一个亟须弄清楚的问题。

一、村干部聘任期限时间长短

创业富民是当前大学生村干部岗位建功的主要"抓手"和重要路径，

中共中央组织部等部门联合下发的《关于建立选聘高校毕业生到村任职工作长效机制的意见》已明确提出,"乡村党组织要给大学生村干部压担子、交任务,帮助确定合适的项目和任务,鼓励大学生村干部在农村创业,并通过适当政策倾斜和市场机制办法,为他们提供支持,使他们更好地运用所学知识为发展农村经济、改变农村面貌多做工作、多办实事,使他们在具体实践中经受锻炼、干事创业"。然而,创业富民并不是想当然地当个老板那样简单,漫长的创业之路充满荆棘和坎坷,需要坚忍的耐力和无畏的勇气,只有坚持不懈的人士才能取得成功。从大学生村干部在村工作服务期限来看,通常为一个聘期三年服务时间,三年时间对于创业富民工程来说无疑是短暂的。我们稍微计算一下,在开始的"下得去"阶段,大学生村干部会经历空间地理位置和社会层面的生硬"移位",面临心态调适、工作转换以及困难应对等诸多难关,这往往会耗掉他们半年左右的调整适应时间。在任职期满末端的"流得动"阶段,大学生村干部必须重新考虑自己的未来发展去向,如何在现有出路中做出理性抉择,恐怕需要大学生村干部综合自身、上级领导以及家属的意见,从而做出慎重的决定并付诸实践,这又会占去大学生村干部半年左右的时间,故掐去开头和结尾剩余下来的可用于创业富民活动的时间只有两年。此外,大学生村干部还担负着村党支部副书记或者村委会主任助理角色,两年时间自然还要减去一些业务培训和村务管理时间。这意味着大学生村干部须在有限的时间兼职从事具有一定运转周期的创业富民实践,履职与创业富民两者之间毫无疑问会产生矛盾冲突,投入时间的短暂性势必影响创业富民实践效果。有学者就此曾建议,大学生村干部独资或作为主要投资人,创办对农村经济发展和农民群众致富有较强带动效应的创业项目,在任期内允许占用一半工作时间用于创业,其他类型创业的大学生村干部允许占用三分之一以内工作时间用于创业,以满足大学生村干部创业的时间所需。[1]

在集体座谈中,当地政府部门负责人认为,大学生村干部任期时间的短暂性还会致使创业富民项目"昙花一现"。目前,大学生村干部后续出路有留村任职、考录公务员、自主创业、另行择业和学习深造五条。除了留

---

[1] 谢志远,邵阳,李上献,等. 大学生"村官"创业存在的问题与对策[J]. 教育发展研究, 2010 (19): 47-49.

村任职和自主创业之外,其余三条后续出路都会面临手头创业富民项目流转的问题。虽然国家鼓励优秀大学生村干部长期在农村基层干部岗位上建功立业,并规定留任村党支部书记和村委会主任的,仍然纳入大学生村干部名额,可以继续享受大学生村干部工作和生活补贴。但是,真正具有扎根基层、长期奉献农村建设意愿的大学生村干部寥寥无几,绝大多数都打算改行走公务员或者另行择业的道路,这就会产生创业富民项目萎缩或者无人接棒的困境,项目归属面临不知何去何从的情况。如前所述,苏北地区正尝试采取一些补救措施,一是对考取乡镇公务员的大学生村干部给予其一段过渡期。过渡期间,采取转让方式让大学生村干部有序地将手头创业项目转变为当地村民的创业项目。二是在大学生村干部创业指导工作上,由鼓励扶持个体创业向引导集体示范基地创业转化,由带头创业向带头带动创业转化,力图实现大学生村干部创业富民项目的平稳过渡和壮大发展。显然,创业富民工程乃至面上岗位建功的存续与发展,与大学生村干部主体的任职时间长短有密切关联。

二、项目空间分布与创业富民

为了加强苏北地区乡村基层组织建设,加快农村扶贫富民的步伐。早在 2007 年 5 月,江苏省委省政府就正式开始实施"1011 工程",即按照一个经济薄弱村选配一名大学生村干部的标准,选拔 1011 名大学毕业生到苏北地区 1011 个经济薄弱村任职工作。2007 年之后,大学生村干部计划正式成为国家人才战略工程,苏北地区大学生村干部每年的选聘人数又有了数量上的明显增加,由 2008 年的 1670 人增至 2011 年的 2328 人。目前,苏北地区现有大学生村干部人数总量离江苏省委省政府提出的"一村一社区一大学生村干部"的目标尚有一定的距离。在村庄分布上,数量匹配上的差距使得大学生村干部像插花式地嵌入各个乡镇村组,虽然他们吃住统一安排在乡镇政府大院,但其工作重心和创业富民活动均要求下沉到各自所在村组。与插花式的分散安排相对应的是,大学生村干部的创业富民项目在空间集聚形态上往往是零星而离散的。大学生村干部不属于本地村民,他们于是上级政府部门委派下来的"空降兵""外来客"。由于先前在乡村并没有固定的房舍和耕地农田,他们的创业活动往往是白手起家,起步非常艰难。在上级政府部门的关心与扶持下,他们才得以利用村委会提供的一些便利条件,如借助村委会办公房旁边的附属闲置房舍进行家禽的养殖;利用村委会预留的有限土地建蔬菜大棚、种植花卉果木等。但是这些房舍与土地均不是理想的创业之所,村委会办公用房出于召集村组干部和村民开会的需要,一般坐落于乡村要道的交叉路口,周边环境较为嘈杂,所属的闲置房舍多数设施简陋、年久失修。而预备土地基本是当地村民不要的剩地,较为贫瘠,耕种条件颇差,多数是些边角地块,位于沟渠、河流或者林地附近,离现有固定居民点距离甚远。对于大学生村干部而言,如果不利用这些闲置资源,那就只能去租房舍或者流转土地,创业项目的经济成本会大大提高,这远非刚刚踏入社会的大学生村干部所能承受,故绝大多数大学生村干部创业伊始只能是勉强将就、凑合着办。

在与当地大学生村干部的座谈中,一些大学生村干部坦诚直言,在目前现有情境下起步创业,往往会对创业富民工程带来不利影响。一是不利于大学生村干部间的抱团创业以及与其他农户间的联合创业。抱团创业、联合创业能够起到资源优势互补、风险共担的作用,它是农村创业发展的潮流趋势,但是现有大学生村干部创业的场地与村民的住所田地并不相连,显得比较孤立;再加上创业场地规模极其有限,难以满足抱团创业或者联合创业的空间要求。二是不利于集中展示大学生村干部创业富民的实践成果。大学生村干部创业的场地不合规范,加上大学生村干部并非土生土长的本地人,其创业项目容易受到当地村民的忽视。零星而离散的创业富民项目即使有部分获得成功,也并不能从空间上产生巨大震撼效果,由此产生的示范带动效应不太显著。基于此,我们提出,合并创业"同类项",精心设计众创空间,组建大学生村干部创业园或者创业孵化基地,以此作为大学生村干部创业的大本营,引导大学生村干部在园区内组团创业,采取大学生村干部+专业合作社+农户、大户+基地+大学生村干部+贫困户、大学生村干部+村组干部、大学生村干部+企业、大学生村干部+返乡农民工、大学生村干部+大学生村干部等多样的创业组织方式。大学生村干部创业富民平台的构建能集合大学生村干部群体之力,真实、有力地展现大学生村干部的聪明智慧和项目发展美好前景,进而引导和带动广大村民创业致富。

三、创业层次设定

"全面达小康、建设新江苏"的重点和难点均在农村,特别是苏北地区的经济薄弱村,是当前最需要加强的一块"短板"。结合大学生村干部计划战略工程,苏北地区地方政府通过"选、配、育、扶"等措施,努力筛选、培育带头致富和带领群众致富能力强的大学生村干部,要求他们"不仅做给村民看,更要带动村民干,帮助村民富"。我们通过实地走访发现,出于投资成本、项目可行性、专业背景等多种因素的现实考虑,大学生村干部创业富民项目的选择呈现明显的本地化特点,他们会主动选择种植业、养殖业、加工业[①]等与本地村民一致或相近的传统优势项目,与当地农户结帮结对,共同劳作、互相支持,同时还聘请村中生活贫困的人员做帮工。就规模而言,大学生村干部创业活动规模都比较小,属于"小打小闹",但在政府优惠政策引导下,大学生村干部一哄而上,难免会有"捡到筐里都是菜"之嫌。从性质来看,这些创业项目多属于劳动密集型产业,具有短、平、快的特点,科技含量比较低,应对外界风险的能力偏弱。总体而言,大学生村干部创业尚属于生存阶段,主要借助产品、渠道优势来获得生存空间。只要有"点子"、肯努力、会销售,就可以获得相应的机会。从结果而言,现有创业项目做成容易、做大做强困难。当农产品供给增加到一定数量,就会出现因缺乏足够市场导致的产品滞销,此时创业需要从产品导向转变到市场导向,以销定产。事实上,在一定时期内苏北地区及其周边地域对于同质性较强的农产品需求是稳定的,不可能出现大幅度的猛增。故要将创业项目做大做强,大学生村干部必须解决市场规模问题。我们认为,创业层次设定的低级决定了创业项目带动能力不强,向外辐射或者扩散效应较小,导致富民成效并不显著。

从苏北地区城市化发展战略来看,需要进一步增强苏北地区城市内在发展活力,实现生产要素的合理流动、有效集聚,组建经济联系紧密的行政区域中心。例如,在做大做强徐州都市圈的同时,对苏北地区具有一定经济实力、经济条件较好的中心县城加大培育力度,扶持其发展为中等规

[①] 客观评判,乡村地方的种植业、养殖业等并不是大学生村干部的强项,相对而言,农副产品加工业可能更为适合大学生村干部。

模的城市，使苏北经济从"小马拉大车"转变为"群马拉车"。大学生村干部创业富民项目虽与苏北地区农村发展实际贴合紧密，但创业层次设定偏低，明显适应不了城市化发展战略的客观要求，与乡村振兴中的产业兴旺要求不太符合。我们认为，今后在对大学生村干部的创业项目指导上要引导其尽量摆脱简单的"种与养"，创业富民的触角要向加工制造项目、产业附加值高的新兴项目、有一定规模和科技含量的项目延伸，由增产导向转向提质创优导向，而且好的创业项目不一定局限在农村，可以搬进县乡的工业园区和人口集中区。正如苏北盐城市委组织部负责同志指出的那样："大学生村干部要通过创业进一步发挥自己的优势，赚到人生的第一桶金，关键还要进一步提升层次、打造品牌、增强能力，发挥示范作用，通过创业带动和带领广大群众脱贫致富，在事业的发展中、在农村广阔天地中实现自身人生价值。"① 作为政府推进的创业富民工程，当地政府应结合城市化发展战略要求，对大学生村干部的创业富民进行科学合理的规划，要在创业层次和创业项目选择上进行规划布局，考虑创业项目未来的发展前景，尽可能拉长创业项目的产业链，形成一个接力棒式的创业集群，构建现代农业生产经营体系，做实基层岗位建功的平台建设。

四、社会舆论宣传

社会舆论宣传对大学生村干部创业富民起到推波助澜的作用。面对大学生村干部创业富民为民新景象，新闻传媒保持高度关注，借助报纸、电视、网络等多种方式广泛加以宣传鼓劲。在所收集的文献资料中，官方主流报刊媒介对各种关于大学生村干部先进人物典型以及创业富民优秀事迹的报道频频出现，如《用汗水浇铸辉煌——记江苏省泗洪县大学生"村官"封其兵》《一片冰心在玉壶——记江苏省涟水县十佳大学生"村官"嵇芳》《江苏宿豫区大学生"村官"创业富民竞风流》《青春，在创业路上闪光——淮阴区吴集镇兴和村大学生"村官"万海亮的创业故事》等。在电视荧屏上，第一部全面系统反映江苏大学生村干部工作的电视连续剧《潮人》（2011年）业已开播，该剧讲述大学生村干部的工作、创业和情感故事，艺术地展现"80后"年轻人的命运和情怀。在网络新兴媒体上，则积

---

① 宿组宣. 乍暖还寒春意浓 [N]. 宿迁日报，2009-02-20.

极开展以树立大学生村干部先进典型、展现大学生村干部精神风貌为主题的"十佳大学生村干部"和大学生村干部创业富民先进个人网络评选活动,希望借助典型的激励和带动,引导大学生村干部热爱农村,矢志创业。上述社会舆论宣传呈现出三个特点。① 宣传的对象是优秀大学生村干部。与众多平凡大学生村干部相比,他们是少数杰出代表,是个别与一般的关系,媒体的典型报道使得优秀大学生村干部脱颖而出。② 讲述的内容是成功故事或者案例,即如何在广阔的农村舞台上大展身手、事业有成的叙事类型,而隐去诸多经历失败和挫折的人物故事特写。③ 宣传的目的是树立典型、建立学习的模板,但该典型模板的塑造带有整齐划一格式的蕴涵,忽略了个体之间、环境之间的差异。[①] 总体而言,现实社会舆论宣传缺少问题视角,缺少对现实的直面反思和深度报道;宣传内容相对单一,存在美化倾向。

肯定性、拔高性的宣传塑造无疑提高了社会公众对大学生村干部的期望值,那就是下乡大学生村干部胜人一筹,即使将他们放在陌生农村基层干事创业,他们也是成功典范、学习楷模,这无疑给众多大学生村干部创业富民及其日常工作带来巨大压力。心理学常识告诉我们,压力保持在一定的范围之内,对个体来讲是有积极意义的,它有助于个体将压力转换为动力,推动个体努力前行。若压力过大,容易致使个体心态失衡,压力会成为束缚个体的思想包袱,在现实面前个体会瞻前顾后、犹豫不决,担心一旦行动失败,会给个体带来种种不利,因此压力过大会影响个体自身水平的正常发挥。而创业富民本身就是一个极具挑战性的活动,讲究天时、地利、人和,失败的结果极为正常,特别是大学生村干部首次创业之时,免不了有一个探索、实践的过程,初次创业失败率会比较高。如果再背负重压进行创业富民,那结局可想而知。从苏北地区大学生村干部的调研来看,多数大学生村干部提出希望媒体降低大学生村干部题材报道的强度,不要过度拔高大学生村干部的能力,降低社会公众对大学生村干部的期望值,进而能让他们轻装上阵,在创业富民舞台上施展才华。因此,在创业富民过程中,社会舆论宣传要具有适度性,要在全社会营造鼓励创业、支

[①] 张静茹. 媒体传播中的"大学生村官"探析[J]. 中国报业, 2011 (14): 63-64.

持干事和允许失误、宽容失败的良好氛围，对大学生村干部创业富民，特别是在他们面临失误时，更要多鼓励、多帮扶，以平常心态对待创业富民过程中的成功与挫折，呵护他们的创业热情，保护他们的创业积极性。当然，在树立大学生村干部典型、讲好优秀大学生村干部故事的同时，也应当对其他普通大学生村干部予以关注和鼓励，帮助他们共同成长进步。

五、大学生村干部主观因素

在影响大学生村干部创业富民的因素当中，当然也包含着大学生村干部自身素质，这是一个无法忽略的重要因素。

第一，基层大学生村干部创业动机有待进一步端正。目前，苏北地区政府部门鼓励基层大学生村干部创业，有的还将大学生村干部的创业富民成效纳入年终考核体系，该做法在很大程度上调动了大学生村干部的积极性，但也会造成一些不具备创业能力与创业意愿的大学生村干部被动创业。此外，基层履职过程中大学生村干部之间存在竞争，一旦身边有大学生村干部创业得到政府肯定和支持，其他人也会不甘落后，认为如果自己不创业就会落后于人，自己会处于不利的竞争位置。

第二，创业知识技能储备亟待提升。创业具有极强的挑战和风险，其实并不适合每一个人，它需要个体具有经济头脑，富有敏锐的市场洞察力、扎实的产业营销知识和持之以恒的服务精神等，有着较高的综合素质与创新要求。大学生村干部创业热情固然可嘉，但他们多数不了解相关政策法规，没有可靠的实践经验，缺乏经营的知识技能和准备，往往在创业计划落地之时，才发现自己不具备解决问题的能力。这些需要地方基层加强针对大学生村干部创新创业能力的培养，如可以聘任大学生村干部为地方科技主管部门的特别科技助理，引导其参与各项科技活动。

第三，创业项目定位有待调整校正。一些大学生村干部初始创业存在好高骛远、过于理想化的情形。他们不太了解市场行情，仅凭自己的兴趣和想象，甚至是一时的心血来潮就决定干哪一行。在创业项目运作时，不做必要的市场调研，错估创业团队的执行能力，不考虑自身的承受力，只考虑项目是否热点、赚钱多少，想当然的按照自己所谓的规划盲目向前冲，完全没有做好失败的心理准备。

以上这些大学生村干部主观因素，会大大影响创业富民工程效果与质量，需要地方基层特别是科技主管部门尽早给大学生村干部警醒、点拨，强化与他们的结对帮带机制作用发挥，以便大学生村干部创业富民目标的早日实现。

六、简要小结

对于正在实施的大学生村干部计划而言，基层吸纳人才源自需要，而基层锻炼人才才是基础。创业富民"抓手"是基层一项极为艰巨的系统工程，各种影响因素交织缠绕在一起。鉴于苏北地区大学生村干部创业富民业已形成星火燎原之势，这需要我们迅速将目光由创业宣传发动转向创业质量提升与内涵建设。具体来讲，一是提升创业层次和创业质量。与基层组织接班人和广大群众贴心人的培养思路不同，创业富民着重把大学生村干部作为创业富民领路人培养，要借助于创业平台促使大学生村干部会创业、创成业、创大业，不断提高他们的能力水平和工作成就感。二是强化富民效应。大学生村干部身份带有社会公共性质，创业的背后肩负着富民一方的使命与责任，这意味着大学生村干部创业的着眼点和落脚点应放在促进村民的增收致富上，要通过创业带动村民致富，回馈社会和组织。三是加强针对创业的理性思考。辩证看待"人人都创业"的现象，重点鼓励有条件、有能力的大学生村干部上项目、搞创业，地方政府要做到对大学生村干部关爱而不溺爱、扶持而不"拔苗助长"，着重充当引导者、服务者角色，创造有利条件，放手让大学生村干部去干。四是提升大学生村干部的创业能力和综合素质。创业有一起始过程，基层大学生村干部由简单的市场做起，积累经验和人脉，了解和吸收相关政策法规、创业致富讯息，不断完善自身知识结构，提升处理复杂问题和矛盾的能力，培养自己的动手能力、耐挫能力、组织管理能力和人际交往能力；重视调动周边村民的参与积极性，充分利用外部资源，发掘创业团队的执行力与协作力，将创业真正统一到创业富民的目标上来。

实现上述目标和转变，需要在国家层面建立齐抓共管制度，加强部门统筹协调，明确部门职责分工，落实部门管理责任，挖掘和调动一切可以运用的社会资源，形成推动大学生村干部创业富民工程持续发展的强大合力，助推乡村的发展振兴。

第四节　大学生村干部青年岗位建功主要抓手的制度规引

苏北地区大学生村干部创业富民实践是基于具体时间和特定地域背景之下，显然具有应用性上的个体特点，但它不应该被贬低或者受到忽略，相反理应经过总结提炼成为大学生村干部创业富民工程制度设计的经验材料，以便国家从宏观层面对岗位建功框架做出指导性的安排，有效解决广大高校毕业生在乡村基层的发展平台问题。

一、创业富民制度安排的紧迫性

前面讲过，大学生村干部创业富民契合了大学生村干部、广大村民以及当地政府的需要，但其价值意义远不止于此。众所周知，大学生村干部计划是党和国家做出的一项重大战略决策，其重要意图在于培养熟悉农村基层的骨干建设力量和党政干部后备人才，改善农村基层干部队伍原有结构，增强基层组织的生机与活力。当大学生村干部计划宗旨理念确立之后，接下来便是实践完善，在实践中努力建立一套长效工作机制，如中共中央组织部等部门指出的那样："要给大学生村干部压担子、交任务，引导他们在带头创业、科技兴农、做好群众工作上下功夫，在实践中提高能力。"从组织培养的角度来看，分类培养是达到促进大学生村干部成长成才的有效手段。根据大学生村干部个体特点和发展旨趣，分别从领导能力、创业富民和社会服务方面，实施目标明确、措施得力的分类培训与管理，着力把大学生村干部培养成基层组织接班人、创业富民领路人和广大群众贴心人。毋庸置疑，苏北地区兴起的大学生村干部创业富民着重于创业富民领路人的培养，促使大学生村干部能创业、创大业、带领广大村民共同致富。它不仅可以成为大学生村干部工作的重要"抓手"，也应该成为大学生村干部计划战略工程的重要培养取向，故国家有必要在宏观层面及时做出制度安排，形成互促效应，进一步推动大学生村干部创业富民实践向纵深发展。

二、创业富民制度安排需要考虑的重要问题

由大学生村干部创业富民的兴起及其表征，可以看出当前大学生村干

部创业富民工程正处于成长的关键时期，它面临着由项目数量推进向质量提升与内涵建设的转型，如何将大学生村干部创业富民项目做大、做强、做久，使富民效应彰显更为充分、有力，需要国家在创业富民制度安排上做出考虑和改变。我们认为，在吸纳地方政府已有"土政策"合理内容的基础上，创业富民制度安排尚需考虑以下重要问题。

（一）主体能动与外部支持的关系

行动主体通常具有主动性和被动性之分，即一种是具有主观能动性的行动者，另一种则是受外界左右、无能为力的受动者。在大学生村干部创业富民制度安排上应明确大学生村干部的主体能动地位，以及鼓励外部支持因素加以辅助的内容。大学生村干部是创业富民的主体核心，在外部强力支持的社会背景下，进一步调动和发挥大学生村干部本人的积极性、主体性，形成良性互促机制甚为关键，要避免外部支持关爱过度，替大学生村干部包揽和包办一切经营事务，进而抑制大学生村干部创业富民的主体能动性。同时，外部支持特别是政府的支持要尊重市场经济规律，强化市场意识，按市场规律办事，实现政府推动与市场带动的有机结合，营造良好环境，以便让大学生村干部在创业舞台上经风雨、增阅历、长才干。

（二）创业富民平台建设

大学生村干部创业更多的是一种示范性创业或者表意性创业，目的是起到带头示范、引领村民发家致富的作用，故在制度安排上要加强创业富民有形平台建设。一方面，创业富民平台能集合基层大学生村干部团队之力，真实、生动地展现大学生村干部的聪明智慧，能激励和提升大学生村干部的创业信心和自豪感，产生创业富民的持久动力。另一方面，创业富民平台能客观、有力地展现创业项目成效和美好发展前景，进而有效引导和带动广大村民创业致富。调查发现，符合现代经营要求的创业园或者创业孵化基地是当前大学生村干部创业富民平台建设的理想载体，这需要地方政府进行规划引领和协调，优化乡村基层创新创业环境，打造具有特色的大学生村干部创业富民基地。

（三）创业富民的效应凸显

大学生村干部岗位是由政府统一组织选聘，由公共财政负担的专项事业岗位，这就明确了该类岗位的公共服务职能。创业富民正是这种公共服务职能指引下的产物，创业的背后含有富民一方的使命与责任。换句话说，大学生村干部创业的长远着眼点应放在促进村民增收致富上，要让村民从创业项目当中受益。由此，创业实践与富民成效之间应保持协调与同步性。在大学生村干部创业富民制度安排上应明确显现富民一方的使命要求，通过设置一些硬性指标加以引导，如将创业发展与带动乡村一定数量贫困人口脱贫致富的达标要求相结合。

（四）村干部后续出路问题

大学生村干部基层履职是有任期规定的，任期期限影响着大学生村干部创业富民的可持续性，故国家在大学生村干部计划的制度设计上应该主动出击、统筹谋划，通过科学的考核筛选机制，鼓励支持优秀大学生村干部扎根基层、干事创业，并给予其明确的身份属性以及任期期满之后的后续优惠政策扶持，避免在大学生村干部期满后的出路问题上持"大浪淘沙"的被动等待心态，给大学生村干部创业富民带来负面影响。例如，规定任满1个聘期、考核良好以上的大学生村干部可继续留任，保留原有大学生村干部生活补贴待遇，同时可享受同级村干部补贴；连续任满2个聘期，考核称职以上，可直接纳入乡镇事业单位编制，但根据工作需要可继续留村工作。

（五）创业富民项目与其他项目举措的结合

乡村脱贫攻坚是一项复杂而艰巨的任务，仅靠大学生村干部创业富民并不能立竿见影，故在制度安排上应考虑将创业富民工程与其他扶智、扶志项目举措有机结合，产生聚合效应。以苏北地区经济薄弱村为例，江苏采取整体推进的财政扶贫计划，派遣扶贫工作队驻村展开菜单式扶贫，根据当地村民的意愿和需求，有针对性地确定以改善生产生活条件为主的帮扶项目，推动乡村产业发展和贫困农户增收。各类涉农资金和农村道路通达、环境整治、文化建设等实事项目陆续安排到村。显然，大学生村干部创业富民完全可以与政府已有扶贫计划的项目举措结合起来，合理引导工商资本下乡，推动乡村"大众创业、万众创新"，提升乡村脱贫攻坚效果。

（六）创业富民项目内涵的拓宽

面对大学生村干部创业富民热潮，应该及时拓宽创业富民项目内涵。考虑到背后的社会责任因素，大学生村干部的创业项目不仅要包括从事的经济活动，还应包括创办社会事业。根据大学生村干部自身的不同情况和当地基层村民的实际需要，因人制宜、因地制宜，将创办经济实体与兴办社会事业统一起来，切实发挥每个大学生村干部作的用，做好基层民生工程建设，大力提升村民生活水平。

如前所述，中组部在2009年联合民政部、农业部、中国人民银行共青团中央下发《关于鼓励和支持大学生"村官"创业富民的通知》，后来各个省市地方也陆续出台了本地的鼓励大学生村干部创业富民的实施办法，如江苏省委组织部推出的《关于鼓励和支持大学生"村官"创业富民的实施意见》、安徽省委组织部印发的《关于实施大学生"村官"创业兴皖富民行动的意见》等。经过大学生村干部创业富民的地方实践，有必要将这些通知或者意见在顶层设计层面形成正式制度，整体性思维的制度安排有助于进一步引领和助推大学生村干部创业富民工程，助推大学生村干部基层职业发展。

第五节 大学生村干部青年乡村融入基本现状与相关建议

在基层履职上，岗位建功确保大学生村干部"有事能做""把事做好"，从中他们经受艰苦磨砺，锻炼了意志品质，提升了工作能力，逐渐融入乡村基层之中，带动乡村政治生态、生活形态、经济面貌的一些改变。正如学者所言，后农业税时代的大学生村干部已经崛起成为一股举足轻重的乡村治理力量，从产生程序和实践效果看，大学生村干部是"空降"或者"介入"到村庄中去的，大学生村干部制度的施行正在改变传统乡村治理的结构和运行逻辑，推动中国的乡村治理从"硬治理"向"软治理"转型。①

一、乡村融入的基本现状

学术界有种观点认为，乡村事务繁杂琐碎，具有季节性、临时性、应急性等显著特点，它需要一个熟悉本地村情、民性的、不脱产的基层组织

---

① 钱德洲，刘祖云. 从"嵌入"到"融合"：大学生村官制度的弱化与优化 [J]. 江苏社会科学，2018（4）：107.

体系来应对。大学生村干部是外来新生力量，空间位置的错配使其在农村基层秩序维护过程中发挥的作用十分有限。但事实上，大学生村干部下乡任职担任的是村"两委"干部助理，并不会破坏乡村原有社会秩序，相反，他们在基层经历体验中构建自己"有用"的信息和技巧，对知识赋予重要的意义，能够在农村发展过程中展现其应有价值，发挥"鲶鱼效应"。集体访谈过程中，政府部门负责人坦承，大学生村干部计划是国家交付的一项政治任务，需要地方精心组织、合力推进，取得"下得去""待得住""干得好""流得动"等关键环节的突破。令人欣慰的是，大学生村干部通过岗位履职来实现的基层融入已经初见成效，用地方媒体的话语就是"小荷已露尖尖角"，有的已经作为基层组织的人大代表进入国家的政治生活，基本避免了外来青年在乡村基层陷入边缘化位置的尴尬处境。

"目前，我县大学生村干部工作发展态势良好，大学生村干部中已有13人当选村'两委'正职，5人被选拔为副乡镇长，6人被提拔为乡镇中层干部，15人考取机关公务员，先后有10人进入县直事业单位，并建起15个大学生村干部创业园、22个农民专业合作组织。"（县人力资源与社会保障局负责人FY-SY-01，男）

"全县109名大学生村干部中，共有8名同志走上村支部书记岗位，5名同志当选县乡人大代表，30名同志受到市县表彰。创业富民方面，21名大学生村干部共获得创业资金200万元，实施创业项目46个，建立各类基地15个，成立专业合作社20个，带动1000个贫困户实施脱贫攻坚工程。"（县大学生村干部管理办公室负责人WJX-BH-07，女）

"在2012年地方党委换届和党的十八大代表选举中，全国共计有37位大学生村干部当选省级党代会代表，4位大学生村干部当选党的十八大代表。大学生村干部已经成为一个响亮的品牌，其身份被正式认可，它影响和带动着越来越多的大学毕业生自愿到基层艰苦环境中经受考验。"（根据有关文献资料整理而成）

以上个案体现出大学生村干部岗位履职的成效，融入乡村基层的格局正在形成，主要包括以下两个方面。一是新型乡村治理群体的出现。经过成长历练，大学生村干部逐渐在基层站稳脚跟，一些村干部由原先助理一职升为村"两委"正职，部分村干部甚至被选拔为乡镇干部，带动了基层干部队伍的知识化、专业化、年轻化,优化了村级干部队伍结构,对农村政治生态和生活形态产生影响。二是创业富民效应的涌现。脱贫致富、摆脱落后局面是当前苏北农村面临的紧迫任务。资料数据显示,大学生村干部自主创业率现已达到60%左右,创业富民热正成为苏北地区大学生村干部工作的一道风景线。通过创业实践引导和带动村民增收致富,起到良好的示范效果。此外,来自大学生村干部工作年终总结资料表明,大学生村干部在促进村务办公自动化、提高村干部办事效能、传播文明风尚、促进农村精神文明建设等方面也发挥出重要作用,他们正多方位地融入乡村基层。已有调查研究成果表明,大学生村干部的在岗工作显著影响了地方村庄发展,主要通过促进"产业发展""公共设施建设""集体经济"增长的方式助力国家乡村振兴战略。但是,也有大学生村干部对村庄发展的贡献侧重于"经济发展"而忽视"环境保护",同时他们更倾向于追求具有短期成效的"公共服务设施供给"。①

与政府部门关注村干部基层任职结果或者成效不同,多数大学生村干部注重基层工作的过程体验,重视角色的扮演和成长的收获,认为"青年理想的风帆要靠奋斗扬起","奋斗是青春最亮丽的底色"。他们珍视与基层民众结下的情谊,关注能否为民众做些实事,这一自我反思立场折射出大学生村干部基层履职远远超出了解当下农民真实生活这一表层。

"基层锻炼使我多了几分信心,少了几分胆怯;多了几分实在,少了几分浮躁;多了几分毅力,少了几分娇情。初进村子那会儿,不知道怎么与人相处、怎样开展工作,畏手畏脚的。基层锻炼使我懂得应该做什么、怎么去做,有了方向和信心,考虑问题也更加全面啦。"(大学生村干部QGP-BH-04,女,24岁)

"基层任职的最大收获是自己变得坚强许多。起初,对农村的饮食、居住、风俗都不习惯,遇到困难总想着逃避。基层锻炼使独生子女的我们适应了陌生环境,培养起吃苦耐劳、战胜困难的勇气。"(大学生村干部LW-SY-01,女,25岁)

"自己呢随身会带个本本,随时记录'民情民意、办理事项、

---

① 任天驰,杨晓慧,康玉菊."大学生村官"如何服务乡村振兴?——基于第三次农业普查10700个村级数据的实证研究[J].中国青年研究,2020(11):52-59.

处理结果、成长心得'等内容。三年时间里，陆续为村里百姓做了些事情，如提供种养殖行情信息、代办医疗保险、小孩户口登记、家电下乡补贴、申请资金修筑乡间水泥路……临走时，能听到他们说'这个孩子还是帮助过我们的'就开心满足啦。"（大学生村干部 WZS-GN-09，男，26 岁）

由上面的个案可以看出，乡村基层履职不是人生经历体验中的"猎奇"，而是被大学生村干部视为他们宝贵的人生财富。基层履职的过程是大学生村干部个体成长成才的过程，农村作为一所大学校，基层履职促使他们思想逐渐成熟、意志得到锤炼、知识能力不断提升、更具社会责任感。同时，基层履职的过程也是服务村民、增进与村民感情的过程，他们学农家话、吃农家饭、干农家活，和村民一起在摸爬滚打中培养真挚感情。已有调查表明，六成大学生村干部评价自我价值实现程度属于"较多"或"一般"这两类，认为对服务农民、建设新农村提供了一定的智力与人力支持，符合国家和社会的期待，初步实现人才强基层、基层育人才的良性互动发展局面。一份针对江苏 2007—2014 年 23725 名大学生村干部的数据分析发现：大学生村干部在基层一线接受锻炼，收获了基层工作经验，增进了与农民群众的感情，加深了对民情、社情、国情的认识，提高了自身的素质和能力。[①] 同时，对于那些已经离开大学生村干部岗位的同志来说，大学生村干部工作的经历对于干好新的工作有着重要意义，在对 2007 年实现转岗的 663 名江苏大学生村干部的问卷调查中，有 36.50% 认为大学生村干部工作经历对自己目前的工作非常有帮助，54.60% 认为有帮助，两者之和高达 91.10%[②]。

在成效上，应该肯定大学生村干部基层履职对农村政治生态、生活形态以及村干部成长产生的正面影响，肯定大学生村干部计划的时代意义，认可其作为基层干部队伍和农村建设骨干人才的培养链职能。当然，媒体不能过分夸大履职效果，应该客观予以评价，毕竟现阶段各地方大学生村干部工作水平参差不齐，大学生村干部对基层治理的介入不够深入，对村

---

① 李义良，奉公. 大学生村官队伍建设研究报告——基于江苏省的分析[J]. 中国青年研究，2016 (9)：57.

② 李义良，奉公. 大学生村官队伍建设研究报告——基于江苏省的分析[J]. 中国青年研究，2016 (9)：58.

庄面貌的改善和农村发展的促进作用有限，大学生村干部队伍本身面临分化，因为成绩的取得是多方努力、合作的结晶，大学生村干部主要担负的是助理、协助者角色，不能为了单独突出某一主体的作用而忽视其他主体或者整个团队的共同努力。

二、乡村融入的相关建议

大学生村干部计划作为国家人才战略工程，国家投入巨大的财力物力支持，希望能达到预期设计的效果。而岗位建功对应的是"干得好"环节，为有效激发大学生村干部干事创业的积极性，提升乡村基层发展平台的锻炼育人效果，尚需制定以激励、包容为核心的一整套工作机制。

（一）大学生村干部基层岗位建功与培训帮扶

生态系统理论坚持"人在环境中"的观点，认为个体应与外部环境保持良性互动的关系。在肯定大学生村干部主体积极介入陌生工作环境的同时，为使大学生村干部基层工作早日有起色，外部环境需要予以更多的帮扶和支持。比如，把大学生村干部纳入当地干部教育培训整体规划之中，实施分层、分类、分段培训帮扶，做到培养措施与个人需求相对接、潜能素质与成长方向相对应，切实提高大学生村干部基层履职能力，助推大学生村干部融入乡村、扎根基层。大学生村干部岗位建功的一大关键在于要给大学生村干部提供全方位的包裹式服务支持，通过这种"打包"或者整体设计来进行资源整合与链接，协助他们自立自强、发挥潜能、建功立业。

（二）大学生村干部基层岗位建功与考核评估机制

《中长期青年发展规划纲要（2016—2025年）》明确提出，要改革完善青年人才管理体制，创新青年人才培养开发、评价发现、选拔任用、流动配置、激励保障机制，善于发现、重点支持、放手使用青年优秀人才。基层岗位建功是大学生村干部从校门进入"农门"过程中的主体能动行为展现，那么履职行为的效果如何？履职行为过程中存在何种问题？需要构建一套科学的考核评估机制。考核上既要重视对大学生村干部创业的考核，也要重视对其村务管理的考核；要建立完整的纵向考核体系，形成由县乡上级评价到村民的全面综合评议；在奖惩上既要重视精神鼓励，也要重视物质奖励，引导大学生村干部努力干出实实在在的业绩。要将村干部任期内的考核评估成绩作为以后报考公务员、研究生等的评判标准或者同奖惩制度联系起来，比如对考核优秀的大学生村干部发放年终奖金或者增加一级薪级工资。特别要对那些想要续聘、继续留在农村工作的优秀大学生村干部给予更多的政策优惠和精神褒奖，明确其身份属性，切实做好扎根基层事宜。

（三）大学生村干部基层岗位建功与后续发展出路

大学生村干部的工作服务期限一般为三年，期满之后面临着五条出路选择：留村任职、考录公务员、自主创业、另行择业和学习深造。当大学生村干部在明确基层介入、岗位履职方向时，应将职业发展类型同五条后续出路衔接起来，实现个体选择与社会安排的对接，增强大学生村干部基层工作的动力和信心。有学者曾指出，基层工作业绩对大学生村干部职业发展的激励作用较弱，与未来出路缺少相应的路径衔接。如何保证他们"进得来、出得去"，并能使优秀大学生村干部的经历或工作表现成为其职业发展的重要激励要素，是有效实现其职业发展目标必须解决的重要问题。[①] 在苏北地区，当地政府对工作实绩突出、村民认可的大学生村干部，及时通过竞争性选拔等方式将他们推上村"两委"正职或乡镇科级领导岗位，这只是对岗位建功取得成绩的大学生村干部给予提拔，实际并没有真正在岗位履职与后续发展出路之间建立某种对应联系，这需要我们在制度规范设计上予以考虑调整。

（四）大学生村干部基层岗位建功与容错体制机制

在与苏北地区县市组织部门负责同志的座谈中，地方基层业已形成这样的共识，那就是面对大学生村干部基层履职，要为想干事的大学生村干部撑腰、为敢担当的大学生村干部鼓劲，允许他们在尝试过程中犯错。共识背后的问题在于事后容错的边界到底在哪里。只有弄清这点，才能鼓励事前试错，才能激发敢闯敢试者的热情。在乡村振兴过程中，基层岗位建功要求大学生村干部在干事创业舞台上施展才华，政府部门应当引导他们在乡村基层敢冲敢闯、勇于创新。基层履职是一个不断探索的过程，有探索就容易出现在改革创新过程中产生偏差失误乃至错误。为避免事后算账、

---

① 秦浩. 建立健全大学生村官职业发展机制 [J]. 中国党政干部论坛，2016（7）：53.

追责，我们应在基层推动形成鼓励创新、宽容失败的体制机制，创造良好的制度环境和价值导向，激发基层大学生村干部干事创业的积极性和热情，进而推动乡村"产业兴旺、生态宜居、乡风文明、治理有效、生活富裕"。对于基层工作中已经出现的偏差失误，及时主动采取补救措施，坚决予以纠正；而对失误错误造成不良影响或损失的地方，应尽快消除影响、挽回损失，防止负面影响或损失进一步扩大。

在对个体与环境的互动关系的考察中，生命历程研究主要关注个体生命过程中的一些事件和角色（地位），及其先后顺序和转换过程。该研究范式认为个体总是在一定社会建制之中有计划、有选择地推进自己的生命历程。个体在社会中所做出的选择除了受到情景定义的影响之外，还要受到个人的经历和个人性格特征的影响。[①] 选择下乡做村干部对大学毕业生来讲是生命历程中的一件大事，在个体职业生涯发展的黄金时段，是大有作为，还是有所作为，或是无所作为，是青春无悔，还是青春有悔，关键要看个体能否融入这个所处的时代，能否顺应、把握农村社会变迁潮流的要求，达到个体利益、国家政策期待与农村社会发展的耦合。就此种意义上说，岗位建功是大学生村干部融入基层环境的切入点、推动农村发展的着力点、赢得村民信任的关键点和锻炼实践能力的基准点；岗位建功也是大学生村干部基层融合发展的过程，即在实现个人职业发展（在地化发展）的同时，能够助推基层的进步。

与过去"上山下乡"运动中的城市知识青年相比，今天的基层大学生村干部可谓是"幸福的一代"，其境遇命运发生了根本的变化。在国家大学生村干部计划顶层设计和整体规划下，在地方政府探索实践、组织实施下，在社会各界的关注和不断参与下，大学生村干部积极投身新农村建设潮流、乡村发展振兴之中，他们拥有施展自身才能的广阔舞台，定能谱写出青春无悔的崭新乐章。

---

① 李强，邓建伟，晓筝. 社会变迁与个人发展：生命历程研究的范式与方法 [J]. 社会学研究，1999（6）：1-15.

第六章 期满流动与基层大学生村干部的职业抉择

第一节 基层大学生村干部青年期满流动的制度安排

作为国家人才战略工程,大学生村干部计划遵循的是自上而下的发展路线,即站在战略高度谋划大学生村干部计划的宗旨理念、总体原则、实施步骤、发展走向等,顶层设计影响大学生村干部计划的基层实践,并制约着大学生村干部服务期满之时的择业行为。就实施环节而言,大学生村干部期满社会流动对应的是"流得动"这一末端环节,它关系到"出口"的通畅,影响着"进口"的流入,关乎大学生村干部计划目标的实现。

一、基层大学生村干部期满流动的制度设计

"流动"一词具有丰富的社会学内涵,它是指个人或群体在社会分层结构中位置的变化或在地理空间结构中位置的变化[①]。面对所处的复杂社会系统,社会流动理论向人们展示了个体如何嵌入高低不同的社会层次,并指出流动结果往往与行动主体自身实力、社会结构及其政策法规等因素密切关联。2008年4月,中共中央组织部等部委联合出台《关于选聘高校毕业生到村任职工作的意见(试行)》,拉开全国范围内选聘高校毕业生基层任职的序幕。既然有大学生村干部选聘对象的进入,那么接下来必然有大学生村干部服务期满的退出,以保持人员进出的平衡。走向基层的大学生村干部服务期限一般为三年,三年履职期满必然面临流动退出的问题。2009年6月,中共中央组织部等部委下发《关于建立选聘高校毕业生到村任职工作长效机制的意见》,明确梳理出大学生村干部期满流动的五条出路,为

---

① 郑杭生.社会学概论新修[M].北京:中国人民大学出版社,2005:243.

大学生村干部社会流动和地方政府人才安置提供政策指引。① 留村任职。鼓励优秀大学生村干部继续留在基层岗位上建功立业，并纳入村干部名额，享受村干部工作与生活补贴。② 考录公务员。各级党政机关注重从具有基层工作经历的优秀大学生村干部中招考公务员，并逐步提高考录比例。③ 自主创业。鼓励大学生村干部发挥自身优势和专业特长，立足农村实际自主创业。④ 另行择业。对于服务期满不再留村工作或者考核不称职者，帮助引导其另行择业。⑤ 学习深造。鼓励大学生村干部继续学习深造，享受报考硕士研究生初试总分加十分和同等条件下优先录取的优惠政策。五条出路的明确，意味着大学生村干部期满流动不是固定单一方向，而是分流，留村继续担任村干部只是其中一种选择。

2010年5月，中共中央组织部办公厅印发《关于做好大学生"村官"有序流动工作的意见》，进一步明确五条出路的相关政策规定，提出实现有序流动的工作指示。政策出台是一个有目的的活动过程，服务期满分流的政策设计表明国家希望畅通大学生村干部后续出路，形成合理流动、多元发展的良好局面，做到既留下一批新农村建设骨干力量，又流动一批社会各行各业建设者，使得留得住与流得动相得益彰，保持一定的张力。对于基层大学生村干部而言，个体自身的未来职业发展之路与现有退出机制紧密相连，他们面临着人生的"二次择业"。正如学者所言，"退出机制的合理过渡可以让更多的大学生愿意从事村干部的工作，安心基层工作，为将来的二次就业打好基础"①。

二、基层与非基层取向

如前所述，基层是指行政层次体系中最低的一层，是国家与社会的联结载体。选聘高校毕业生到村任职，强化干部选拔任用的基层导向，是培养社会主义事业接班人和骨干建设力量的需要，希望基层经历成为青年成长成才的重要财富。基层任职要做到真正了解农村、融入农村，而不是浮于表面、"走马观花"，显然需要一个长期过程，故国家层面的政策设计要鼓励优秀大学生村干部扎根基层。如果出于短视，急切地将大学生村干部

---

① 王桂琴，方奕，程凤娇. 大学生村官研究文献的可视化分析［J］. 青年探索，2016（3）：78.

从乡村选拔上来或者分流出去,基层导向很可能成为一纸空谈,难有实际成效。五条出路,从基层与非基层取向加以划分(见表6-1),可以发现,留村任职和自主创业是立足乡村空间地域,属于基层取向;考录公务员、另行择业和学习深造更多的是跳出乡村地域范围,属于非基层取向。由此,现有五条出路实际上是基层与非基层取向的混合,而非基层取向出路多于基层取向出路,基层大学生村干部须从中做出慎重选择,很有可能是在服务期满之后离开现有村干部岗位。

表 6-1 大学生村干部期满分流出路的基层取向性情况

基层取向	留村任职	考录公务员	自主创业	另行择业	学习深造
基层	+		+		
非基层		+		+	+

注:表格中的"+",表示选中,下同。

三、人才定位考虑

大学生村干部计划是推进社会主义新农村建设、提升乡村基层治理能力的务实举措,它开辟出一条在基层培养青年人才——"育苗"的新道路。乡村无疑是一所大学校、"大熔炉",基层历练使得大学生村干部意志得到锤炼、能力不断提升、思想逐渐成熟,而期满后续出路的选择是与大学生村干部涉农期间的培养锻炼密不可分,体现出基层青年人才培养的基本定位。

从苏北地区乡村调查来看,大学生村干部青年的人才定位主要有三种,如表6-2所示。① 农村建设骨干人才定位。农村是智力人才的洼地,建设新农村需要大批富有创新思想和专业知识的青年骨干人才。五条出路中,留村任职、自主创业对应的是农村建设骨干人才定位,留村任职和自主创业为基层干部队伍补充了新生力量:大学生村干部或服务基层群众,密切干群关系;或助推村民创业致富,促进农村发展进步,成为联系乡村基层与外部世界的重要桥梁,成为乡村振兴事业的领导力量。② 党政干部后备人才定位。作为党政干部后备人才的源头工程,五条出路中,考录公务员主要对应的是党政干部后备人才定位。国家每年安排公务员专门职位面向大学生村干部实行定向考录,将干出实绩、获得群众认可的优秀大学生村干部列入后备干部队伍,努力夯实来自基层一线的党政干部培养选拔链。

③ 各行各业优秀人才定位。社会主义现代化建设是一项宏伟工程,各行各业都需要熟悉基层、踏实肯干、具有文化水准的优秀青年人才。五条出路中,另行择业、学习深造与各行各业优秀人才定位相对应。总体来讲,大学生村干部计划人才战略工程主要体现在培养一大批社会主义新农村建设骨干力量、党政干部队伍后备人才和各行各业优秀人才上。国家期待通过基层磨炼,使大学生村干部成为国家和社会的重要支撑力量之一。服务期满出路安置则是根据大学生村干部个体意愿与农村发展需要来决定,国家不是包办或者"兜底"全部出路,而是力图建立政府引导和市场配置相结合的双向选择工作机制。大学生村干部的人才定位取向,可以反映出大学生村干部职业发展的背后变化。其中,农村建设骨干人才定位是与基层大学生村干部现有岗位紧密相连,意味着职业发展具有延续性;而其他两种人才定位则与大学生村干部基层岗位具有间接联系性,反映出大学生村干部基层工作岗位的可塑性与延展性。

表 6-2 大学生村干部期满流动出路的人才定位取向

人才定位取向	留村任职	考录公务员	自主创业	另行择业	学习深造
农村建设骨干人才定位	+		+		
党政干部后备人才定位		+			
各行各业优秀人才定位				+	+

面对履职服务期满的流动,我们认为,当高校毕业生成为村干部,初次下到基层志愿服务之时,就应开始思考和逐渐确定自己的目标定位,基层角色扮演应朝着这一目标定位靠拢、迈进。否则,随着基层履职服务时间到期,若社会流动的去向不明确,个体容易产生对未来出路的紧张忧虑,二次择业行为迟疑不决。

值得注意的是,国家关于基层大学生村干部青年期满流动的制度设计,还应考虑目前所处的市场经济大环境,市场是配置资源要素的决定性力量,它要求畅通人才要素流动渠道,讲求配置高效公平,而政府从中发挥调节、监管作用。因此，对于大学生村干部服务期满有序流动的制度安排，国家最好能将它融合到社会化、市场化的经济运作机制之中，通过两者结合以提高大学生村干部期满流动工作的效果，妥善解决基层大学生村干部职业发展面临的不确定性问题。

第二节　基层大学生村干部青年服务期满的流动意愿

面对大学生村干部服务期满分流，国家试图建立政府引导和市场调节相结合的双向选择机制，引导大学生村干部多元化发展，实现正常有序流动。在具体操作过程中，地方政府部门比较关注大学生村干部的源头选聘以及培养使用，但在流动安置去向上存在一定的被动性。如前所述，苏北地区政府部门对工作取得实绩、村民认可的优秀大学生村干部给予提拔，将他们推上村"两委"正职或乡镇领导岗位，但对整个村干部队伍发展去向缺乏统筹考虑和整体安排，缺乏行之有效的分流举措。前面提及的差别化的发展平台，应该说是大学生村干部工作深化的重要体现，它为村干部成长为各行各业的建设者和接班人打下基础，但存在的问题是不同发展取向并没有真正与现有后续五条出路有机衔接起来，导致大学生村干部在流动发展去向上遭遇困境。

"大学生村干部服务期满加以安置的话是个难题，我们根据中组部下发的文件和省市有关精神，采取机关公务员招录一批、事业单位招考一批、农村基层留任一批、帮助择业转岗一批、提供便利深造一批的'五一'举措，希望尽最大可能地解决大学生村干部流动问题。"（县组织部门负责人 ZJG-GN-01，男）

"大学生村干部临到末尾的时候比较关注流动去向的问题，他们希望能够进入体制之内，但现实情况不太允许啊。作为我们，是遵照国家政策的有关要求，尽力做好服务期满的安置工作。一是寻找新的流动出路可能；二是做好现有五条出路的平衡，防止大家扎堆造成相互挤压。"（市组织部门负责人 HMY-LY-02，男）

从大学生村干部角度来讲,服务期满发展去向直接关系到未来的职业身份归属,这里可谓倾注着村干部个体的价值关切和流动指向。集体访谈过程中,大学生村干部普遍认为,流动发展去向存在优先顺序之分,首选是考录公务员,这是摆脱村级组织特设岗位的临时身份,实现向国家正常人事制度迈进的重要通道。根据江苏、湖北、河北等地的不同调查,大学生村干部合同期满后选择报考公务员的比例大都为40%~80%。其次,是进入具有正式编制的事业单位。再其次,是留任村干部,这里的留任准确地解读是续聘而暂时留守基层,继续扮演过客身份。毕竟每年公务员招录大学生村干部的岗位有限,目前苏北地区公务员招录计划中定向招考大学生村干部的比例在15%左右。续聘则可以继续寻找报考公务员或者进入事业单位的机会,但暂时留守与国家和基层期盼的扎根农村或成为农村接班人意愿相去甚远,最终仍然是离开村干部岗位。

"当了两年多的村干部,很快面临人生的又一个十字路口。村干部的工资待遇不高,而自己年龄也不小啦,找对象、结婚买房等很多现实的问题都摆在眼前,父母多次催我另想出路。在现实面前,人有时候不得不低头。五条出路中,报考公务员是最理想的选择,它收入稳定、社会地位也高嘛。当然,进入事业单位也能接受。"(大学生村干部RSY-BH-06,男,24岁)

相对来讲,学习深造、另行择业或者自主创业选择的大学生村干部并不多。

"书本都丢了好几年,再拾起来比较难啊,年纪又增大了几岁,没有精力再集中复习考研,初试总分加上10分的意义、价值不大,现在想回归学校的人是少之又少。"(大学生村干部CJN-BH-02,男,25岁)

显然,学习深造之路并不畅通。如果选择另行择业或者自主创业,难以享受村干部服务期满的优惠政策的话,那么他们随时可以放弃当前的职位,而没必要等到服务期满之时。最让大学生村干部忧虑的是,离开基层另行择业,村干部工作经验在择业中并不占优势,而抛弃它、重新进行人生职业生涯设计代价高昂。至于自主创业,虽有政府部门的号召与鼓励,但受制于资金技术、市场推广以及政策环境的限制,自主创业道路艰辛且充满风险。

  "原本想着三年服务期满，可以凭着自己的努力获得正式编制，但情况并不如自己想象得那样简单，县乡每年拿出的公务员和事业单位编制有限。上头许诺末了会有优惠政策，但到头来的选择只有续签留任或者自主择业，出路问题令人心痛。"（大学生村干部 CJN-BH-02，男，25 岁）

  在流动去向的意愿上，大学生村干部多数选择考公务员或者进入事业单位，即回归现有体制之内，故后续出路实际上存在激烈的竞争和扎堆去挤"独木桥"的情形。[①] 国家、地方政府、大学生村干部在流动发展去向上的不一致，造成事实层面的"出口"不畅。随着村干部数量的递增，累积起来的就业压力难以消化而集中爆发，会阻塞大学生村干部队伍的"新陈代谢"，造成后续吸纳大学生村干部人数的减少，影响大学生村干部计划的持续推进和目标实现。此外，服务期满允许大学生村干部另做选择，表面似乎是尊重人力资源本身的流动性规律，但是，刚刚具备一些农村工作经验的大学生村干部留不住，却继续动员新的大学毕业生去基层，结果只能是频繁地迎来送往，耗费国家财力、物力和人力，使得大学生村干部计划对新农村建设的效用大打折扣，理想的结果应是出台优惠政策鼓励一些优秀大学生村干部继续服务基层。

  围绕流动发展去向，国家政策设计意图与大学生村干部意愿之间存在明显差距。国家和地方政府须考虑大学生村干部的心理诉求，合理设计培养方案，广辟分流出路，使培养发展方向与后续出路之间建立大致的对应关系；建立职业介绍推优制度，帮助推介大学生村干部到企业和公共服务岗位上就业。

---

① 从全国大学生村干部流动情况看，截至 2016 年底，累计有 13.6 万人（占比 36.5%）加入到了公务员队伍，11.7 万人（占比 31.5%）进入事业单位，公务员和事业单位成为大学生村干部最主要的两个流向。

第三节 基层大学生村干部青年期满流动的现实抉择

制度嵌入理论指出，外在制度是因设计而产生，它们被清晰地制定在法规和条例之中，并要由一个诸如政府那样的、高踞于社会之上的权威机构来执行，其有效性在很大程度上取决于它们是否与内在演变出来的制度互补。[①] 由此，国家主导的大学生村干部期满分流制度安排，需要有效嵌入基层社会，与乡村内生环境相互契合。考虑到苏北地区事实上是一个空间地域性的松散联合，目前尚没有该区域大学生村干部期满流动情况的完整数据，这里我们仅以其所辖的 Y 县为例加以说明。

一、期满流动基本状况

自 2007 年江苏省开展选聘高校毕业生到村任职工作以来，截至 2012 年底，Y 县先后接收 6 批共计 650 名大学生村干部。按照上级政府部门的有关要求，Y 县坚持把大学生村干部当作后备干部来培养、当作优秀人才来使用、当作自家孩子来关爱的培养理念，重点实施创业富民和分类培养两大工程，引导他们在乡村广阔舞台上锻炼成才。按照协议中大学生村干部基层任职服务年限为三年的规定，自 2010 年开始，Y 县每年均有一批大学生村干部面临离岗分流。为此，Y 县组织人事部门主动开展职业指导，帮助大学生村干部树立正确的就业意识，并提供就业信息服务，希望做好大学生村干部分流安置工作。在国家预设的五条出路基础上，Y 县大学生村干部期满安置增加了企事业单位去向。由表 6-3 期满分流数据可以看出，留村任职始终排在首位，占到分流总数的六成左右，调研发现他们多为村"两委"副职身份。其次，是流向企事业单位，占到总数的 11%～18%。再次，是流向自主创业或自谋职业[②]以及公务员出路，两者占据的比例都在 10% 上

---

① 柯武刚，史漫飞. 制度经济学 [M]. 韩朝华，译. 北京：商务印书馆，2000：36-37.

② 或许是比例较少的缘故，无论是地方县市还是江苏全省的大学生村干部期满出路统计中，均将自主创业和自谋职业合在一起计算。这里的自谋职业对应于国家政策设计中的另行择业出路。

下徘徊。比较而言，考取研究生回校深造的最少，比例在1‰左右，几乎可以忽略不计。以上这些数字表明，目前大学生村干部现实职业发展以基层为主，偏向农村建设骨干人才定位。

表6-3　Y县大学生村干部期满分流基本情况（人）

年份	留村任职	公务员	企事业单位	考取研究生	自主创业或自谋职业	合计
2010年	40（59.70%）	7（10.45%）	12（17.91%）	1（1.49%）	7（10.45%）	67
2011年	26（61.90%）	5（11.90%）	6（14.29%）	0（0.00%）	5（11.90%）	42
2012年	84（67.74%）	12（9.68%）	14（11.29%）	1（0.81%）	13（10.48%）	124

Y县大学生村干部期满分流状况具有代表性，将表6-3与表6-4的江苏省大学生村干部期满分流总体情况做对比，可以发现，Y县企事业单位、自主创业或自谋职业、考取研究生的比例和同期江苏省总体水平比较接近，而留村任职的比例偏高，高出同期全省总体水平8个百分点左右，公务员的比例则要明显低于全省总体水平。总体来看，国家政策预设的主要出路在基层尚可行，后续出路基本通畅，但是出路之间的不平衡现象比较明显，留村任职呈现一枝独大的局面，而考取研究生、自主创业或自谋职业的比例甚少。依据前面的基层取向和人才定位维度来考察，大学生村干部期满分流现实似乎昭示注重基层导向、注重新农村建设人才培养。那么，客观现实是否真正如此呢？大学生村干部后续职业发展在运作时遇到哪些现实难题呢？这需要我们进一步予以揭示。

表6-4　江苏全省大学生村干部期满分流总体情况（人）

年份	留村任职	公务员	企事业单位	考取研究生	自主创业或自谋职业	合计
2010年	507（50.15%）	205（20.28%）	174（17.21%）	15（1.48%）	110（10.88%）	1011

续表

年份	留村任职	公务员	企事业单位	考取研究生	自主创业或自谋职业	合计
2011年	879 (54.29%)	292 (18.04%)	257 (15.87%)	6 (0.37%)	185 (11.43%)	1619

注：表中数据主要是根据江苏省委组织部、江苏大学生村干部网等的有关资料整理计算而成。

二、现存主要问题

对应到服务期满流动之中的大学生村干部职业抉择，具体存在的主要问题有哪些呢？

（一）暂时的留村任职

由表6-3数据可以看出，留村任职是Y县大学生村干部期满分流的主要去向，而且随着时间的推移，这一比率呈现逐渐增长的态势。国家层面明确大学生村干部分流出路是在2009年6月，2010年面临期满分流的那一批大学生村干部仓促之下显然来不及调整，故有59.70%的大学生村干部选择留村任职。但是，随后的2011年和2012年两个期满分流批次，按理说应有时间针对现有出路来调整、谋划自身未来职业发展，结果却仍有61.90%和67.74%的大学生村干部选择续聘而"沉淀"下来，留村任职似乎成为村干部们的主流去向。在新闻媒体看来，留任主要源于基层的事业留人或感情留人，工作方面能有很好的衔接性，此举应该受到社会的肯定和赞扬。国家不遗余力推行大学生村干部计划，目的之一就是培养基层骨干力量，改变乡村人才制约瓶颈，吸引并留住大学生村干部，意味着新农村建设有了持续的智力支撑。然而，问题是留任队伍中优秀大学生村干部比例占有多少？主动自愿留任的大学生村干部数量又有多少？从大学生村干部期满流动的主观意愿调查来看，真正愿意扎根基层、长期奉献农村建设的大学生村干部寥寥无几，绝大多数均打算改行走公务员或者事业单位道路。据此，我们可以给出判断，这里的留村任职确切地说，是续聘而暂时留守基层，即继续扮演村庄"过客"身份。

毕竟每年公务员招录大学生村干部的岗位有限，就Y县而言，定向招考大学生村干部的比例在10%左右。续聘而继续留任村干部，可以再次寻找报考公务员或者进入事业单位的机会。暂时留守基层与国家期盼的扎根农村或者成为农村接班人愿景相去甚远。短期来看，续聘留任暂时缓解了就业压力，但随着村干部政策的持续实施，有待分流的大学生村干部人数必将逐年累加，供求差额将使大学生村干部就业安置压力增大。当累积起来的就业压力难以有效消化而集中爆发，必将阻塞大学生村干部队伍的"新陈代谢"，使得大学生村干部年度招聘人数趋零。理想的情形是国家出台优惠政策鼓励优秀大学生村干部继续服务农村基层，每个乡镇根据自身情况遴选3~5名优秀大学生村干部。留村任职发展去向上，现实实践倒逼我们需要提高留任的"门槛"和条件，促进大学生村干部进一步向外分流，使留村任职人数保持适当比例。

（二）零星的自主创业

脱贫致富是Y县经济社会发展的重大课题，在该县现有474个村中，省定经济薄弱村就达70余个。村级经济的起步与腾飞关键要靠带头人发动，即需要带头创业本领强和带领群众致富能力强的村干部，大学生村干部的素质能力决定了其具有良好的示范和带动效应。Y县组织管理部门将创业富民作为重要抓手，为大学生村干部提供项目选择、政策指导、方法帮教、跟踪服务、困难解决等援手；实施创业孵化基地工程，建立大学生村干部创业园；设立创业扶持风险资金，通过直接补贴、贷款贴息补助、配套资助等方式扶持创业；推行创业导师制度和"点单培训"制度，提升大学生村干部创业技能。目前，全县大学生村干部创业率达到90%以上，兴办各类专业合作组织、经济实体和创业示范园135个，提供就业岗位1.2万个。遗憾的是，期满分流数据却表明，大学生村干部期满选择自主创业的比例极低，自主创业和自行择业两者相加起来在10%左右浮动。如果仅是简单做一平均，自主创业和自行择业各自所占比例为5%，90%对5%期满前后创业率形成鲜明的反差。

细究其中的原因，一是与创业层次偏低有关。出于资金、风险等因素的考虑，大学生村干部会有意识地选择种植业、养殖业、加工业等与本地村民一致或相近的传统项目，创业活动规模都比较小，科技含量和档次偏低，项目做成容易，做大做强困难，赢利能力偏弱，不适合作为自主创业的长远方向。二是与政府正式支持有关。基层履职期间，大学生村干部创业得到政府的强力支持，涉及资金、场地、技术培训、税收优惠政策等，可以说政府为其创业开辟了绿色通道。而服务期满之后个体自主创业，政府则参照高校毕业生创业的优惠扶持政策，主要是三年内免交登记类、管理类和证照类的各项行政事业性收费，享受小额信贷、财政贴息等。相比较而言，政府帮扶支持力度大为减弱，这对缺少乡村根基的大学生村干部来讲，自主创业顿感失去"主心骨"和依靠，以致期满自主创业率低。由此，政府部门应该加大对选择自主创业出路的大学生村干部培训帮扶力度，打通任职期内与任职期外创业的接续，着力延续大学生村干部期满之后的自主创业，自主创业应该成为大学生村干部期满分流的重要发展方向。

（三）拥挤的公务员之路

Y县期满分流数据表明，公务员去向的比例并不高，基本维持在10%左右。公务员出路表面看似正常，但实际隐藏着的问题是大学生村干部报考公务员的愿望迫切，根据北京、安徽、湖北等地的不同调查数据加以综合，大学生村干部合同期满后选择报考公务员的比例大都是40%～90%。在与Y县大学生村干部的集体访谈过程中，大学生村干部纷纷表示，考录公务员是他们期满出路的首要选择，公务员工作稳定、体面而且待遇好，这是摆脱村干部特设岗位的临时身份，实现向国家正常人事制度迈进的重要通道，也是大学生村干部计划优惠政策中的一部分。然而，公务员出路与地方县市机构编制密切关联，尽管国家出台公务员职位向大学生村干部倾斜的有利政策，要求经过3～5年的努力，县市面向大学生村干部定向考录公务员的比例一般应达到当年公务员录用计划的15%左右，其中定向考录乡镇公务员的比例一般应达到30%。但是，实际情况是目前县市公务员队伍趋于饱和，吸纳大学生村干部的能力有限，且公务员空缺指标不可能随着不同批次村干部人数变化而变动。考录公务员无异于重新挤上"独木桥"，当中存在无形的激烈竞争和争夺。有数据表明，大学生村干部任职第一年流动率最低，任职第二、第三年流动率按照5%左右依次递升。一个聘期（三年）结束后，流动人数超过50%。[①]

[①] 李义良，奉公. 大学生村官队伍建设研究报告——基于江苏省的分析[J]. 中国青年研究，2016（9）：61.

公务员考录之路也给当地政府部门带来管理麻烦，影响到大学生村干部计划的顺利推进，主要有以下问题。

1. 私自报考

大学生村干部基层任职主要担任村"两委"干部的助理，基层任职中途可不可以报考公务员职位？报考前是否需要征得所在单位同意？如果所在单位不同意，是否需要先办理辞职手续再报考？私自报考且考上公务员职位，那么所在单位是否应该马上放人？这些具体问题需要国家做出面上统一规定。否则，地方基层各行其是、举措不一，容易造成大学生村干部管理工作上的混乱，而频繁的公务员报考以及考取流动也在很大程度上影响着大学生村干部的工作实效。

2. 违约责任

大学生村干部基层任职是建立在正式的合同、协议之上，且当地政府在村干部培养管理上投入了大量的人力、物力和财力，在服务期内大学生村干部考上公务员职位而去职，会给所在单位造成损失，基层工作也会因岗位空缺而带来被动。故应在大学生村干部的违约责任上予以规定，以在一定程度上遏制因提前考录公务员而导致人员流失的问题。

3. 挫折心理

对于任职期内未能如愿以偿考取公务员的大学生村干部来讲，可谓是人生的一大挫折，心理难免会产生愤懑和不满，降低对大学生村干部计划的好评度，这需要地方政府管理部门及时做好抚慰工作。当然，无奈之下，最后选择留村任职寻找下一个机会是主流，而经政府择优推介进入企事业单位，这是退而求其次的做法，甚至还有极少数大学生村干部无法找到合适的工作岗位而成为遗留问题。目前，Y县大学生村干部流向企事业单位的比例在10%以上，也说明了这一点。在公务员出路上，需要引导大学生村干部调整职业生涯规划，形成合理职业预期，降低公务员职位报考的热度。

三、简要小结

暂时的留村任职、零星的自主创业和拥挤的公务员之路等问题，只是在"流得动"最后阶段才会集中暴露出来，显示出流动之中的无序性。相对来说，这些问题被掩盖在大学生村干部计划的整体推进过程之中，不易受到外界普遍关注，某种程度上讲，成为一个相对隐性、不易察觉的社会问题。这里的隐性问题，主要是从未被广大公众预期或者认识到的后果而言的，大学生村干部期满流动过程中的隐性问题还未被公众真正意识和知晓。我们认为，这种隐性问题更多带来的是负面功能和不良后果，会堵塞人才流动"出口"的通道，降低大学生村干部离岗流动质量，挫伤后面立志踏入基层工作的大学毕业生的信心，故需要引起社会高度警惕。罗马尼亚学者马赫利尔在《青年学》中提出作为青年结构模式的状态-角色，其本质核心是现在的状态-角色与未来的状态-角色的关系，这种关系并不是同等的，包含从最初的状态-角色，经过过渡的状态-角色，达到目的状态-角色，由此我们必须分析：① 最初的、继承的、先定的状态-角色；② 过渡的（培训的）状态-角色；③ 计划的、实现的达到目的状态-角色。由此，可能有下列状况：完全继承、部分继承和完全间断。① 这种状态-角色之间的完全间断应是我们竭力避免的。

面对大学生村干部政策理想与分流现实的差距，显然我们有必要弄清政策的期待与实践的背离产生成因，以及这种差距所致的社会后果。有学者尖锐地指出："大学生村干部本身就是一种不充分的就业，其任期有限，村干部们需要三年之后自找出路。不充分就业给村干部工作造成了很大的干扰，容易使村干部处于一种游离的状态，没有归属感，而且还会造成村干部的流失、无法融入农村等一系列问题。"② 针对这些隐性问题，思索如何加以解决已摆上我们的议事日程。比如，政府需要检视基层大学生村干部意识能力的培养，尽可能按照市场经济准则行事，建立一套择优推介制度，通过地方人力资源市场、村干部专场招聘会等途径让大学生村干部自主择业，提升大学生村干部后续职业发展质量。

---

① 马赫利尔. 青年问题和青年学［M］. 陆象淦，译. 北京：社会科学文献出版社，1987：214.

② 方奕，程凤娇. 大学生村官招募变迁分析——基于2008—2014年10省（市）选聘公告［J］. 中国青年社会科学，2016（1）：103.

第四节　基层大学生村干部青年期满流动与后续职业发展的衔接

大学生村干部期满流动过程中，后续发展出路之间的不平衡以及暂时的留村任职、零星的自主创业、拥挤的公务员之路等问题，表明期满流动之路并非一路平坦，当中存在一些隐性的"暗流"，这会导致分流的无序性，并影响大学生村干部在岗心态稳定和后续职业发展问题，需要政府部门高度重视，并对照合理有序流动的目标要求采取措施来加以应对。

一、严把选聘入口关的设计

大学生村干部服务期满最后分流的去向与大学生村干部初始选聘有着密切联系，初始阶段生源的质量与岗位匹配度在很大程度上影响着大学生村干部期满的社会流动。在选聘入口环节设计上，国家规定选聘对象为全日制普通高校本科及以上学历的毕业生。基本要求是思想政治素质好，作风踏实，吃苦耐劳；学习成绩良好，具备一定的组织协调能力；身体健康，自愿到农村基层工作。后来，国家提出严格选聘标准、规范工作程序，坚持中共党员、优秀学生干部和回原籍优先的原则，并注重从985重点院校以及基层急需专业的毕业生中选聘。显然，国家对大学生村干部的选聘已由追求数量逐渐过渡到质量提升上来，强调大学生村干部自身的良好素质，要求选对人、选准人。我们认为，在选聘初始环节，仍有两个方面值得改进。

（一）基层服务意识的考察

农村生活条件艰苦，基层工作复杂琐碎，"上面千条线，下面一根针，上面分系统，下面当总统"，嵌入农村、干事成才需要大学生村干部具备奉献精神和做好吃苦耐劳的思想准备。志愿服务意识到位，才能在村干部履职行为中有更好的表现。为此，在坚持个体自愿与高校推荐相结合的基础上，对选聘对象进行全面衡量，特别注重考察思想政治素质和志愿服务农村的意愿，对于那些将村干部经历当作就业"跳板"、经不起基层环境考验、不想干事创业的大学毕业生要及时排除在选聘行列之外。通过提高选聘质量，将有志于服务基层、热爱农村工作、综合素质优良的高校毕业生选聘到村干部队伍中去，为其成长成才奠定主观心理基础，也为其日后期满社会流动构筑有利条件。

（二）大学生村干部的职位分析

职位分析是对与职务有关的活动内容以及人员的必备条件加以记录、检视与识别的过程。它有助于选拔、任用合格人员，设计科学的人员培训和开发方案，提供考核、升职和作业的标准[①]。大学生村干部计划推进过程中，一是缺乏有针对性的任职资格条件规定。政府组织的选聘只是大致提出学历、思想政治素质、组织能力等要求，选拔通才式的大学毕业生到基层任职，没有分门别类地提出职位规范，没有充分考虑乡村诸多类型，容易发生大学生村干部自身与乡村需求衔接上的不一致。二是缺乏具体的职位描述要求，只是笼统地称之为大学生村干部，定位于村级组织特设岗位，主要履行宣传落实政策、促进经济发展、联系服务群众、推广科技文化、参与村务管理、加强基层组织等职责。职位描述的欠缺容易导致大学生村干部产生在其位不知何为其政的困惑，村干部工作具有较大的随意性和自由空间。由此，从招聘技术的角度，加强大学生村干部职位分析，改变其志愿服务岗位特性，强化基层任职的岗位适配性与专业性，有助于扫清大学生村干部职业发展中的一些具体障碍，为期满出路提供保障。

二、夯实分类培养内容

乡村基层是大学生村干部成长的大熔炉、成才的大课堂、成事的大舞台，基层的人才培养内容以及锻炼成效如何直接关系到大学生村干部期满分流发展去向的选择，当前有必要改进和提升基层的人才培养工作。在大学生村干部选聘下乡之后，围绕人才培养以及干事创业的呼声日趋强烈，要求政府部门加强对大学生村干部职业生涯规划指导，夯实分类培养体系内容，使大学生村干部工作趋于科学化、精致化。就大学生村干部而言，由于来自国内不同高校，个体专业特长、性格特征以及自身发展旨趣各不

---

① 邢传，沈坚. 中国人力资源管理问题报告 [M]. 北京：中国发展出版社，2004：160-161.

相同，在培养工作上也需要因人而异、扬长避短。分类培养意味着通过采取有针对性的培养扶持措施，引导大学生村干部迈向多元化的成长成才路径。① 分类培养取向的确立。基层培养大学生村干部并无现成经验可循，Y县尝试将大学生村干部分为创业富民型、服务亲民型、社会管理型和专业技术型四种培养取向。创业富民型重在培养带头创业本领强和带领群众致富能力强的能人，服务亲民型则是发挥基层工作者服务角色，社会管理型意在打造具有基层治理能力的干部队伍，而专业技术型则是培育农村优秀技术骨干人才。培养取向确立之后，接下来的主要任务，便是在村干部成长规划中打通分类培养取向与后续出路之间的连接，有效缓解期满出路上的结构性矛盾。例如，社会管理型的培养取向，可以在留村任职与考录公务员出路上予以支持；专业技术型的培养取向，可面向考录事业单位技术骨干或选择考研深造的出路给予疏导。② 强化培训帮扶。空间地域和社会角色的快速切换，使得大学生村干部面临环境适应、心态调适、工作上手等诸多难题，培训帮扶是其基层任职过程中不可或缺的依靠。围绕涉农政策法规、农业科技推广、创业致富、基层管理等核心内容，组织管理部门可采取案例讲解、基地实践、项目路演等方式，切实有效开展岗位培训，提升大学生村干部农村工作实务技能。帮扶上可建立县乡村三级干部联系帮带制度，县乡干部定期进行谈心谈话和心理辅导，帮助大学生村干部解决工作、生活、心理等方面存在的问题；村组干部帮扶重在传授村务管理、矛盾纠纷处理、农技服务等方面的经验。通过教方法、指问题，让大学生村干部在处理各种复杂问题中积累经验，提高组织协调能力。培训帮扶有助于大学生村干部步入正轨、干出"样子"，为其期满正常流动提供坚实基础。③ 分类培养的调整与完善。大学生村干部的介入，给了乡村基层培养人才的大好机会，强调分类培养实际上有细化基层培养人才的方向和具体门类之意。与过去乡村青年工作相比，分类培养的引入是一个重大的进步。在逐步探索和实践过程中，应及时总结经验教训，并根据乡村时势变化的需要做出相应的修订完善，以弥补乡村基层对青年人才培养能力的不足。

  无论是个人生活还是社会历史，不同时了解这二者，就不能了解其中之一。分类培养将大学生村干部的个体抉择与国家和农村的现实需要有机结合起来，使大学生村干部的活动舞台更加宽广，在新农村建设的各个领域都产生了重要影响，打消了社会上对选聘大学生村干部存在的一些疑虑和质疑。同时，差别化的分类培养方式让大学生村干部具有更加宽广的选择余地，不再把考录公务员视为发展的唯一出路，呈现出多元化选择、多元化发展的良好局面，也大大丰富了基层人才培养的实质内容。

三、强化考核筛选机制

大学生村干部身份较为特殊，它处在体制内外的边缘，既不属于公务员身份，也不具备村民正式资格，非官非民的模糊性过渡身份主要为了适应乡村复杂形势和项目探索的需要，但这不是说对大学生村干部工作就此放任自流，而是急需一系列的辅助机制特别是考核筛选机制加以正确导引和规制。考核筛选机制有助于了解和掌握大学生村干部个体工作实绩和成长发展情况，也能为日后期满流动提供重要参考依据。

（一）考核内容

基层导向的大学生村干部计划是一项"大浪淘沙"的工程，要想把真正优秀的骨干人才选拔出来，必须建立和完善科学的考核机制。根据岗位职责和乡村基层工作特点，组织管理部门着重考核了解大学生村干部岗位职责履行、目标任务完成以及思想政治表现。为此，需要精心设定考核指标，量化考核细则，细化评价标准，建立一套科学的考核体系，树立注重实干（工作成绩）、群众公认（满意度）的鲜明导向，以此引领基层大学生村干部职业发展。

（二）考核办法

大学生村干部考核要将平时考核、年度考核和聘期考核有效结合起来，强调过程化管理。平时考核重点关注大学生村干部在岗工作表现，采取查阅工作日志、专项检查和日常考勤等方式进行。年度考核、聘期考核在平时考核的基础上，采取自评、点评、测评三种方式进行。自评是大学生村干部客观总结自己岗位履行情况，包括工作成绩、存在问题及今后改进的措施等，形成书面述职报告，接受广大干部群众的评价和监督。点评是乡镇领导干部基于大学生村干部能力品行、服务村民、创业项目、发展潜能等核心指标做全面点评。测评是在接受干部群众质询的基础上，由村组干群代表进行最后测评打分，体现基层评价导向，考核结果记入大学生村干部成长档案。通过考核约束，强化大学生村干部基层培养质量。

（三）考核结果

强化考核结果运用，将它作为大学生村干部选拔聘用、评优评先、培养使用的重要依据。年度考核被确定为合格以上等次的，可以增加一级薪级工资；对评定为优秀等次的，给予一次性奖金奖励，在定向招录公务员和事业单位空缺岗位补充人员时优先录用；年度考核被确定为基本合格等次的，由组织部门对其诫勉谈话，限期整改；连续两年年度考核不合格、村民认可度低的大学生村干部予以解聘。聘期考核被确定为合格以上等次的：可以参加定向招录公务员考试；县乡事业单位空缺岗位补充人员时优先聘用；可续签合同，继续在村任职。其中，被确定为优秀等次的，经组织考察符合条件的，优先选拔进入乡镇领导班子；在定向招录公务员和各类事业单位有空缺岗位需补充人员时优先录用。聘期考核被确定为基本合格或不合格的，不再续签聘用合同，引导其另行择业。通过量化考核，拉开大学生村干部之间的工作业绩差距，检验他们有无达到期满分流出路的准入条件，是否享受优先录用、加薪加分等奖励规定，形成优胜劣汰的竞争机制，真正让优秀大学生村干部出得来、选得上，而将主观动机不纯、不适合继续担任村干部的人员淘汰出去，缓解期满分流出路的堵塞，实现人才资源的优化配置。

四、拓宽后续发展出路

完善大学生村干部期满分流机制，实现正常有序流动，还需要丰富退出类型，拓宽发展渠道。在苏北地区沭阳等县市，目前正尝试采取"六个一批"来广辟后续出路，即村级岗位留任一批，公共服务机构充实一批，机关事业单位招聘一批，创业有成转型一批，自主择业分流一批，考核不称职淘汰一批。我们认为，在国家现有后续出路的基础上，城乡基层公共服务机构将是未来分流的重要去向。大学生村干部计划是国家组织开展的选派项目，是国家公共服务向下延伸的标志，与传统的村干部相比，更加具有社会公共性与使命感，因此基层社会工作者是大学生村干部较为合适的定位。有学者提出类似的观点，建议将大学生村干部岗位设定为公益性农村公共管理岗位（事业编制），大学生村干部在人才类别上列入社会工作人才队伍，基本工作职责是协助村干部开展农村公共管理工作，细分为社会管理、经济管理、文化管理、党务（村务）管理等具有不同侧重的岗位职责①。基层社会工作者要求大学生村干部主要担负服务提供者、行为倡导者、关系协调者和资源筹措者等角色，提供公共服务管理功能。服务提供者角色表现在便民服务行动上，要求大学生村干部开展一系列的贴心服务活动，赢得广大村民的拥护支持。倡导者角色要求大学生村干部摸清村民生计发展现状和主体迫切需求，把握经济社会发展主流方向，示范、引导一种健康合理的生产生活方式，不断提升村民现有行为能力。关系协调者角色要求大学生村干部利用中立身份当好调解员，采取建设性的工作方式，创造合适机会或有利途径，推动现有社会矛盾冲突的软化。资源筹措者角色意味着大学生村干部要扮演动员者和组织者角色，围绕村民的生存发展需要，努力拓展和利用各种社会资源。

当前，在乡村振兴背景下，打造"一站式服务"的综合服务平台，逐步形成便捷的乡村便民服务体系势在必行。乡村基层服务体系急需大批骨干力量加入。① 农技推广服务员。为改善农业技术推广队伍结构、增强基层农业公共服务能力，构建农业科技创新与推广体系，农业农村部正在推行农技推广服务特岗计划。对于学农爱农、专业对口的大学生村干部，可以优先进入该项计划，发挥他们在农技推广服务工作中的示范带动作用，并逐步将其转入常设岗位，纳入县乡事业编制。苏北地区是我国传统的农业主产区，无疑乡村基层对农技推广服务员的需求量大，需要强化农技推广服务员与农户、农业企业、农村合作经济组织间的对接联系。② 社会体育指导员。乡村公共体育服务体系的构建，需要建设一支富有朝气、充满活力的社会体育指导员队伍，在群众性体育活动中承担锻炼指导、技能传授和组织管理工作。为此，可发挥大学生村干部在基层一线工作的特点，努力把他们培养成为体育知识的传播者、农村体育工作的组织者和农民健康生活的引导者。早在2009年，江苏省委组织部和省体育局就联合下发《关于实施大学生村干部社会体育指导员工程的意见》，在全国率先启动大学生村干部社会体育指导员工程，截至2013年已累计培训大学生村干部体育指导员15078名，有力推动了乡村基层体育工作的发展。此外，在社会

---

① 秦浩. 建立健全大学生村官职业发展机制[J]. 中国党政干部论坛，2016（7）：53.

治安管理、精神文明建设、公共卫生等领域,大学生村干部可充分发挥其服务优势。基于此,对于期满考核合格的大学生村干部,可以经由县市组织人事部门推荐,转聘为社会管理和公共服务岗位工作人员,如社区工作者、农技推广服务员、企业党建工作指导员等,继续发挥他们服务功能。稳定可预期的身份是大学生村干部扎根基层的重要前提,也是其后续职业发展的重要保证。

我们认为,大学生村干部期满流动对应的是"流得动",该环节最终是要建立有序流动机制,包括拓宽多元化的"出口"渠道,形成吐故纳新的进出机制,引导扶持大学生村干部合理城乡社会流动。做好大学生村干部期满社会流动,助推大学生村干部职业发展,需要坚持宏观层面的整体性设计原则,国家要站在长远角度谋划大学生村干部社会流动的发展走向,努力形成相对制度化的保障;需要强化职业转换激励,包括加大公务员和事业单位人员考录的激励力度,加大进入企业的激励力度,加大报考研究生的激励力度,加大自主创业的激励力度等,以构建职业选择平衡格局[①]。最后,对于大学生村干部期满流动的现实,正如某基层工作者曾指出的那样:"无论大学生村干部人数减少还是选择离开,都离不开是'现实'二字,也因此没有必要随意地品评他们的做法。政府和基层真正需要思考的应该是,如何给他们提供更好的保障,更好的晋升机制,更明确的身份职责,如何让基层增添魅力,使高校毕业生愿意到下到农村去,为国家的基层事业建设做贡献。努力使真正的人才脱颖而出,不埋没一个人才,不漏掉一个好干部,才是大家想看到的。"

第五节 基层大学生村干部青年期满职业抉择的反思

大学生村干部基层履职的服务期限通常为三年,连续任职不得超过两个聘期。服务期满,大学生村干部面临人生的"二次择业",经过"二次择业"之后,大学生村干部方能获得比较明确的身份属性,并很大程度上决

---

① 秦浩.建立健全大学生村官职业发展机制[J].中国党政干部论坛,2016(7):54.

定着今后的职业发展走向,故服务期满职业抉择意义重大。在基层大学生村干部青年期满职业抉择的过程中,相较当前村干部履职岗位,其发展去向有了很大的变化,我们认为有以下几点需要加以深刻反思。

一、市场双向选择与政府安置

引导大学生村干部期满后有序流动,是大学生村干部工作健康持续发展的关键。由于大学生村干部计划是国家主导的基层导向工程或者人才工程,很容易产生被依群体。社会公众包括大学生村干部在内普遍有种错误解读,就是认为选聘高校毕业生基层履职是政府行为,那么当基层村干部三年志愿服务期满,地方政府部门不会不管他们,碍于情面或者平时工作依附关系也肯定会照顾他们的后续出路,否则,面向大学生村干部及其家长会难以交代。若从顶层制度设计来看,国家希望建立健全大学生村干部有序流动机制,引导聘用期满大学生村干部通过"五条出路"有序流动,实现后续职业发展:① 鼓励留村任职工作;② 择优招录乡镇和其他党政机关公务员;③ 扶持自主创业发展;④ 引导另行择业;⑤ 支持继续学习深造。五条出路方向应该比较清晰,而五条出路之前的修饰限定语则将政府的态度和动作显现出来,分别是"鼓励""择优招录""扶持""引导""支持",这里根本不具有政府出面安置工作或者打包分配的含义,而是基本采用市场双向选择的办法。事实上,地方政府部门也不可能安排期满大学生村干部个体的工作,毕竟这是市场经济社会,资源配置的重要手段是市场而不是政府总揽,政府居中只是起到监管作用。

由计划经济转入市场经济以来,高校毕业生就业模式就开始采用市场双向选择机制,即用人单位根据自身的需要和用人标准选择、录用求职者;求职者根据自身的条件、志愿和价值取向去选择用人单位,确定是否面试或应聘。供需双方经过当面洽谈和互相选择,形成统一意向后达成就业协议。高校在市场双向选择机制中起到接洽联系用人单位,择优推荐人才的作用。对应到基层大学生村干部,采取市场双向选择的话,真正的就业需要大学生村干部展现自身经验能力和就业意愿,得到用人单位的考察认可,才能顺利与用人单位签约。这中间当然需要政府创造良好的就业氛围,如主动出面联系对基层人才感兴趣的单位机构,对大学生村干部进行介绍推荐等。这意味着大学生村干部要在基层履职中历练自身的能力和本领,切实提高自身的综合素质，为期满二次择业打下基础，这是大学生村干部服务期满职业抉择的主要方式。

面对大学生村干部服务期满社会流动的现实，地方政府管理部门有必要在大学生村干部任职期间重申并明确最后服务期满社会流动的方式手段、具体去向及注意事项，彻底让大学生村干部摆脱依赖等待心理，尽早做好个人职业规划和相关准备，提升大学生村干部服务期满职业抉择的质量。在这方面，苏北地区诸多市县做出了一些尝试，如加强对大学生村干部的职业规划指导，引导他们树立正确的价值观与择业观，选择合适的职业发展方向，并建立健全由政府组织引导、市场配置、双向选择的分流安置工作机制，取得了一定成效。

二、基层培养对二次择业的影响

如前所述，国家鼓励多管齐下、多措并举，力图建立正常有序的多元流动格局。多元化的出路实际上是在引导大学生村干部多元化成长，而多元化成长是以差别化的分类培养为基础。这里着重点出乡村基层人才培养的价值意义，要想摆脱大学生村干部工作被视为一种"应景工程"或"政绩工程"的误区，关键之一需要尽快拿出明确的乡村版青年人才培养方案，扎扎实实做好基层青年培养管理事项。基层培养一是需要明确人才培养的目标取向和鲜明特色，如定位于社会治理的应用管理型人才？还是生产经营类的技术型人才？还是发挥社会救助、社会帮扶的服务型人才？并着实将这些培养方案举措一一落到实处。二是需要强化基层人才能力的提升，包括问题分析解决的能力、农业生产管理能力、种养殖技术能力、乡村事务治理等。大学生村干部原本就是知识人才，下到乡村基层，应发挥青年人才的特点优势，强化涉农方面技术的学习，进一步拓展基层业务能力，展现乡村基层这所"学校"锻炼的价值意义。三是结合乡村环境治理、农村产业提质增效等工作，搭建实训基地平台，通过结对帮扶、跟班学习、提供培育岗位等方法，实现大学生村干部人才"理论化"培养与"实践化"锻炼有机结合。四是在大学生村干部分类培养的不同取向与现有流动出路之间建立某种对应关系，尽早实现个体选择与社会安排的对接，增强大学生村干部基层任职的动力和信心，也使得其后续职业发展趋于稳健。例如，创业富民型的培养导向，在出路安排上可主要面向自主创业和留任村干部的路径疏导；社会管理型的培养导向，主要在留任村干部与考录公务员上予以支持；专业技术型的培养导向，可面向考录事业单位技术骨干、继续学习深造或者另行择业；而服务亲民型培养导向的出路相对宽泛些，留任村干部、考录公务员、另行择业和继续学习深造均可。

在苏北地区，一些县市地方对推进大学生村干部计划的现实和深远意义认识不够，尤其是在把大学生村干部作为地方后备人才干部进行培养方面，工作定位不够高，缺乏周密的计划性，存在被动应付上级检查的情况。由于对大学生村干部采取粗放型培养，相应的考核激励措施没有跟上，管理不够规范严格；对大学生村干部培养力度不够大，大学生村干部缺乏足够的干事创业空间，基层培养工作的政策落实效果不佳[①]。对于基层培养的结果，当地政府部门的普遍做法是对工作实绩突出、村民认可的大学生村干部，及时通过公推公选、定向选拔等方式推上村"两委"正职或乡镇科级领导岗位，这只是对工作取得成绩的优秀大学生村干部给予提拔。接下来，需要梳理打通普通大学生村干部培养与后续发展出路之间的对应联系，需要建立不同取向的差异化培养方案和实施细则，需要地方政府加强所有大学生村干部职业生涯规划指导，建立健全政府引导和市场配置相结合的工作机制。

当然，差异化培养使得大学生村干部的成长成才之路更为细致化和多元化。面对巨大的人力、物力和财力投入，国家应该采取主动出击的姿态，在五条出路中要加大对留任村干部的政策倾斜力度，设计吸引优秀大学生村干部期满之后留村任职的优惠条件，并给予他们明确的身份属性和落户激励，使之成为长期留守农村基层的一张"王牌"，这也是大学生村干部计划设计的初衷之一。

三、个体锻炼对二次择业的影响

大学生村干部到基层任职有其成长成才的主观诉求，大学生村干部计划是有志青年实现人生价值的希望工程。服务期满之后，所面临的"二次择业"显然不同于前面的初次择业。一是具备的基础不同，"二次择业"的

---

① 李义良，奉公. 大学生村官队伍建设研究报告——基于江苏省的分析[J]. 中国青年研究，2016（9）：60.

大学生村干部经历基层履职磨炼，具有了一定的社会阅历和基层工作经验，技能升级有助于其接下来从容做出就业选择；而初次择业的高校毕业生是学生身份，没有多少社会阅历，是不由自主地被推向社会，具有很大的盲目性。二是"二次择业"的重要性要强过初次，如果说初次择业是带有志愿服务性质，身份是村干部特聘岗位，带有摇摆不定性，且村干部项目背后有着政府部门支持的话，那么二次择业更多的是依靠自己的力量，寻找适合自己的工作岗位，背后基本没有政府的支持，它更需要平稳"落地"，完成人生立业使命重担。既然二次择业意义重大，那么在社会主义市场经济背景下，实现二次择业的关键在哪里？答案是在大学生村干部基层历练有无达标，个人才能本领是否得到真正增强，进而受到用人单位青睐认可。从招募大学生村干部对象的用人单位来讲，主要是涉农方面或者面向农村市场的企业，如移动电信部门、保险公司、银行、食品（饲料）公司，以及乡镇事业单位、基层公务员等，要求应聘对象对乡村基层熟悉，有一定的群众基础，个人能够吃苦耐劳，追求进步。尽管会得到基层组织的举荐，但大学生村干部二次择业普遍采用的是双向选择，择优聘用。显然，如果大学生村干部基层履职仅仅停留于表面，不肯花功夫扎下到基层，实务技能没有长进提升的话，那么在二次择业竞争时显然缺乏优势。好在大多数大学生村干部肯为自己的理想与期待而付出行动，愿意为大学生村干部计划设定的目标进行努力，在基层岗位上展示出工作踏实、不怕吃苦、爱岗敬业、勇于进取等优良品质和发展潜力，专业知识与实务技能的结合为其二次择业打下基础，也表明下到基层锻炼所具有的成效与价值。

  分流过程中出现的暂时的留村任职、零星的自主创业和拥挤的公务员之路等这些现实问题，容易导致在岗大学生村干部产生心态不稳，考虑到大学生村干部的后续职业发展具有一定不可预期性的问题，地方政府要及时做好妥善安置分流的预案，提供与大学生村干部现实需求相符的优化制度。对于大学生村干部行为主体而言，在乡村振兴战略的背景下，无论是留守基层还是向外流动，大学生村干部工作经历都有它的价值意义，个体职业发展仍在继续。

第七章　基层大学生村干部职业发展特点与影响因素

"成家立业"是青年阶段最为重要的两件大事,它意味着个体由未成年向成年的转变,从受教育者向生产者、劳动者的转变,从出生家庭向定位家庭的转变。对于那些刚刚踏上社会、刚刚作为独立的社会成员参与到社会物质文明与精神文明生产过程中的青年来说,职业发展无疑是他们面临的最为关键的任务。特别是随着整个社会向现代化方向的迅速发展,社会中的职业类型正在不断分化,各种职业技术与职业规范也变得更加专业化和复杂化。"现代工业拥有日益强劲的动力机械,大规模的能源和资本集团,以及随之而来的最大限度的劳动分工。在工厂里,不仅每个工种界限分明,专业性强,而且每件产品本身也都使其他产品的存在成为必需的特殊产品。"① 与城市在职青年相比,身处基层的大学生村干部职业发展具有自身的特点,它与正在实施的国家主导的大学生村干部计划等基层导向工程休戚相关。

第一节　基层大学生村干部青年的职业发展特征

罗马尼亚青年学学者 F. 马赫利尔(Fred Mahler)曾指出,青年是在把过去—现在—未来联结起来的连续轨道上产生、存在和发展的。一般来说,个体面临着三个时间领域:经验领域(过去),存在领域(现在)和发展领域(未来)。青年的特点是未来与过去的不对称,相对来说,经验的领域自然要比未来发展的领域小得多。对于成人来说,三个时间领域是相对平均

---

① [法]涂尔干. 社会分工论 [M]. 渠东,译. 北京:生活·读书·新知三联书店,2000:1.

的；对于老人来说，情况则与青年相反①。身处基层的大学生村干部青年，其生理层面的发育基本走向成熟，心理层面的自我意识渐渐清楚明确，社会层面上，已开始将社会的价值体系与规范模式内化到个体人格体系之中，循序渐进地推进自身职业发展。

一、职业发展的机遇性

"青年就其在年龄阶梯上的客观状况而言，它的特点是时间领域的不对称，亦即未来（发展）超过过去（经验），由此产生了青年面向未来的趋向，而展望性前景、前景距离、前景自由和前景的变动性则是这一趋向的具体体现。"②要将青年的上述特点和优势淋漓尽致地发挥出来，需要赶上国家大好的发展机遇。事实上，每一代青年都有自己的际遇和机缘，都要在所处的时代背景下谋划人生职业发展。改革开放以来，社会主义市场经济、经济全球化和科技信息化三种环境交叠，成为新一代城市青年成长的背景机遇。他们既是市场经济的原住民，也是经济全球化的原住民，更是互联网的原住民③。考虑到乡村的基础设施条件落后，要素资源分布离散、不均，集体所有制经济发展滞后，对于基层大学生村干部青年而言，发展机遇更多的是来自国家政策倾斜机遇。近些年来，国家对于乡村基层的发展可谓不遗余力，单从国家层面的出台的政策文件就有：《中共中央 国务院关于推进社会主义新农村建设的若干意见》（2006 年），《中共中央 国务院关于加大统筹城乡发展力度进一步夯实农业农村发展基础的若干意见》（2010 年），《中共中央 国务院关于全面深化农村改革加快推进农业现代化的若干意见》（2014 年），《中共中央 国务院关于深入推进农业供给侧结构性改革加快培育农业农村发展新动能的若干意见》（2017 年），《中共中央 国务院关于实施乡村振兴战略的意见》（2018 年），中共中央、国务院印发《乡村振兴战略规划（2018—2022 年）》（2018 年），中共中央办公厅、国务院办公厅印发《关于加强和改进乡村治理的指导意见》（2019 年），《中共

---

① 马赫利尔. 青年问题和青年学［M］. 陆象淦，译. 北京：社会科学文献出版社，1987：134-135.

② 马赫利尔. 青年问题和青年学［M］. 陆象淦，译. 北京：社会科学文献出版社，1987：157.

③ 李辉. 在新时代的大势下理解新青年［J］. 人民论坛，2018（22）：12-14.

中央 国务院关于全面推进乡村振兴加快农业农村现代化的意见》（2021年），《国务院未成年人保护工作领导小组关于加强未成年人保护工作的意见》（2021年）。这些政策文件并不是权宜性的安排，在它们的背后，国家倾注了大量的人力物力和财力资源，基层得到这些政策支持和资源要素输入，将会极大地改变乡村基层发展滞后的窘境，这也为基层大学生村干部的职业发展创造了条件，为此，大学生村干部需要抓住这一重要契机。作为基层社会工作者，大学生村干部或从中扮演中间人角色，有效串联上级政府与乡村基层；或利用现有资源带头创新创业，闯出一片天地；或发挥自身的专业知识技能，推动乡村社会治理水平提升。心有准备的大学生村干部完全可以将这些机遇化为职业发展的助推器，尽快实现自身设下的理想目标，促进大学生村干部计划最终目标的实现。

二、职业发展的协助性

在乡村基层治理体系中，传统村干部采取属地化管理，主要担负政务和村务两项职责：政务方面包括贯彻落实党和国家有关乡村发展的路线、方针和政策以及县乡地方政府的要求，诸如乡村经济社会发展规划、征兵、税收、计划生育、综合治理、文化教育和救助保障事务。村务方面包括乡村文化教育、公共事务治理、村规民约制度建设等。与现有担负主责的本土村干部相比，大学生村干部的岗位职责在《关于建立选聘高校毕业生到村任职工作长效机制的意见》中予以规定，主要是协助做好以下工作：宣传贯彻党的路线方针政策及上级党组织有关安排部署；组织实施社会主义新农村建设的有关任务，协助做好本村产业发展规划，领办、创办专业合作组织、经济实体和科技示范园；配合完成社会治安、计划生育、矛盾调解、社会保障、调查统计、办事代理、科技推广等工作；负责整理资料、管理档案、起草文字材料和远程教育终端接收站点的教学组织管理、设备网络维护；参与讨论村务重大事项；参与村团组织的建设和工作。显然，大学生村干部岗位的协助性非常突出。

诚然，这种协助性职责使得大学生村干部能够较好地度过适应期，能够在乡村复杂事务中自由穿梭，发挥黏合和助推的功能。但是，从青年长期职业发展来看，协助性意味着不担负主责，大学生村干部居于决策管理的边沿，会有一种状态不定、职责不清的境况，这影响到基层大学生村干部职业发展的质量与效果。因为越是到村干部任期后期，由于期满面临出路再选择的问题，重要村务工作往往不再交给大学生村干部负主责。鉴于此，随着大学生村干部基层履职的适应，从下乡第二年开始，经考核称职、符合任职条件的村干部，原则上应可以担任村"两委"委员或以上职务并明确分工，帮助村民发展致富项目、领办合办农民专业合作社、组织开展群众文体活动、参与排查调处矛盾纠纷、为村民代办各项事务，以不断提高能力素质。我们认为，基层大学生村干部职业发展的理想局面应是协助性与主责性并重，更准确地讲，是协助性在前，主责性在后，达到由单纯的事务性工作向综合的事务性工作与决策性工作转变。无论是协助性还是主责性，在乡村基层"熟人（半熟人）"框架中，治理更多的是带有一种志愿性的行动结果，治理的主体和任务是软约束的。

三、职业发展的多面向

当代知识青年拥有与中国特色社会主义新时代相契合的"代际特征"，他们思想解放，思维活跃，视野开阔，勇于接受新事物，勇于创新变革，勇于挑战传统，勇于担当使命，这为知识青年成长成才提供了良好条件。具体到基层导向的大学生村干部计划，其一，由于该计划处在探索实验阶段，加之原本村干部角色定位模糊、任务广泛，这给基层大学生村干部青年的职业发展带来一个考验，要求其岗位发展具有多面向，展现大学生村干部青年可塑性特点，力图在基层职业发展上面有所突破。其二，基层工作的基本特性。俗话说，"上面千条线，下面一根针"，这是对乡村基层工作的真实写照。基层工作繁杂琐碎，涉及领域和协调对象众多，令人不能懈怠。无论是支农、支教、支医、精准扶贫工作，还是后期拓展的农业技术推广、乡村文化建设、贫困村整村推进、就业和社会保障基层服务等，都与大学生村干部身份与专业特点结合紧密。大学生村干部就是要引好"上面千条线"，当好"下面一根针"，通过承上启下，将政府方针政策落到实处，共同增进民生福祉。在思想上积极上进，在工作中努力奋斗，成为"三农"工作队伍的重要力量。他们或正确把握党的方针政策并及时有效宣讲传达，做好政策不折不扣的搬运工；或深入群众、贴近群众，扎实开展为民便民活动，争取得到村民的理解与支持；或领办专业合作社，组织发动村民，带头创业致富；或走访调研，为乡村社会治理谋划方法、提供思路。基层的这种多面向全方位锻炼，实际上也是一种"倒逼"，它能够提升大学生村干部综合能力，培养符合基层需要的全能型人才，为大学生村干部以后职业的进一步发展打下基础。例如，当服务期满之时，可引导大学生村干部进入国有企业、金融机构、非公有制企业、社会服务组织、城乡社区等就业，促使基层大学生村干部出路越走越宽。

大学生村干部职业发展的多面性也暴露出大学生村干部的工作专业化程度不是很高或者技术性不是很强。大学生村干部岗位属于"村级组织特设岗位"，一些大学生村干部对村干部岗位的性质缺乏了解，来到乡村基层之后，对于自己如何定位把握不准，经常受到待遇、考核、去留、升迁等问题的影响，加上急躁功利的社会环境影响，会导致他们对自己的职业认同缺乏内生动力①。因此，基层大学生村干部在由知识性人才转向职业型人才时有一个制约瓶颈。

总体来讲，处于基层履职过程中的大学生村干部有着自己的性格旨趣和憧憬需求。在个人职业发展前途所做的取舍中，他们不是被自动"发射"到相应职业轨道，也不是被动的给什么就接受什么，而是具有个体主观能动性。在国家顶层设计和乡村基层的吸纳与助力下，大学生村干部在基层一线摸爬滚打，在处理乡村事务中经受锻炼，在服务基层民众中汲取智慧，这些基层考验能丰富人生阅历，增强自身实践能力，进而促进个体职业发展，带动乡村本地青年共同进步。中共中央总书记、国家主席习近平寄语高校大学生青年："志存高远的青年一代，立志要高，但起步要低，一定要脚踏实地，在基层摸爬滚打后，终会脱颖而出。"②

第二节　基层大学生村干部青年职业发展的主要影响因素

长久以来高校毕业生与乡村基层的关系比较疏远，两者之间顺利链接缺乏基础。现在，在国家的组织与引导下，高校毕业生加入基层导向的大

---

① 李义良，奉公．大学生村官队伍建设研究报告——基于江苏省的分析[J]．中国青年研究，2016（9）：58.

② 本书编写组．习近平与大学生朋友们[M]．北京：中国青年出版社，2020：225.

学生村干部计划成为一名村干部,下乡开展志愿服务,其职业发展前景如何?又有哪些主要因素会影响他们的基层职业发展呢?我们给出的答案是基层大学生村干部的职业发展前景光明,这是由于人才下乡是多元主体发展之需,下乡之后的个体职业发展具有多元主体努力协作的基础,具有政策友好和基层支持的条件基础,这些我们已在前面的章节中陆续阐述过。但前景光明的背后,不可否认现实之中仍存在一些主要影响因素。

一、职业发展的定位因素

当前,制约乡村发展的瓶颈之一在于乡村缺乏青年专业人才,基层特设岗位的增设暂时缓解了这一问题,它能够引来外来高校毕业生青年的入驻,但遗憾的是该岗位具有不确定性,故需要经过实践探索将之由临时特设岗位变为长期固定岗位,给身处其中的大学生村干部助力增能。作为基层岗位,国家人才下乡制度设计应该明确大学生村干部享有的权利义务和社会地位,让大学生村干部身份有法可依,从而能够维护其自身合法权益,平等参与职场竞争,并拥有良好职业发展前景。换句话说,岗位的正式确定势必会使与之关联的职业定位进一步明确。初始的基层特设岗位指向并不明确,它包容性强,具有志愿服务性质,指向的大学生村干部工作具有模糊性、松散性,考核评价指标也不明确,更多流于表面形式,基层工作具有过渡性的明显特点。而当大学生村干部所在岗位得以固定,特别是与乡村发展振兴紧密联系之后,大学生村干部工作职责则会进一步明确,培养方案及其考核评价就随之形成,职业发展定位趋于专一,这无疑会大大促进基层大学生村干部工作取得进展,推动大学生村干部与乡村基层的融合。

二、职业发展的培养因素

基层履职一方面是高校毕业生青年融入基层社区、助力乡村发展、努力付出的过程,但另一方面也是他们从基层履职当中受益,达到个体能力提升的过程。而困扰公众的问题是迄今为止基层缺乏培养青年的完整体系,为此迫切需要制定切实可行的成长成才培养方案。考虑到我国乡村具有不同的村情社情,大学生村干部的成长成才培养方案也要因地制宜分成不同类型,诸如创业富民型、服务亲民型、社会管理型和专业技术型等形态。

在每一种培养形态上，涉及培养主体、培养理念目标、培养模式、培养时长与培训安排，以及机制与培养保障等，这些需要逐一加以细化落实，并不断加以补充完善。通过差异化的分类培养和评估考核，高校毕业生青年能在基层岗位上得到锻炼发展，展现并证明基层培养知识青年的可靠路径，提升基层青年服务期满社会流动的选择空间余地，继而向社会各行各业、各条战线输出有用人才。习近平总书记告诫指出："各级党委和政府要充分信任青年、热情关心青年、严格要求青年，为青年驰骋思想打开更浩瀚的天空，为青年实践创新搭建更广阔的舞台，为青年塑造人生提供更丰富的机会，为青年建功立业创造更有利的条件。"[①] 培养无疑在大学生村干部基层履职中扮演着重要的角色，培养质量关系到他们的职业发展。

三、职业发展的激励因素

有学者指出，人才下乡政策在推动高校毕业生基层就业方面的效果仍不甚理想，尽管目前我国愿意参与基层就业项目的高校毕业生比例达到40%以上，但最终去基层就业的毕业生人数仅占毕业生总人数的3.76%，"下不去、留不住、干不好、流不动"仍是我国高校毕业生基层就业工作面临的四大难题[②]。细究其中的缘由，最大的原因是激励因素仍显不足。走近基层的大学生村干部正处在人生的关键时期，面临成家立业的重压。由于刚刚踏入社会，加之所在的是志愿服务岗位，乡村基层履职的他们所得的报酬相对有限，待遇更多的是带有补偿性质而非着眼于激励角度考虑。但是身处陌生基层，个人日常开销着实比较大，这无形当中存在缺口，收入待遇制约着大学生村干部的生活与人际交往。同时，在履职过程中，地方政府考核对于大学生村干部业绩表现重视不够，特别是对那些干出成绩的大学生村干部物质奖励偏少，精神鼓励和荣誉称号偏多，这也挫伤了一些大学生村干部向上发展的积极性。做好人才下乡，必须要提高基层大学生村干部的薪酬福利和业绩奖励，逐步使大学生村干部岗位职业化、报酬工薪化、养老保险制度化，努力做到物质待遇上的稳定提升，消

---

① 中共中央文献研究室. 习近平关于青少年和共青团工作论述摘编 [M]. 北京：中央文献出版社，2017：99.

② 钟云华，刘姗. 新中国成立以来高校毕业生基层就业政策变迁逻辑与发展理路——基于1949—2020年政策文本的分析 [J]. 高教教育管理，2020（2）：115.

除大学生村干部基层安家落户的烦忧，壮大基层优秀大学生村干部人才队伍。

四、职业发展的环境优化因素

大学生村干部职业发展很大程度上依赖于介入的环境，环境优化主要有两层意思：一是有形的平台载体建设。基层导向的大学生村干部计划理念令人耳目一新，无论前面提及的基层情怀型，还是政策导引型，在深层次上更能契合青年个体需要的是基层发展平台的树立。基层地理空间辽阔，各种关联要素发展相对缓慢，大学生村干部下到基层，迫切需要有用武发挥之地来实现人生理想价值，赢得基层民众的认可与信任，已有成形的基层发展平台意义重大。考虑到基层是城乡发展的"洼地"所在，政府应加大财政补偿投入以及后续的管理扶持，形塑贴合村情社情和大学生村干部青年发展需要的平台载体，努力做到"事业留人""待遇留人"和"感情留人"。发展平台型背后展现的是大学生村干部价值合理性与工具合理性的结合，它将个体成长与基层发展、国家进步紧密结合起来，实现了多元主体间的合作共赢。存在的主要问题是当前基层发展平台凝练不够，尚没有形成具有特色且已成熟的平台项目，未能迅速有效吸引大学生村干部的兴趣关注，造成高校毕业生下到基层后，需要花费大量时间探寻发展平台载体。

二是无形的良好氛围建设。在社会舆论氛围方面，国家应全方位做好包括大学生村干部在内的人才振兴政策宣传，对志愿下乡大学生村干部的先进典型予以表彰，多角度宣传报道基层大学生村干部成长成才事迹，激发全社会的关注与共鸣，增强基层干部群众对大学生村干部青年的信心，创造一个实现基层青年人生价值理想的宽松环境。在营造社会参与的友好环境上，国家应鼓励支持更多的组织、机构共同参与到乡村振兴工程中来，构建大学生村干部成长成才的良好机制，优化大学生村干部创业平台，将大学生村干部履职与乡村产业振兴深度链接，为大学生村干部职业发展提供更为广阔的平台，厚植乡村基层的文化资本。简言之，氛围建设重在创设良好的环境，能对基层大学生村干部履职服务予以助力和包容，推动大学生村干部职业发展。

总体来讲，大学生村干部虽进入乡村基层履职，但没有依据聚居工作地形成社会族群，也没有形成分工基础之上的职业群体，所以不能创造出像迪尔凯姆所讲的"有机团结"，不能形成广泛的社会包容性，乡村基层社会治理和大学生村干部职业发展容易出现不稳定状态。我们认为，政府是大学生村干部获得职业发展的资源供给与制度供给的稳定保障；大学生村干部是个体职业发展的规划者和执行者，能够充分利用周边资源与知识资本；而乡村基层应加强要素整合协调，夯实基层干事创业的平台，提升基层发展的活力和魅力。三者之间应形成向心合力，共同推动基层大学生村干部职业发展。

第三节 基层大学生村干部青年职业发展的若干误区

《中长期青年发展规划（2016—2025年）》提出，青年是国家的未来和民族的希望。青年兴则民族兴，青年强则国家强。促进青年更好成长、更快发展，是国家的基础性、战略性工程。为此，要站在党和国家事业后继有人、兴旺发达的高度，把青年发展摆在党和国家工作全局中更加重要的战略位置，整体思考、科学规划、全面推进，努力形成青年人人都能成才、人人皆可出彩的生动局面[①]。面对基层导向的大学生村干部计划这一新生事物，我们必须保持清醒的头脑，要及时发现基层大学生村干部青年职业发展过程中出现的难点和存在的误区。

一、职业发展的志愿性误区

大学生村干部计划尚处在探索实验之中，青年行为主体的职业体系还没有正式形成，大学生村干部身份模糊就是明证。这种非工非农非公的模糊定位是权宜之计，背后可以反映出大学生村干部职业发展方面的志愿性误区。从国家层面来讲，大学生村干部计划是一项覆盖基层、涉及乡村发展方方面面的综合性社会工程，是为保证社会主义事业薪火相传、后继有

---

① 新华社.中共中央 国务院印发《中长期青年发展规划（2016—2025年）》［EB/OL］.（2017-04-13）［2020-05-11］.http：//www.gov.cn/xinwen/2017-04/13/content_518 5555.htm#1.

人做出的重大决策，该计划具有长远战略意义。制度视域下的大学生村干部计划被定位在党政干部后备人才的源头工程、新农村建设骨干力量的培养工程、基层党组织建设的强基工程、有志青年实现人生价值的希望工程之上[①]。显然，国家视野之中的大学生村干部计划是一项崇高神圣的事业，强调大学生村干部基层志愿服务的价值合理性和社会属性，鼓励他们志存高远，怀有强烈的使命感和担当精神，做到身处农村心系农村，把个人抱负与基层需要紧密结合起来，在农村广阔天地中建功立业。考虑到该计划是一个新生事物，大学生村干部身份的模糊处理便于国家适应复杂形势进行探索实验的需要，其所付出的成本代价和社会影响相对较小。

具体到基层大学生村干部个体来讲，下到乡村基层履职服务，内心更多关注的是走上社会时的职业身份，强调基层服务的工具合理性和有效性。通过进入职业群体容易形成稳定结构，在群体内部能产生信任认同，并逐步建立群体与外部环境之间的良性关系，进而在社会之中站稳脚跟。已有实践表明，在熟人、半熟人社会中，治理更多的是一种志愿性的行动，而志愿服务性活动的最大弊端，一是活动不具有可持续性，极易受到上级政府部门的支持力度和政策影响。二是专业性不够明显，很多志愿服务活动流于形式，服务成效不明显。三是将志愿服务纳入国家框架，容易出现以"义务"逐步消耗"志愿"服务社会的热情，此等状况难以满足国家主导的人才战略工程需要。对于大学生村干部计划，在进行选聘招募之时，不可否认大学生村干部岗位是带有志愿服务色彩或者光环的，但基层实践操作迫切需要大学生村干部精准的职业定位，希冀他们能在基层岗位上施展才华，在考核评比中取得优秀成绩，助力解决乡村现存社会问题。未来的发展去向，应是由志愿性身份转为职业性身份。

二、职业发展环境的助推性误区

身处基层的大学生村干部青年具有边际人角色的特点，他们游走在国家政策与乡村基层的边缘，处于一种不稳定的状态。作为乡村基层应给大学生村干部青年赋权，提升他们的基层地位，培养其发展所需的能力和技

---

① 中共中央组织部组织二局. 大学生村官计划：具有长远战略意义的选择[M]. 南京：凤凰出版社，2012：2.

能，让他们从乡村发展振兴中受益，发挥基层的助推性功能，这种助推与社会工作领域所讲的"增能"概念比较类似。在实践过程中，大学生村干部职业发展环境容易产生助推性误区。一是在助推意义上的认识误区。大学生村干部计划是我国人才强国战略的重要组成部分，在实施中间需要克服青年发展中的"市场失灵"和"政府失灵"，要通过全面、系统、精准地基层助推机制来促进大学生村干部的职业发展，帮助青年直面"环境变迁所衍生新兴挑战，以及生涯发展过程中面对重要人生转折"，这无疑具有重大政治社会意义，是国家基层导向社会工程的主要辅助事项。二是助推实施的出发点偏离。在实践过程中，来自外部环境的助推不能仅把大学生村干部视为一种被管理的对象，必须跳出部门视角和管理者的僵化思维，要从大学生村干部主体出发，在尊重市场经济规律和青年人才成长规律的基础上，正面回应大学生村干部成长过程中的主观合理诉求，要予以科学引导，为他们施展才能搭建舞台，营造一个充满人文关怀的良好基层环境，进而建立和完善大学生村干部职业发展机制。三是助推内容的转换误区。事实上，在大学生村干部基层履职的不同阶段，来自乡村基层的助推内容不是千篇一律，而是有所转换的，主要依据不同阶段基层大学生村干部的不同诉求。例如，在基层履职初期，助推的主要内容是帮扶，通过人性化的关怀帮助大学生村干部尽快适应乡村社会和工作岗位；在基层履职中期，助推的主要内容是搭建干事创业平台，促进大学生村干部岗位建功；在基层履职后期，助推的重心是创造流动的良好氛围和条件，促成大学生村干部实现"二次就业"。对于乡村基层来讲，助推内容、手段方式需要及时转换，否则，有可能起不到助推的预期效果。

三、职业发展链条的完整性误区

在志愿服务乡村基层的语境下，身处基层的大学生村干部职业发展实务往往容易遭到忽视，即使得到重视的也仅仅是职业发展之中的部分内容，如大学生村干部下乡之时的岗位适应，以及服务期满之时的社会流动等。事实上，基层大学生村干部职业发展的链条是一个完整的过程，包含人才培养锻炼、人才使用、人才激励、人才评价、人才流动等环节。在大学生村干部职业发展链条上存在的误区，主要有以下表现。一是基层针对这些环节的具体政策比较虚化。当前，在人才培养环节，政策文件并不明确，有的甚至还仅停留在意见层面,并未形成可实施的细则,已出台的举措也十分有限,未能完全跟上大学生村干部青年的职业发展需要。二是人才培养各环节相互之间的衔接有待完善。准备时期的职业发展,主要任务是确立积极的基层服务意识;介入初期的职业发展,主要任务是建立正确的自我概念;中期阶段的职业发展,主要任务是加强角色学习,塑造健康人格;后期的职业发展,主要是继续社会化和再社会化。大学生村干部职前预备、入职教育、职中培训和职后充电几乎处于分离和断层状态,没有系统整合性,这会严重影响到基层大学生村干部技能提升。我们认为,职业发展是一个有持续性的连贯过程,必须高度重视从职前、入职、职中到职后的过渡与衔接,加强政府组织管理部门的督查与指导,促进基层大学生村干部在磨炼中成长成才。

发展性是青少年群体具有的本质属性,而职业发展贯穿基层大学生村干部整个服务期。当然,基层大学生村干部职业发展不是一蹴而就的事情,它需要有一时间过程,以及培养的累积。职业发展链条的完整性最终关系到乡村基层人才培养的质量与效果,决定着基层广阔天地之中青年能否大有可为。

对于上述大学生村干部职业发展的几大误区,我们需要予以认真剖析并找出解决之策。习近平总书记在2019年4月19日集体学习五四运动的历史意义与时代价值讲话中指出:"要深入研究当代青年成长成才的特点和规律,了解青年优势和弱点,引导广大青年把树立远大理想和脚踏实地统一起来,引导社会各方面关心青年、服务青年,积极做好青年工作,为广大青年成长成才、创新创业创造良好环境。"[①] 在大学生村干部计划由数量快速增长进入高质量发展的时代背景下,作为一个新的工作群体和职业群体,大学生村干部应该建立比较清晰的职业素质能力构成体系以及基于此的培养管理体系。

---

① 习近平.五四运动的历史意义与时代价值[EB/OL].[2021-02-12].https://www.sohu.com/a/309923766_120026460.

第四节　基层大学生村干部青年职业发展与村干部计划的交融

如前所述，现有大学生村干部计划的考察更多的是基于国家的宏观制度视角，而非从青年自身的微观角度透视。若从青年主体的视角来看，大学生村干部计划在体现国家主导方意志的同时，也是大学生村干部青年实现人生价值的希望工程，指向他们在基层的职业发展。大学生村干部的职业发展是大学生村干部计划落实在基层的具体表现，与大学生村干部计划之间并不矛盾，两者不是此消彼长的关系，而是相互交融、内在契合的关系。正如专家指出的那样，"大学生村干部职业发展问题关系到大学生村干部制度实施的生命力与持续性，建立健全大学生村干部职业发展的长效机制，有助于营造良好的大学生村干部职业发展环境，规范大学生村干部职业发展，并为推进各类基层服务项目产生积极的示范与引导作用。"[①] 具体表现如下。

一是针对大学生村干部计划流程环节的审视。大学生村干部计划是一个系统工程、整体性工程，它涵盖"下得去、待得住、干得好、流得动"四个流程环节，即要有合适的方式选拔优秀的人才，才能"下得去"；要有配套的帮扶管理机制，才能"待得住"；要注重对大学生村干部的干事创业平台建设和考核激励，才能"干得好"；各部门积极配合，形成合理通畅的分流渠道，才能"流得动"。"下得去"环节是构建大学生村干部工作长效机制的源头和起始，"下得去"需要做好大学生村干部源头选聘工作，完善大学生村干部选聘机制，严把大学生村干部"入口"关，把立志于服务农村、建设农村的优秀人才输送到基层一线。当"下得去"环节处理好之后，便进入下一个"待得住"环节。作为构建大学生村干部工作长效机制的基础环节，"待得住"需要大学生村干部用行动守望理想，在农村广阔天地中找到人生的新坐标，完成对乡村基层环境的职业适应。"干得好"环节是构

[①] 秦浩.建立健全大学生村官职业发展机制[J].中国党政干部论坛，2016（7）：52.

建大学生村干部工作长效机制的关键，大学生村干部不仅要乐于奉献，更要奋发作为，展现履职成效，努力成为社会主义新农村建设的领军人物。"流得动"是构建大学生村干部工作长效机制的末端环节，它是激发大学生村干部队伍整体活力的根本驱力，它的关键在于促进人才职业有序流动。就上述这些流程环节而言，大学生村干部工作长效机制是确保秩序和运行稳定，每一个流程环节的展开无不与大学生村干部个体的职业发展命题紧密相连，希冀通过制度设计提供包裹式服务支持，来协助大学生村干部自立自强、发挥潜能，在基层村干部工作岗位上建功立业，促进乡村社会的兴旺繁荣。

二是来自大学生村干部青年职业发展角度的衡量。由于大学生村干部身份最初是由制度赋予的，无论是在大学生村干部计划制度视域中，还是在乡村基层广阔空间结构场域中，很容易遮蔽大学生村干部主体的"身影"。在本章第二节，我们将从大学生村干部主体角度来解读大学生村干部计划，大学生村干部计划的推进与基层落实实际上就是大学生村干部个体职业发展的展开过程，包括职业准备、基层介入、岗位建功和期满流动，突出显现为服务的志愿性、工作内容的伸缩性、角色的过渡性特点，这条主线所着重体现的是融入基层背景下的大学生村干部个体角色扮演，反映出大学生村干部在该项计划中的职业发展脉络与服务基本特性，总体方向是由志愿服务性质迈向职业化发展道路，将基层服务与个体成才结合起来，让大学生村干部有更多的认同感、获得感。当大学生村干部合理诉求得到重视和满足，当他们的职业发展取得进步或者有"起色"，无疑会有力促进乡村治理水平提升，推动乡村的发展振兴，最终促成大学生村干部计划目标的实现。因此，作为沉下基层的新型乡村治理主体力量，大学生村干部职业发展是大学生村干部计划内容的重要组成部分，是大学生村干部计划制度安排在实践中的体现与展开，也是衡量大学生村干部计划成功与否的重要指标之一。

综上所述，作为建制性设置的大学生村干部计划与大学生村干部个体职业发展之间具有交叉融合性，是制度目标与基层实践的结合，里面渗透着国家的意志、乡村基层的需求和大学生村干部主体的需要，它们之间是共赢抑或是双输的关系，具有共同的利益基础。在实践过程中，考虑到政府的现实主导地位，如若忽视大学生村干部个体的成长成才需求，避谈大学生村干部青年的职业发展核心问题，忽略乡村基层的社情民意，就等于抽掉基层导向的大学生村干部计划的根基，这会导致大学生村干部计划相关工作在乡村基层的"空转"，容易导致"运动式"① 结局，这是需要我们加以避免的地方。而大学生村干部的职业发展将会促进大学生村干部计划的目标实现，通过引导高校毕业生进入乡村基层工作，进而带动更多优秀人才向基层流动和集聚，优化城乡人才合理配置，促进乡村人才振兴。

第五节　基层大学生村干部青年职业发展的走向

作为人才下乡计划中的重要一环，已有文献研究多从现存问题视域出发，进而做出大学生村干部基层任职制度的优化建议，如基层任职制度与乡土逻辑的制度融合，基层任职制度与新农村社区发展的资源融合，基层任职制度与其他乡村治理主体的关系融合等②。我们认为，按照现有制度设计，大学生村干部计划确定为中央组织部、宣传部、教育部、人力资源和社会保障部等十三部门联合协作开展的选派项目。政府官方文件将大学生村干部设计为村级组织特设岗位的志愿人员，到乡村的数量一般担任村党组织书记助理或村委会主任助理职务，系非国家公务员身份，但工作管理考核比照公务员的有关规定进行。大学生村干部并没有正式编制，只是带有志愿服务性质的工作者，它是国家公共服务向乡村基层延伸的标志，与传统的本地村干部相比，更加具有公共服务性与使命感。由于从城市向农村流动是非常规的逆向流动或者向下流动，为吸引高等学校优秀毕业生主动"下乡"，除给予精神层面的荣誉光环外，国家还采取优惠政策积极加以导引，某种程度上算是对志愿服务的补偿与鼓励。文件规定，聘期工作表现良好、考核合格的大学生村干部，报考硕士研究生可享受初试总分加10分和在同等条件下优先录取；建立面向大学生村干部定向考录公务员、招

---

① "运动式"的事例如我国20世纪推行的知识青年"上山下乡"运动，依靠国家机器的舆论发动，简单直接的行政指令，短时间内动员大量知识青年下到基层，但缺乏后续措施的配套，以及乡村基层的接纳和帮扶，最终该运动只能偃旗息鼓。

② 钱德洲，刘祖云．从"嵌入"到"融合"：大学生村官制度的弱化与优化［J］．江苏社会科学，2018（4）：107-113.

聘事业单位工作人员的制度，规定大学生村干部定向考录公务员的比例一般应达到当年公务员录用计划的15%左右，其中定向考录乡镇公务员的比例一般应达到30%。除实行职业资格准入和专业限制的岗位之外，县乡事业单位从大学生村干部中招聘工作人员的数量一般应达到当年事业单位工作人员公开招聘岗位数量的30%左右。问题是，在选聘初始环节不排除部分高校毕业生可能冲着优惠政策而来，希冀在基层农村"镀金"三年，待服务期满后顺利转入心仪的公务员或者事业单位体制之内，其主观层面实际缺乏扎根基层、服务乡村的定力与决心，故选聘环节需要精心设计、严格要求，将一些主观动机不纯的高校毕业生甄别剔除出去，以减少基层履职当中"不为村""不在村"的尴尬情形，但要做到这一点很难，需要建立政府组织人事部门、高校招生就业部门、乡村基层之间紧密的联动机制，合力应对大学生村干部的源头选聘工作。

既然定位志愿服务存在较大的缺陷，就不妨转化设计思路，按照严格的职业选聘标准来筛选。就大学生村干部个体来讲，正处在青年的黄金年龄阶段，内心更多关注走入社会现有分工体系的职业身份，强调基层服务的工具合理性。职业发展对于初次走上工作岗位的高校毕业生意义重大，它是青年得到社会认可的重要手段，也是维系个体经济地位的根基，它应是现实而具体的，同时不能过多加载目标任务造成负荷过重，这与大学生村干部带有志愿服务色彩的公益岗位设计矛盾。在志愿与职业两个选项之间，大学生村干部职业发展如何走下去，我们认为，经过近些年的摸索尝试之后，现在可以给予大学生村干部明确的职业身份属性，即定位在基层从事便民利民服务的社会工作者，它以促进村民个体潜能的发挥和生计发展能力的提升为根本动力，积极解决乡村发展建设中出现的主要社会问题，带动乡村发展、提升乡村文明。它突出两个方面的特征，一是职业性，强调基层履职的规范性和进入"门槛"；二是专业性，强调基层履职的专业技术内涵。在乡村发展振兴的背景下，乡村基层急需大量青年生力军，纳入政府购买服务指导性目录的社会工作者职业身份设计，有助于大学生村干部获取基层服务的信心，改变"弱化的国家政策嵌入者""村务工作的'秘书人员'""无根的农村治理群体"① 等角色形象，切实维护个体生存发展权益，提升便民利民服务效果。而诸多青年个体的职业发展最终能夯实国家的乡村振兴战略基础，两者可以最终实现共赢，逐渐弥合青年与基层之间的距离。

在大学生村干部定位志愿者还是职业者的议题上，我们认为，在大学生村干部计划起步阶段，出于乡村实验探索需要，给予大学生村干部志愿者过渡身份是可以理解的。而随着实践的深入，基于长远发展角度考虑，应该充分考虑青年个体的利益关切，给予大学生村干部明确的职业者身份，吸引更多的高校毕业生主动"下乡"，推进大学生村干部计划的可持续发展。同时，要迅速制订实施基层大学生村干部职业生涯规划，让大学生村干部个体有目标、有计划地提升自己的综合素质，激发个体学习和工作的内在动力，从而为达到自身职业奋斗目标而努力。正如学者指出的那样，十年探索中，大学生村干部政策虽然在选聘规模和质量、焦点问题、队伍能力等方面进行了完善，但现实中干不下来、融不进去、留不住人、解不了题的问题依然严峻，迫切需要实现大学生村干部的精准化、职业化、制度化以及体系化，为中国农村治理与发展注入真正的力量②。只有实现职业化，建立比较清晰的职业素质能力构成体系以及基于此的培养体系，才能真正解决大学生村干部流失的问题，让大学生村干部安心服务农村，将个人事业与农村发展联系在一起③。

可以预计，伴随着中国乡村治理能力和治理水平提升的要求，大学生村干部选聘必然由志愿服务向职业化的方向发展，原有的乡村基层干部格局必然发生部分改变，基层导向的大学生村干部计划走向也会行稳致远。

---

① 郭明. 游走在国家政策与农村社会之间：杜镇"大学生村官"的个案 [J]. 青年研究，2012（2）：33-41.

② 刘义强. 大学生村官政策的成就、挑战与未来政策 [J]. 人民论坛，2018（3）：81.

③ 刘义强. 大学生村官政策的成就、挑战与未来政策 [J]. 人民论坛，2018（3）：81.

第八章　构建基层大学生村干部职业发展长效机制

　　机制是一个重要的研究范畴，按照《现代汉语词典》的解释，它被定义为（1）机器的工作原理；（2）有机体的结构、功能和相互关系[①]。后来，机制被广泛引入社会学、管理学、政治学、经济学等学科领域。有学者综合当前管理学、经济学、政治学等各学科使用"机制"一词时所表达的含义，较为全面地指出"机制"范畴化的基本含义有三种：一是指事物各组成要素的相互联系，即结构；二是指事物在有规律性的运动中发挥的作用、效应，即功能；三是指发挥功能的作用过程和作用原理[②]。若将这三种含义加以综合、概括的话，机制就是指机体内部各构成要素间相互作用的规律性模式。针对大学生村干部成长成才，以中国政法大学马抗美教授为首的教育部哲学社会科学研究重大课题攻关组提出以素质提升、环境优化、动态衔接、多元发展、监督指导五大机制为框架的对策建议。主要包括：突破瓶颈，明确大学生村干部的身份定位；统筹协调，体现地区差异和分类指导；优势互补，推动相关项目衔接并轨；正面理性，全面优化舆论环境；夯实基础，建立高校大学生村干部（包括其他农村人才）预培养机制；动员各方，形成中央主导、多方参与、多方共赢的局面；推动立法，完善大学生村干部工作的法制保障[③]。我们认为，这些对策建议具有建设性和前瞻性，但偏重于宏观层面上的指导原则，对个体成长成才方面关注不够，为

[①] 中国社会科学院语言研究所. 现代汉语词典 [M]. 北京：商务印书馆，1983：523.

[②] 郑杭生. 社会学概论新修（第三版）[M]. 北京：中国人民大学出版社，2005：33.

[③] 马抗美. 大学生村官成长成才机制研究 [M]. 北京：经济科学出版社，2017：2-3.

此要避免政治"运动式"结局，需要构建国家、地方政府、乡村基层和基层大学生村干部紧密结合的职业发展机制。

第一节　差异化培养与大学生村干部青年职业发展

大学生村干部计划是国家主导的人才战略工程，意图在于培养熟悉农村基层、对农民群众具有深厚感情的后备人才，努力形成来自工农一线的党政干部培养链。为顺利实施该项计划，国家重在加强顶层设计和制度建设，陆续出台《关于选聘高校毕业生到村任职工作的意见（试行）》《关于统筹实施引导高校毕业生到农村基层服务项目工作的通知》《关于建立选聘高校毕业生到村任职工作长效机制的意见》等关键文件，就大学生村干部计划出台的背景、意义和原则要求等做出规定。但是，计划的推进若仅停留在《意见》《通知》等原则性方针政策层面还远远不够，当前还亟须设计实施操作方案和运作模式，特别是需要将理论性、原则性的人才培养构想转化成可操作、易推行的方案以指导地方实践。作为人才战略工程的核心，大学生村干部人才培养是当前苏北地区地方政府面临的一项紧迫性任务。

一、差异化培养的推出

与其他战略工程相似的是，大学生村干部计划背后同样凝聚着国家、地方政府、行动者等多极主体的意志和愿景。当国家层面正式确定大学生村干部计划、指明其长远战略意义之后，如何来理解国家意图并付诸措施，需要地方政府认真思考、贡献路径，不断夯实大学生村干部计划的基本内涵。2007年8月，江苏首批大学生村干部满怀豪情地下乡驻村后不久，便陷入无事可干的尴尬境地，产生在"其位"却不知何为"其政"的困惑。作为外来的新生政治力量，大学生村干部更多扮演的是乡土社会的"嵌入者"、乡村干部的"配角"和左右逢源的"好人"[①]，他们是一群无根的农村

---

① 郑明怀.大学生村官角色研究[J].内蒙古社会科学，2010（5）：86-89.

治理群体，游走于乡土社会主流圈子的边缘①。显然，这与大学生村干部计划确立的宗旨目标产生偏离。如何明晰大学生村干部培养取向使其真正进入角色、融入农村基层，成为苏北地区地方政府亟待破解的难题。

所谓差异化培养，是在综合考虑国家、农村基层以及大学生村干部个体意图与需要的基础上，通过采取有针对性的培养扶持措施，引导大学生村干部迈向多元化的成长发展路径。差异化培养的提出是源于农村复杂村情的现实需要。其一，苏北地区农村整体经济发展较为滞后，目前尚有一些经济薄弱村面临脱贫攻坚，农村发展问题成为地方政府在全面建设小康社会过程中的难点所在。其二，苏北地区农村问题复杂，面临着公共物品供给不足、农民精神文化生活匮乏、宗族宗派势力抬头等诸多问题。作为当前发展建设亟须加强的一块"短板"，苏北地区注重选拔农村紧缺的专业人才，不仅要求大学生村干部履行现有工作职责，还赋予他们创业富民、引领村民精神文化生活等使命。显然，任职村庄村情差异，村庄内在需求各不相同，对大学生村干部的期待要求也不尽相同，需要对大学生村干部进行有侧重、有差别的分类培养，以助其嵌入农村基层。

差异化培养的提出是源于大学生村干部个体的成长需要。大学生村干部计划的选聘对象是优秀大学毕业生，要求思想政治素质好，作风踏实，吃苦耐劳；学习成绩良好，具备一定的组织协调能力，自愿到农村基层工作。从与苏北地区大学生村干部的座谈来看，大学毕业生下基层做村干部的主观动机和出发点与社会期待之间存在不小的差距。除部分大学毕业生志愿服务基层、扎根农村外，广泛存在着基于未来发展的功利主义诉求，即希望通过农村基层历练，为以后报考公务员或从事事业单位工作积累资本，差异化培养的引入很好地将大学生村干部的个体选择与国家和农村的发展需要结合起来。从个体外在条件来看，大学生村干部来自国内不同高校，其专业特长、性格特点以及自身发展旨趣各不相同，在培养工作上需要因人而异、扬长避短，通过循序渐进式的分类培养他们发挥潜能、建功立业。在个体内在需求方面，政府管理部门需要因势利导，进行需求创造和引导，引导大学生村干部形成合理的个人需求和预期。

---

① 郭明. 游走在国家政策与农村社会之间：杜镇"大学生村官"的个案[J]. 青年研究，2012（2）：33-41.

差异化培养的提出是源于大学生村干部计划战略工程的发展需要。作为一项庞大社会工程，在起步阶段，国家高度重视选聘初始环节，关注在农村基层迅速布点"落子"。在营造基层就业良好氛围的基础上，通过省市联动积极选聘高校毕业生下乡任职工作，截至2012年底，全国在岗大学生村干部人数已逾21万，覆盖全国1/3以上的行政村落。经过初期的探索实践，大学生村干部计划的重点已由规模数量建设转入内涵质量提升阶段，围绕大学生村干部人才培养以及干事创业的呼声日趋明显，要求大学生村干部工作更为精致化、科学化。由此，地方政府在抓好"下得去"源头工程的同时，对"待得住""干得好""流得动"等环节要予以及时推进，努力做好大学生村干部的差别化培养和后续出路疏导工作，力求形成来自基层一线的处境化经验支持，推动大学生村干部战略工程完整体系的构建。

二、差异化培养的主要取向

在国家决策视野中，大学生村干部计划不是解决就业问题的权宜之计，而是保证我国社会主义事业薪火相传、后继有人的长远大计。由此，人才培养是大学生村干部计划战略工程的"主轴"。对应于农村的空间地域特征和大学生村干部的岗位性质，基层的差异化培养可以形成哪些主要取向呢？

1. 创业富民取向

创业富民取向是指宣传发动具有创业意愿的大学生村干部，鼓励支持其立足当地乡村资源优势创业，带动带领当地村民发家致富，推动当地农村经济社会发展。如前所述，创业富民取向与当前苏北地区农村落后的村情村貌紧密相关。囿于"安全第一"的生存伦理束缚，部分农民不敢创业，他们更多的是观望和等待；囿于缺少科学技术和实际经验，一些农民不会创业，微小的挫折或者失误会使得他们迅速退回原处。显然，农村的发展关键是要有精英、"能人"带领广大村民创业致富。

创业富民取向的培养目标是将大学生村干部培养成为带头创业本领强和带领群众致富能力强的村干部。由大学生转向创业富民领路人，意味着大学生村干部需要重新调整适应。现象学理论指出，通常个体行动所需要的类型化知识和面对情境进行权宜性行动的窍门及关联系统，都包括在个体的知识库中，而陌生情境往往会打破常规，迫使个体拓展新的知识以便能合乎情理地应对新环境。化解或者降低角色转换难度的方法是地方政府广泛开展创业培训，如采取理论讲解、经验分享、项目路演、基地实践等方式，增强大学生村干部创业技能本领；出台鼓励大学生村干部创业富民的规章制度，通过政策扶持促使他们能创业、创成业、创大业；开展大学生村干部创业项目与社会资源的对接活动，如组织当地龙头企业结对帮建，由企业家和职业经理人担任创业导师，解决大学生村干部创业富民过程中遇到的实际困难。

在创业富民培养取向上，苏北地区地方政府重在强化政策"铺路"。例如，S县出台一系列政策引导扶持大学生村干部创业。① 帮助解决创业资金难题。对大学生村干部创业因资金不足而需要贷款的，由县农业银行和扶贫办公室统筹安排。② 帮助选准创业项目。引导大学生村干部围绕自身专业优势、任职村的区位优势和产业优势以及市场需求选取项目，因人制宜，因地制宜。③ 帮助聘请创业导师。组织由高校科研院所专家教授、县乡农林科技部门技术员以及种养殖能手相结合的导师团队，为大学生村干部创业提供项目指导。④ 帮助引导创业模式。探索以创业园为代表的创业新模式，鼓励联合创业，提高大学生村干部抵抗市场风险的能力。我们认为，当前创业富民取向培养工作也还存在一些不足。其一，考核评优问题。考核评优能起到导向和激励作用，苏北地区地方政府每年进行优秀大学生村干部评选活动，对于创业富民实践而言，绝大多数创业成果是属于团队或集体"作品"，如若考评仅奖励项目牵头人，而不涉及创业团队成员则有失公允，它不利于创业团队的培育发展。其二，富民效应问题。大学生村干部创业更多的是一种示范性创业，它肩负着富民一方的使命和责任，但创业实践与富民成效之间并不同步，富民效应未能得到有效彰显，因此急需在大学生村干部创业实践中加以有效导引。

2. 服务亲民取向

服务亲民取向是指发挥大学生村干部基层工作者角色，以村"两委"或团组织为平台，开展形式多样的便民利民活动，努力成为基层民众的贴心人。从乡村治理角度来看，基层村干部通常扮演着国家代理人、村民当家人和村庄经营者等多重角色。与这些基层村干部相比，大学生村干部是一种新型农村治理主体，其角色蕴含更多的志愿性、公共性成分，它是国家公共服务向下延伸的标志，服务亲民理应成为其基层履职的指导思想。

服务亲民取向的培养目标是引导大学生村干部将村民切身利益放在首

位，真诚倾听村民呼声，多为村民办实事。由此，大学生村干部可定位在基层社会工作者上，即主要在农村开展公益活动，发挥志愿服务功能。服务亲民型取向的培养目标要求地方政府做到以下三点。① 强化服务技能的教育培训，围绕提升社区服务水平、维护老人妇女儿童权益以及树立精神文明新风尚等主题，提升大学生村干部服务意识，拓宽便民利民工作方法。② 打造服务亲民的载体平台。苏北地区地方政府通过安排大学生村干部担任便民服务室代办员、扶贫济困帮护员、政策法规宣传员打通为村民做实事的渠道，并通过考核引导他们"沉下"基层，使他们学会做"农家人"、说"农家话"、办"农家事"，增进与村民间的感情联系。③ 积极组织开展活动。以活动为载体，拉近与村民间的距离。G县在大学生村干部任职之初便开展"561"亲民活动，"5"是结对帮扶五个困难农户，大学生村干部要走访了解困难户基本状况，向结对对象传送政策、技术、信息，帮助他们启动致富项目。"6"是走访调查六十家农户，大学生村干部每月要走访农户十家，与农户进行深入交流，畅通民情民意表达渠道。"1"是指与一百位农民交朋友，大学生村干部要把与农民交朋友作为履职内容，在交往中吸取营养、增长智慧。

在服务亲民取向的培养工作上，苏北地区地方政府以岗位平台和活动为载体，注重服务技能方法的传授，服务亲民取得一定成效。就G县而言，在2011年各项活动实施过程中，大学生村干部为村民提供市场信息5000多条，代理代办证照申办、养老保险、各类困难补助申报等事务4300余项，为村民提供咨询服务约2万次，成功调解纠纷200余件。我们认为，现存的主要问题有两个：一是如何使服务亲民活动长效化、制度化，而不是像主题活动那样"一阵风"、走过场、作作秀；二是亟须引入专业的社会工作理念方法，有效提升服务质量与服务水平，帮助村民摆脱现实窘境、走上生活正轨。

3. 社会管理取向

社会管理取向意指引导具有管理专长和群众基础的大学生村干部积极参加村务管理，实现由助理向主政身份的转变，在农村繁杂事务的处理中增长才干。当前，农村社会矛盾较为凸出，维护基层稳定的难度增大，村务管理面临变革。大学生村干部作为外来新生政治力量，思维活跃、视野开阔，获取信息能力强，具有现代社会治理理念和公正思想，能为基层社会管理增添活力。

社会管理取向的培养目标是打造具有基层工作经验和乡村治理能力的干部队伍，这要求地方政府做好以下工作。① 围绕基层干部必备素质展开培训，如邀请专家解读国家强农惠农政策，提高大学生村干部理解和贯彻执行国家农村政策的能力；开展诸如现代高效农业、农村专业合作社、城乡一体化等主题讲座，提高大学生村干部推动农村改革发展的能力；开展团体沟通与领导方法培训，提高大学生村干部的领导才能。② 组织开展结对帮扶。以村组干部为一线帮扶人，向大学生村干部传授村务管理、民间纠纷处理、田间技术服务等方面的经验。通过压担子、教方法、指问题，让大学生村干部在处理各种复杂问题中积累经验，提高组织治理能力。③ 建立科学的考核评估机制。把参与农村社会管理纳入年度考核目标，要求大学生村干部撰写管理心得体会，对管理能力突出的大学生村干部给予表彰激励。

当前，苏北地区地方政府重在加强针对大学生村干部的帮扶力度，大力推行导师制，进行多对一的帮助，采取"帮、带、扶"三位一体的形式直接培养，做到"工作留在身边，重要活动引导参与，安排任务有的放矢"，帮助大学生村干部尽快熟悉工作、施展才智。在社会管理取向的培养工作上，学者们担忧基层村级组织是社会矛盾的交集点，大学生村干部社会经验不足，加之担负的是协助者角色，会阻碍其社会管理行为创新。我们认为，大学生村干部任职之初应找准社会管理的切入点。农村社会管理点多面广、局面复杂，单靠村组干部一条基线来做工作显得"杯水车薪"。作为串联上级政府与乡村基层的中间人，大学生村干部应协助建立"党委领导、政府负责、社会协同、公众参与"的管理平台，形成缜密有力的社会管理网状格局。然后，在此基础上，渐进有序地介入乡村具体事务。

4. 专业技术取向

专业技术意指加强大学生村干部专业技术能力的培养训练，使之成为农村优秀的技术骨干人才。农村要脱贫致富，跟上全面小康建设的步伐，关键是需要引进一大批懂技术、懂管理的人才。2012年中央一号文件明确提出，要加大各类农村人才培养计划实施力度，加快培养村干部、农民专业合作社负责人、到村任职大学生等农村发展带头人。"乡村振兴、扶贫攻坚战及其带来的一系列事件都使得技术治理得以更深地进入村庄，作为技术担纲者的大学生村干部，既是这一进程的推动者，也是受益者，他们不仅逐渐成了新时期乡村行政发展与变革过程中的人才，也促进了组织行政的科层化、常态化与高效运作"[①]。

专业技术取向的培养目标要求地方政府按照专业技术人才队伍建设的思路来培养大学生村干部，使之在农村技术岗位上挑起"大梁"。主要体现在以下方面。① 围绕农业科技、教育文化、医疗卫生、环境保护等领域积极运作，稳定和壮大来自基层一线的大学生村干部专业技术人才队伍。例如，目前苏北地区地方政府正在推行农技推广服务特岗计划，吸纳符合条件的大学生村干部从事农技推广服务工作，不断充实和更新基层农技人员队伍。② 加强大学生村干部专业技术人才的培训工作，安排其到环保、科技、财政、政法、信访等政府对口部门进行挂职锻炼，提高其专业技能和实践创新能力。③ 加强对专业技术人员职称管理工作，调动大学生村干部工作积极性。专业技术资格是专业技术人员水平能力的重要标志，它往往是按照国家统一规定评定或通过全国统一组织的资格考试所取得的正式认证。为激励大学生村干部扎根农村、发挥专长，地方政府应逐步在大学生村干部中推行专业技术资格认定制度，对做出突出贡献的专业技术人才给予奖励。

我们认为，在专业技术培养取向中，亟须强化专业技术方面的职业教育。虽然大学生村干部接受过高等教育，理论知识和专业素质较高，但技术技能层面相对欠缺。接受职业技术教育，掌握农村实用技能，是对大学生村干部自身知识结构的补充完善、能力素质的充实提高，为其人生价值实现提供有力保障。地方政府可充分发挥地方高等院校、职业技术学院等机构的优势，通过与它们开展合作，组织大学生村干部回炉学习技能，进行人生二次"充电"。

三、差异化培养的辅助支撑

大学生村干部是村级组织特设岗位人员，定位在专项事业编制身份上，是一种暂时无法纳入我国现行干部和人事制度的新生事物。尽管该身份指

[①] 黄志辉，陈九如. 乡村人才与组织振兴的青年担纲者——云南省H县大学生村官的角色转变 [J]. 社会建设，2019 (6)：94.

称能灵活适应农村现实形势和基于实验探索的需要，但却缺乏必要的约束力与确定性，给大学生村干部工作展开带来难度和挑战，差异化培养急需辅助支撑。

1. 动态管理

差异化培养的细化意味着需要加强大学生村干部工作的过程监督，从组织纪律、跟踪管理、绩效考核等方面建立健全动态管理。依据上述大学生村干部培养取向，组织管理部门遵循村干部主观意愿与岗位设置双向选择、个体潜能素质与岗位要求相互匹配以及专业与农村产业发展相互对应的原则，分类设计培养规划，做到不同培养方向实行按需施教、不同能力需求实施一线锻炼、不同时期开展跟踪管理考核，加强对大学生村干部的指导与管理。例如，Y县严格村干部在村工作纪律，规定大学生村干部不得借调；要求大学生村干部每周报送一篇工作信息，每月撰写一篇心得体会，每季度交流汇报一次工作情况，每半年向乡镇党委、村委会做一次工作述职，并将心得体会、工作汇报材料在网站上公布评比。针对村干部琐碎的日常工作事务，Y县推行专项督查形式，通过督查通报推广成功经验、分析薄弱环节、下发指导意见。年度考核则实行工作实绩和群众满意度量化积分考核，考核结果与大学生村干部的选拔使用挂钩：年度考核评定为优秀等次的，给予嘉奖和奖励，在定向招录公务员和事业单位空缺岗位补充人员时优先录用；对评定为合格等次的，每年增加一级薪级工资；对基本合格等次的，要求诫勉谈话、限期改进；而对不合格等次的，予以解聘淘汰，引导其另行择业。动态管理机制的建立，有助于强化大学生村干部苦干实干、创先争优的意识，形成优胜劣汰的竞争效应。当然，需要改进和提升的地方是如何将管理考核与基层使用有效衔接起来。管理考核主要依托地方政府部门，而具体使用则是所在村组，两者之间如果配合不好，则会产生脱节。

2. 齐抓共管

如前所述，大学生村干部计划是一个跨部门、多机构各司其职又相互协作的项目，其执行落实有着组织基础保障。具体到地方基层，大学生村干部的日常管理工作是由组织部门、人力资源和社会保障部门、共青团组织负责。县级组织、人力资源和社会保障部门主要负责建立大学生村干部档案资料，做好考核评优工作，落实跟踪培养措施，提出选拔任用意见；

团县委主要做好大学生村干部的联系服务等事项；乡镇党委、团委和村党组织则负责具体管理、联系、服务等工作。

培养取向的不同，决定了培养实施方案内容的差异，要求投入相应的要素资源，这需要部门机构之间加强统筹协调、明确职责分工，落实管理责任，共同承担起繁重的培养任务，形成齐抓共管的良好格局。比较有利的是，大学生村干部计划本身的政治光环为部门机构的行动参与提供了观念层面的责任基础。在苏北地区，地方政府高度重视大学生村干部工作，不断完善县、乡、村三级联动联管责任体系，由组织人事部门牵头，成立由农工、财政、宣传、教育、建设等相关部门共同参与的大学生村干部工作协调联席会，调动各部门、机构的积极性，形成推进工作、解决问题的整体合力，为大学生村干部干事创业、成长成才提供正式支持。

四、简要小结

美国学者托马斯·伯恩斯坦针对中国1968—1980年间的"上山下乡运动"进行了文献研究，提出在下乡青年的实际功绩和可能功绩之间有一道鸿沟，了解农民的真实生活状况可能就是知识青年上山下乡运动最有价值和最具影响力的一个方面[①]。我们认为，造成上述状况的重要原因，在于国家层面缺乏周密的社会工程论证，仅仅停留在制造和维持发起该项工程的政治氛围上面，而缺少针对知识青年成长成才培养制度的顶层设计。与"上山下乡运动"相比，今天的大学生村干部计划有了显著变化，不仅重视自上而下的顶层制度设计，也关注由下而上的基层实践智慧。苏北地区大学生村干部培养工作努力做到"凸显分类特点，突出培养重点"，在实践中反复探寻，在总结中不断完善，形成差异化的分类培养内容体系，探索了基层农村人才培养的路径。这种精细化实践，为人才培养的制度化建设提供了经验支撑和有益启示，接下来的主要任务便是形成国家层面的规范化制度文件，产生较为完备的可操作的培养预案。通过这一上下结合，我们有理由相信，今天国家主导的大学生村干部计划定能克服制度设计上的局限，培养并造就具有美好发展前景的"幸福一代"。

---

① 伯恩斯坦. 上山下乡 [M]. 李枫，译. 北京：警官教育出版社，1993：1.

第二节 基层帮扶与大学生村干部青年职业发展

如前所述，大学生村干部是高校知识青年、社会精英，但在初次走上社会、踏进乡村基层场域之际，他们仍旧属于摇摆不定的"边际人"角色，需要基层帮扶机制施以援手，以形成良好的社会支持网络，营造有利于大学生村干部青年职业发展的环境。

一、帮扶的生成背景

苏北地区地域辽阔，辖区农业人口众多，整体经济社会发展水平相对滞后。2007年江苏省着手实施"双千工程"，即按照一个经济薄弱村（划分标准是村集体经济收入低于5万元，村民人均年纯收入少于2500元）选配一名大学生的标准，选拔1011名大学毕业生到苏北地区1011个经济薄弱村任职，由此在省级层面正式拉开大学生村干部的选聘大幕。伴随着"双千工程"的实施，苏北地区针对下乡大学生村干部的帮扶工程也陆续展开。早期帮扶展现更多的是帮扶者和帮扶对象一对多的关系，基本走领导上层帮扶路线，以情感性支持为主。当2008年大学生村干部计划上升为国家战略决策后，苏北地区帮扶工程走向多对一关系，采取三级（县市、乡镇、村组）联动、以村组基层帮扶为主模式，帮扶内容突出工具性支持。帮扶工程能在苏北地区迅速、全面铺开，有其生成背景和内在的必然性。

第一，角色转换说。角色是指与社会成员个体地位、身份相一致的一整套权利义务的规范与行为模式。大学毕业生选择基层任职、从事村干部工作面临的角色调整具有两个方面的特征。① 角色转换的迅疾性。由大学生身份跃升为村干部角色，预示着从被管理者到管理者的转变，这之间并没有时间提前预备或者见习过渡，容易致使大学生村干部调适滞后、进入工作状态缓慢。② 角色转换的跨度大。基层村干部的主要职能是行使农村公共权力、管理公共事务，引领村民发家致富，但大学毕业生的专业知识库与村干部职能要求并不匹配，大学毕业生需要迅速补课并努力实践"上手"。角色转换要求大学毕业生重新定位，在充分考虑村干部职业社会期待的基础上，能动判断、确定个体角色发展目标和行动展开路径。这种转换不是一帆风顺的过程，它需要帮扶工程予以辅助支持，以减少大学毕业生基层履职过程中的羁绊。

第二，环境适应论。由熟悉的校园跨入陌生的"农门"，大学毕业生面临地域环境切换的考验。除表面的生活条件差、公共基础设施薄弱之外，农村还具有两个重要特征。① 熟人社会。农村是基于人情网络、关系资本编织起来的"熟人社会"。成员个体往往依据彼此之间关系的亲疏程度，区别性地对待交往的不同对象，整个交换活动主要是依赖双方的熟悉信任而不是借助于契约的约束。对于外来的陌生者，几乎所有的村规民约都是排他性的。② 复杂村情。基层农村是社会问题、社会矛盾的交汇点和聚集地，诸如村级组织债务严重、干群关系紧张、农民增收缓慢等问题亟待解决；而且农村家族势力日益膨胀，关系盘根错节，给基层选举和乡村治理带来难度。作为上级政府委派驻村的"空降部队"，大学生村干部缺少基层工作经验和必要的乡村根基、人脉，环境适应过程中容易产生"水土不服"，急需帮扶工程施以援手。

第三，工程导向论。大学生村干部计划并不是解决就业问题的权宜之计，而是国家层面推出的一项人才战略工程，定位于党政干部后备人才的源头工程、新农村建设骨干力量的培养工程以及基层党组织建设的强基工程之上。社会的发展变迁在本质上具有"工程"特征，每当我们提出一个改造社会的方案，拟定一项新的社会政策，我们就在进行社会工程的研究和实践活动[①]。社会工程的核心环节是社会模式的设计，或者说是模式创造问题，即需要将那些理论性、原则性的构想转换成可操作、易实施的具体方案。为确保高校毕业生青年"下得去、待得住、干得好、流得动"，建立一支规模适度、素质优良、充满活力的大学生村干部人才队伍，必须科学、合理地构建大学生村干部工作机制，规范源头选聘、管理培养、配套保障、后续流动等环节。帮扶工程作为管理培养制度的一部分，对大学生村干部适应农村、融入基层起着强有力的助推作用，在整个大学生村干部计划战略工程中不可或缺。

---

① 王宏波. 社会工程的概念和方法 [J]. 西安交通大学学报（社会科学版），2000 (1)：45-52.

二、帮扶的生成形态

通常个体所拥有的资源，除了个体的自我功能和应对能力之外，还包括来自原生系统（家庭、朋辈和同事）、正式系统（社区、商会）和社会系统（学校）的支持。个体所拥有的资源越多、社会支持网络越强大，就能越好地应对各种来自外部环境的挑战。以社会支持理论为基石的社会工作实务就特别强调通过干预和调整个体的社会支持网络来改变其在现实生活中的不利处境。对于大学生村干部而言，基层任职除依靠自身的主动进取外，还迫切需要来自外部环境的支持。

1. 思想帮扶

空间地域和社会角色的生硬切换，使得大学生村干部面临着心态调适、工作适应以及困难应对等诸多难题，由此开展思想工作、解决心理"疙瘩"成为不可或缺的帮扶内容。从更深层次角度讲，大学生村干部对村干部计划战略工程本身或者村干部事业还有一个思想上的再认识和拔高的问题。在当初报考村干部的时候，他们关注较多的是职业发展前景，以及笔试和面试应对的当下要求，对大学生村干部计划背后的政治内涵及其价值影响思考不多、领悟不深，亟须通过思想帮扶提高认识，用心领会中央决策的战略意图，找准自己在农村基层任职的目标定位。由此，思想帮扶在大学生村干部帮扶工程中居于重要位置。思想帮扶的实质是基于思想引导的疏导式帮扶，组织管理部门针对大学生村干部的思想动态、心理问题展开诊断和"下方"，所起的作用是一种引领性和情感性支持，涉及寻求对核心问题的认知、肯定自身的价值尊严、分享涉农感受、宣泄负面情绪等，最终帮助大学生村干部放下包袱、摆正心态、树立信心。

从基层实践来看，思想帮扶的实施主体是县市组织部门和当地乡镇政府，他们是大学生村干部工作的具体实施者，在当地乡村中具有较高的影响力和号召力，由他们来开展思想帮扶非常适宜，也会在无形当中提高大学生村干部外来者在当地基层环境中的地位。组织部门和乡镇领导采取分片挂钩联系大学生村干部的形式，定期下访到村了解大学生村干部的工作、生活情况，切实解决大学生村干部面临的实际困难，保证他们思想稳定、安心工作。思想帮扶并非空洞无物的简单说教，它在实施环节往往与大学生村干部的日常起居以及工作交往等情境联系在一起。目前，大学生村干部统一在乡镇政府大院安排食宿，当地政府购置日常生活用品，配备自行车或电瓶车，安装有线电视、宽带网络等，努力为他们营造宽松舒适的工作与生活环境。在近乎"家庭式关爱"的基础上，政府领导与大学生村干部谈心交流，给予心理支持、情绪支持和情感支持，帮助其消除陌生感、顾虑和困惑，增强基层履职的信心与激情，促使他们思想扎根。

2. 工作帮扶

村务管理是大学生村干部基层履职的重点所在。然而，对于刚刚走出象牙塔的大学毕业生而言，农村工作实务着实是其短板弱项，专业出身与农村工作的不对口、农村工作经验的匮乏、农村社会资源的不足、农村工作事务的复杂性等因素限制着他们基层工作的展开。"大学生村干部是一群初生牛犊，能给基层带来新的工作生机和活力；但是，更多的时候，这些新人仍旧需要老师们的指导和带领。"[1] 由此，破解大学生村干部村务管理入门难题，急需工作帮扶的介入。

工作帮扶的实质是师徒式帮扶，"师父"主要是具有丰富基层工作经验的村"两委"干部，"徒弟"则是初来乍到、毫无农村工作经验的大学生村干部。师徒式的工作帮扶要求师徒之间建立紧密的联系，围绕农村工作实务实现"教"与"学"的相得益彰。对于村"两委"干部而言，要认真传授村务管理、民间纠纷处理、田间技术服务等方面的实战经验，通过言传身教、压担子、教方法、指问题，让大学生村干部在处理各种复杂问题和完成急、难、险、重的任务中积累经验，提高组织协调能力。对于大学生村干部来讲，关键是端正思想态度和主动向外学习的问题。美国社会心理学家库尔特·勒温（Kurt Lewin）借用公式 $B=F(P \cdot E)$，其中 B 代表行为、P 代表个体、E 代表环境，直接点明个体的行为是个体自身与外部环境相互作用的结果[2]。基层任职为大学生村干部实践提供了极好的机遇，农村生活场域虽然艰苦但能锻炼人，农村工作开展虽难但能考验人，村干部是一份职业但更是一份事业，故应严格要求自己，脚踏实地刻苦磨炼自己。

---

[1] 于江, 张水娟. 大学生"村官"角色的困境分析与对策研究——以江苏镇江地区为例 [J]. 江苏社会科学, 2010（5）: 240.

[2] 勒温. 拓扑心理学原理 [M]. 高觉敷, 译. 北京: 商务印书馆, 2003: 14-15.

师徒式的工作帮扶偏重于农村工作实务，它发挥的是工具性支持的作用，包括引导、协助、支持和分担某些事务等，其介入时间通常是在大学生村干部下乡任职的初期。我们认为，鉴于大学生村干部的工作舞台中心是在农村基层，而村级组织在党的执政体系中处于基层末梢，也是与"三农"联系最紧密、最关键的一环，故以村"两委"干部为帮扶人的一线工作帮扶，效果最为直接明显，它更有助于推动大学生村干部干事创业，进而达到大学生村干部计划培养基层干部的目的。目前苏北地区地方政府正积极推行大学生村干部导师制，除配备思想导师（乡镇领导班子）、生活导师（乡镇机关工作人员）、技术导师（农村致富能手）外，还配备工作导师，即所在村的领导班子成员和驻村干部担任工作导师，采取"帮、带、扶"三位一体的形式直接培养，做到"工作留在身边，重要活动引导参与，安排任务有的放矢"，帮助大学生村干部尽快熟悉工作内容，施展聪明才智。

3. 创业帮扶

与思想帮扶、工作帮扶等常规事项相比，创业帮扶是属于突击性的紧迫任务。如前所述，大学生村干部的早期任职地属于经济薄弱村，脱贫致富、摆脱落后局面是这些薄弱村面临的重大课题。故大学生村干部任职的重要目标是引领当地村民增收致富、消除贫困，实现这一目标的主要手段便是创业富民。而要真正实现创业富民，则必须首先帮助带头人大学生村干部提高创业技能水平。由此，围绕大学生村干部创业富民而展开的创业帮扶呼之而出。

创业帮扶的实质是助推式帮扶，就是通过舆论宣传、创业引导、项目培育、后期扶持等措施，激发大学生村干部创业干劲，使之成为带头致富能力强、带领群众致富能力强的"双带双强"型村干部。在地方具体实践中，创业帮扶分为政策性帮扶和技术性帮扶两种类型。政策性帮扶主要是政府层面出台实施的正式帮扶政策和办法，它鼓励和支持大学生村干部创业，为其创业提供全方位服务。导引性明确、支持力度大、持续性强是政策性帮扶的显著特点。例如，苏北泗阳县大学生村干部政策性帮扶内容包括四个方面。一是帮助解决创业资金难题。对大学生村干部创业因资金不足而需要贷款的，由县农业银行和县扶贫办公室统筹安排。二是帮助选准创业项目。引导大学生村干部围绕自身的专业优势、任职村的区位与产业优势以及市场需求来选项目，因人制宜，因地制宜。三是帮助聘请创业导师。组成由高校科研院所专家教授、县乡农林科技部门专业技术人员、当地种养殖能手组成的导师团队，为大学生村干部创业进行项目论证指导。四是帮助引导创业模式。通过股份制合作、公司化经营，让大学生村干部能够以小资金创办大项目，降低生产成本，提高抵御市场风险的能力。

技术性帮扶主要是当地农村致富能手提供的帮助。由于大学生村干部创业项目多数依托所在乡村资源优势而定，多以投资数额不大的种养殖项目为主，在项目启动和发展阶段急需来自当地致富能手的技术指导和市场信息提供支持。在苏北地区，大学生村干部和当地农村致富能手之间的联系日趋紧密，已逐渐形成联合创业的势头，如"大学生村干部＋种养殖大户＋贫困户"的创业模式，以此提升创业项目的规模水平。与政策性帮扶相比，技术性帮扶具有灵活、高效、便捷的特点，是政策性帮扶的重要补充。应该说，创业帮扶有效调动了社会资源，进一步激发了大学生村干部干事创业活力，增强了创业富民实践效果。

三、帮扶面临的挑战

大学生村干部帮扶简单概括起来讲，就是"思想上引""工作上帮""经验上传"，无论哪一种生成形态都不是孤立的，而是相互交织在一起，对大学生村干部农村适应和基层历练发挥着巨大作用。当然，也应看到，大学生村干部计划在由初期的试点探索之后，目前已进入内涵质量提升的重要时期，对帮扶工程提出新的要求和挑战。

1. 帮扶主体的整合

对大学生村干部帮扶工程的关注，不能忽略整个帮扶工程得以实施的社会网络结构基础。当前，应首先明确实施帮扶工程的主体范围，应尽可能地将对大学生村干部具有重要帮助价值的机构、组织等吸收进来，形成多元合作的帮扶体系。由思想帮扶、工作帮扶和创业帮扶可以看出，帮扶工程的主体为政府相关部门、村"两委"干部以及农村致富能手群体。除此之外，帮扶工程还应吸纳高等学校、金融机构、邮政电信等部门，它们在大学生村干部基层锻炼过程中扮演着不可或缺的角色。以金融机构为例，它通过丰富贷款方式，强化后续服务，在大学生村干部创业富民实践中能够提供资金、信息等重要资源。其次，大学生村干部帮扶工程应加强多元主体间的整合协调力度。如何在组织部门牵头挂帅的框架下充分调动各部门机构的积极性，实现功能上的互补、行动上的协调和资源上的整合，这需要经过周密论证和科学协调，找出最佳的切入点和适宜的项目载体。在中共中央组织部下发的《关于建立选聘高校毕业生到村任职工作长效机制的意见》中，国家已明确提出建立齐抓共管制度，加强部门统筹协调，明确部门职责分工，落实部门管理责任。我们认为，今后大学生村干部帮扶工程需要不断提高主体整合协调程度，形成一股积极向上的帮扶合力，避免帮扶"部门化""碎片化"和形式化。

2. 帮扶力度的拿捏

帮扶工程的力度拿捏非常关键，帮助扶持至何种程度？哪些项目内容需要积极帮扶，哪些项目内容不予支持施援？如何正确处理外界帮扶与大学生村干部个体的主观诉求的关系？这些核心问题若处理不好容易致使帮扶工程发生变形甚至"变味"。为降低创业风险，提高创业成功率，苏北地区少数县市为大学生村干部提供包创业指导、项目选择、政策指导、方法帮教、跟踪服务、困难解决的"六包"服务，要求所在乡镇主动帮办大学生村干部创业项目的申报审批、证件办理、资金筹集、环境影响评估等，提供场地、水电等基础设施建设方面的支持，帮助解决他们创业过程中遇到的实际困难。同时，对于大学生村干部创业实行政策倾斜，为他们创业开辟绿色通道，在创业项目选择、资金扶持、创新成果申报等方面，实现与大学生村干部创业全过程捆绑式对接。显然，在上述例子中，它的帮扶力度过大，近乎形成组织包揽和包办一切，未能按照市场规律办事，大学生村干部在创业富民工程中的主体性严重受损，地方政府俨然成为大学生村干部创业富民实践的"主角"。我们认为，帮扶工程的主旨是"助人自助"，即帮助有困难、有需要的个体或人群，通过适度的帮扶"援手"，让受助者自强自立。此种帮扶，首先承认它是重要的，舍此大学生村干部不可能迅速走出调适困境。但同时，帮扶过程中的大学生村干部不是被动、消极地接受，而是能充分发挥自己的主观能动性，以双方的合力来共同解决问题。基于此，帮扶工程需要用各种鼓励的方法去激励、引导、带动大学生村干部，而不是越俎代庖、溺爱过度。帮扶工程必须把握一定的力度和火候，这是苏北地区地方政府在基层实践中需要予以注意的事项。

3. 帮扶"阵地"的延展

帮扶工程的切入通常是从大学生村干部下到基层任职开始，持续到其适应基层环境为止，一般为1～2年的时间，这也是"待得住""干得好"流程的重要时期。然而，作为国家人才战略工程，大学生村干部需要较长时间的培养锻炼，才能成为符合社会发展要求的专门人才，才能充分发挥其自身能量，这也决定了帮扶工程的切入节点有待调整，帮扶时间需要进一步延长。帮扶工程的建设重点是在不断精细化，即考虑"细枝末节"的同时，要努力贯穿于"下得去、待得住、干得好、流得动"四个流程环节，需将帮扶"阵地"进行前移后挪。前移主要是在选聘大学生村干部阶段，要将帮扶及时送到有志服务农村基层的高校毕业生身边，使之提前了解和熟悉农村村情、民情，做好基层工作的准备与热身。这方面可以采取"假日村干部"或者"见习村干部"等形式提前培养，即地方政府与高等学校合作面向在校大学生招聘"假日村干部"或者"见习村干部"。高等学校组织开展"对话村干部""走近村干部"等系列活动，选拔优秀学生骨干组成"学生干部菁英培训营"，设立大学生"准村干部"驻村挂职锻炼实践环节。地方政府负责具体安排大学生"准村干部"参与村里的各项工作，增强农村工作实战体验，以此将村干部的教育培训前伸至在校大学生之中。帮扶工程的前移着眼于大学生村干部的到村适应度，有助于推动他们在基层环境适应过程中的平稳过渡。后挪是在"流得动"出口去向阶段，大学生村干部服务期满后面临人生的二次择业，国家规定大学生村干部后续出路共有五条：留任村干部，考录公务员，自主创业，另行择业和继续学习深造。何去何从？此时需要帮扶工程提供支持，如营造宽松良好的外部环境氛围，夯实大学生村干部后续出路的内涵质量，引导大学生村干部正常有序流动，缓解出口流向的阻塞。通过帮扶工程"阵地"的拓展、帮扶时间的保证，确保大学生村干部更好地融入基层环境，在基层广阔天地中成长成才。

4. 帮扶平台的建设

基于规模人数的激增以及大学生村干部计划内涵建设的现实要求，新时期帮扶工程的平台建设不应是过去纸面上松散的帮扶联系制度，而是具有网络化、正规化、组织化的特征形态，如大学生村干部虚拟网络互动平台、大学生村干部联合会组织等。一方面，平台建设可以加强大学生村干部与当地政府部门的沟通联系，保证上级文件精神的便捷传达、大学生村干部思想动态的及时掌握等。另一方面，它能满足大学生村干部主体内在诉求，促进大学生村干部群体自组织建设。借助于此种平台，大学生村干部身在基层可以自主学习、相互促进，不断提升大学生村干部队伍的凝聚力和战斗力。在苏北地区灌云县，当地政府高度重视帮扶工程的平台建设。一是成立大学生村干部团组织，建立大学生村干部联谊会，并积极吸收党政职能部门负责人和农村专业技术人员参加。二是建立大学生村干部网上家园。充分发挥灌云县大学生村干部网"田园放歌"的作用，开设网上论坛、电子信箱、QQ群等，为大学生村干部提供联络友谊、促进合作、加强沟通的平台；同时，借助江苏省共青团电子政务系统的短信平台，每逢重大节日为大学生村干部定制节日祝福短信，使他们充分感受到组织的关心和温暖。三是举办各类联谊活动。开展卡拉OK、演讲比赛、个人才艺展示、辩论赛等活动，丰富大学生村干部业余文化生活。我们认为，当前应进一步加快大学生村干部帮扶工程的平台建设，不断充实和提炼平台载体的内容，以满足乡村基层工作的发展要求以及青年个体身心成长的需要。

四、简要小结

在科学知识的霸权范围内，地方性实践知识常被贬低，主要是由于它的发现是应用的、处于具体时间和背景之下的，不能被纳入科学交流的一般惯例中，而只有把握其潜在的成就和范围才能真正欣赏它的价值[①]。这种地方性实践知识通常是长期累积的结果，在当地社区或者所在地域反复进行探索实践，并被实践所检验、印证和改造。苏北地区大学生村干部帮扶工程实践也证明了这一点，它是一种自下而上的探索路径，由此催生了思想帮扶、工作帮扶和创业帮扶三种主要形态。在发展过程中，政府亟须完善帮扶工程的主体整合、帮扶工程的力度拿捏、帮扶工程的"阵地"拓展以及帮扶工程的平台建设，指明了今后帮扶工程实践的努力方向。我们有理由相信，大学生村干部帮扶工程实践成果经过科学总结提炼之后，最终会浓缩成正式的帮扶规章制度，进而推动帮扶工作长效机制的建立。

对于生活世界中的个体而言，个体的生活发展轨迹与外部环境结构之

---

① 斯科特. 国家的视角——那些试图改善人类状况的项目是如何失败的[M]. 王晓毅，译. 北京：社会科学文献出版社，2004：444.

间究竟是怎样一种关联？生命历程研究范式（life course research）曾给出解答。一是"一定时空中的生活"原理，揭示出人是与背后某种历史力量联系在一起的。二是个体能动性原理，认为个体总是在一定社会建制中有计划、有选择地推进自己的生命历程。三是"相互联系的生活原理"，指出每代人要受到在别人的生命历程中所发生的生活事件的巨大影响。四是"生活的时间性"原理，认为某一生活事件在何时发生甚至比这一事件本身更具意义①。毋庸置疑，选择下乡任职担任村干部是大学毕业生个体做出的一项重大抉择，它是个体生命历程中的一个转折点，有可能就此改变大学毕业生个体生命轨迹的方向。法国学者潘鸣啸曾用"失落的一代"来描述1968—1980年中国"上山下乡运动"中的城市知识青年，认为那场声势浩大的政治运动打乱了他们个体的正常生活秩序，使他们丧失了接受正规教育的机会，而且影响他们所在的家庭以及城乡社会的稳定②。造成上述问题的重要原因在于国家缺乏整体规划，而基层缺乏正式的帮扶体系支持。与之相比，今天的大学生村干部所处境遇发生了根本的变化，在国家对大学生村干部计划的顶层设计背景下，在外部社会力量的积极参与和助推下，在乡村基层培育良好社区文化资本的背景下，基层大学生村干部青年有能力将个体生命历程牢牢镶嵌于变迁的社会结构之中，做到有所作为、青春无悔。

第三节 基层吸纳与大学生村干部青年职业发展

考虑到青年人才是乡村发展振兴不可或缺的支撑，乡村吸纳就是要使基层成为大学生村干部扎根基层的主要"拉力源"，因此乡村基层应创造有利条件吸引大学生村干部等下乡人才，特别要着眼于出台如何留住他们、并使他们在基层发挥持久作用的具体得力举措。

---

① 李强，邓建伟，晓筝. 社会变迁与个人发展：生命历程研究的范式与方法 [J]. 社会学研究，1999（6）：1-18.

② 潘鸣啸. 失落的一代——中国的上山下乡运动·1968～1980 [M]. 欧阳因，译. 北京：中国大百科全书出版社，2010：1-2.

一、待遇留人

大学生村干部岗位具有志愿服务性质，但乡村基层工作条件相对艰苦，留住大学生村干部青年人才需要必要的待遇作为保障与激励，这是他们初次踏上社会、安心基层工作不可缺少的物质基础和基本前提。

在苏北地区大学生村干部工作中，待遇留人主要体现在以下两个方面。其一，加大基本生活保障。政府出台政策保障基层大学生村干部的待遇，落实好他们的工资、奖金、社会保险等，解决其后顾之忧。目前苏北灌云地区大学生村干部吃住均在乡镇，工作在村组，乡镇政府根据工作地的远近配备了电瓶车、自行车。调研中，我们走访了一些大学生村干部宿舍，每个宿舍均配备齐全日常生活用品，部分有条件的乡镇还为大学生村干部宿舍安装了空调和电视机。大学生村干部的生活待遇逐步得到改善，更重要的是他们感觉到自己受到重视，工作信心增强。其二，加大表彰激励力度。目前大学生村干部的工资均由江苏省财政拨付，不足的部分由所在县市财政补贴，由于接收大学生村干部任职的县市多为经济薄弱地区，地方财政力量有限，如果硬性规定提高大学生村干部的工资待遇不太现实，故地方则通过提高其他"隐性待遇"来平衡大学生村干部的心态。例如，通过考核评优对优秀大学生村干部给予表彰鼓励，除了应有的荣誉称号外，还附带给予一定的物质奖励。通过加大政策倾斜力度，吸引优秀大学生村干部扎根农村干事创业。不可否认的是，待遇留人与大学生村干部青年初次踏入社会，经济收入较低，以及基层工作相对艰苦有着较大关系，但更重要的是待遇留人也有着让大学生村干部成为体面的职业，受到乡村乃至全社会的尊重的蕴涵。人才下乡借助待遇的提升，激发大学生村干部基层履职服务的进取劲头，这是身处基层的大学生村干部青年的普遍心声。

二、感情留人

"人非草木，孰能无情"，地方政府要通过对大学生村干部任职期间人性化的关怀达到感情留人。前面讲过，高校毕业生基层任职的动机之中有一种是基层情怀型，当大学生村干部进入乡村基层全新的生活环境与工作环境，面对着工作与生活的双重压力之时，他们急需来自乡村干部群众的热情帮助和指点，进而深切感受到基层干部群众的可亲可敬性，内心形成对"三农"问题的深厚情感认同。因此,可以借助感情线路将乡村基层与大学生村干部的距离拉得更近一些,让大学生村干部产生对基层环境的留恋和工作岗位的难以割舍之情。

在调研中我们了解到,苏北灌南地区已采取一些措施积极营造拴心留人的环境。① 明确帮扶制度上的"必访"原则。前面已经讲过,苏北地区建立起来的帮扶制度,能做到当大学生村干部创业遇到困难时必访,感情遇到挫折时必访,情绪低落时必访,工作不顺心时必访,与人发生矛盾时必访,及时化解大学生村干部思想疙瘩,开展心理疏导。同时帮扶制度要求帮扶责任人主动联系大学生村干部,做到有求必应、有问必答、有事必到,实行全天候联系服务。② 建立网络虚拟社区,巧用电子政务信息平台。Y县委组织部门充分利用网络媒介,为大学生村干部搭建网上家园,创办"田园放歌"网站,设有工作动态、村干部心得、村干部博客等重要栏目;同时,开辟网上论坛,以及设立QQ群等。网络虚拟社区为大学生村干部提供了交流互动平台,丰富了大学生村干部的闲暇生活。同时,Y团县委还借助电子政务短信平台,在重大节日以及生日、结婚等重要日子为大学生村干部定制祝福短信,给予人性化关怀。③ 开展大学生村干部联谊活动。在苏北诸多县市,党委政府组织部门、共青团、妇联组织等十分关心大学生村干部的业余文化生活,积极开展丰富多彩的联谊活动。联谊活动的开展,增强了各乡镇大学生村干部之间的工作交流和情感沟通,有助于营造出温馨融洽的团队氛围。

与待遇留人相比,感情留人更注重其精神层面的满足,通过宽容、赏识等柔性化关怀让基层大学生村干部获得家庭般温暖,形成精神文化层面的支撑,这可以说是厚植了高校毕业生下乡任职的基层情怀型的动机基础。在乡村基层感情留人推进过程中,要坚决避免以"义务"的名义逐渐消耗大学生村干部的志愿服务热情,以及完全无视市场经济规律办事的做法行为。

三、事业留人

留住大学生村干部不仅仅要靠待遇激励和情感投入,更关键的是要靠事业留人。乡村基层是大学生村干部施展才能的空间舞台,而事业是联系大学生村干部和乡村基层的重要纽带,也是促使大学生村干部扎根基层的重要催化剂和长远举措。事业留人就是根据个体不同的特质来设计职业发展方向，使大学生村干部能最大限度地扬长避短，发挥才干，学有所用。

在苏北地区大学生村干部工作实践过程中，事业留人主要体现在两个方面。其一，搭建创业平台。地方政府、乡村党组织要帮助大学生村干部确定合适的项目任务，鼓励他们在农村基层创业；并通过适当政策倾斜和市场机制办法提供支持，使他们更好地运用所学知识为改变农村面貌多做工作、多办实事，在实践中经受锻炼。在这一指导思想引领下，连云港市灌云县组织部计划用三年左右时间，在大学生村干部中实施"1123"创业规划，即实现一个乡镇一个大学生村干部创业示范园、一名大学生村干部一个创业项目、全县建成20个大学生村干部创业基地、300个大学生村干部创业项目的总体目标。为推动大学生村干部创业活动向纵深发展，2009年，灌云县出台实施《关于进一步强化大学生村干部创业工作的意见》，立足于做好大学生村干部创业"有、优、强"三篇文章，以人人有项目为起点，在高创业率的基础上实现较高的创业成功率。大学生村干部俨然成为苏北灌云地区农村创业实践的中坚力量。其二，岗位引导。考虑基层乡村缺乏青年干部新鲜血液，应引导和支持优秀大学生村干部按照有关规定和程序参加村级组织换届选举，对于在实际工作中表现优秀、党员群众认可的党员大学生村干部，通过党员推荐、群众推荐和乡镇党委推荐等方式，参加村党支部书记、副书记选举。对于到村任职工作一年以上的优秀大学生村干部，可由本人提出书面申请，经村民会议或村民代表会议讨论通过，参加村委会主任、副主任选举。对表现优秀、党员群众认可、担任村"两委"主要负责人的大学生村干部，要鼓励他们长期在农村基层干部岗位上建功立业，仍然纳入大学生村干部名额，继续享受大学生村干部工作、生活补贴。

乡村基层事业意味着大学生村干部拥有施展才华的平台，通过压担子、搭梯子、敞路子，激发青年人才潜力，增强他们的事业感、职业感、归属感，营造"千帆竞渡，百舸争流"的良好局面，使其充分感受到基层广阔的发展空间和巨大魅力，展现青年自身价值与职业发展成就。

待遇留人、感情留人、事业留人均是乡村社会吸引基层大学生村干部青年的重要手段，它们之间完全可以叠加起来形成组合拳，事实上单靠某一种或者某两种手段发挥的效力还不够大。如前所述，长期以来我国乡村基层缺少活力，很难吸引高校毕业生下乡，需要依靠国家出台优惠政策引导他们志愿服务基层。随着社会主义新农村建设和乡村振兴战略的实施，无论是待遇留人、感情留人还是事业留人，最终应使乡村基层发展壮大起来，逐渐形成自身的特色和亮点，成为包含大学生村干部在内的青年人才干事创业的一片沃土。例如，能构建起基层青年人才长远发展规划，释放干事创业的制度红利，营造下乡人才、返乡人才、在乡人才等职业发展的梯度空间，做到"人岗相适、才尽其用"，与城市人才建设形成遥相呼应的"一极"。当前，应努力避免大学生村干部只将乡村基层作为短期锻炼的平台，而长期仍旧"孔雀东南飞"的尴尬现象。

第四节　顶层制度设计与大学生村干部青年职业发展

促进基层大学生村干部职业发展，需要坚持宏观层面的整体性制度设计，国家在政策供给方面，担负无可替代的引擎角色。一是顶层设计，即需要站在战略高度长远角度来谋划大学生村干部成长成才方向，明确基层大学生村干部职业发展基本原则，让其"人尽其才、才尽其用"。二是"打包"设计。身处基层的大学生村干部具有边际人的特点，故构建大学生村干部职业发展长效机制的关键就在于给其提供全方位的包裹式服务支持，通过这种"打包"或者整体设计来进行资源整合，协助大学生村干部自立自强、发挥潜能，在村干部工作岗位上建功立业。三是整合设计。大学生村干部计划由中共中央组织部等多个部门共同组织实施，这就需要机构部门之间进行协作、明确职责分工，建立齐抓共管制度，形成一股向上的整体合力，推动基层大学生村干部职业发展。

一、选拔培训

中共中央组织部等部委明确规定选聘对象为30岁以下的全日制普通高校本科及以上学历的毕业生，原则上为中共党员（含预备党员）。选聘条件要求身体健康；思想政治素质好，作风踏实，吃苦耐劳，组织纪律观念强；学习成绩良好，具备一定的组织协调能力，自愿到农村基层工作。苏北两灌地区大学生村干部选聘则在上述条件的基础上，根据当地实际情况做了补充，如注重选拔农村基层紧缺、急需的专业人才，文科类以中文、法学、社会学、会计学、经济管理等专业为主；理工科类以农学、水产、畜牧、食品、林学、水利工程等专业为主。鼓励苏北地区生源的应届毕业生踊跃报名，积极投身家乡建设。我们认为，农村基层环境的复杂性对涉世未深的大学生村干部来说是很大的考验，故在政策层面综合考虑大学毕业生的品德、能力、专业、地域、意愿等诸多要素，精心做好源头选拔工程，才有可能筛选出合乎要求的优秀人才。

与源头选拔工程相连接的是培训帮扶制度。一是岗位培训制度。苏北地区市县组织部将大学生村干部培训纳入全县基层干部培训计划，由县大学生村干部管理办公室和各乡镇党委联合制定培训方案，坚持理论联系实际、学用一致和按需施教的原则，精选培训内容，主要以农村经营管理知识、农业实用技术、农村基层组织建设以及自主创业等为重点，并有计划、分阶段抓好岗前培训、"驻村培训"和外出学习培训。培训制度的建立落实，有助于大学生村干部明晰自身的职业发展规划，提高基层干事能力，工作能够尽快上手。二是帮扶制度。在苏北地区 G 县出台的帮扶制度里，县委组织部干部侧重于做好大学生村干部队伍的宏观管理和协调服务；乡镇领导干部偏重于做好大学生村干部的思想政治工作和组织管理工作；省驻村扶贫工作队员在信息、技术、资金等方面扶持大学生村干部创办致富项目；村支部书记（村主任）侧重于工作经验上的传授。多层次的帮扶制度体系，增强了大学生村干部适应基层环境和工作岗位的信心。

二、管理考核

在大学生村干部任职期内，需要加强组织管理培养，通过一系列保障激励措施，促成大学生村干部扎根基层、锻炼成才。在苏北灌南和灌云地区，当地组织部门除认真制定大学生村干部日常行为规范之外，还重点出台定期汇报、教育培训、实绩考核、工作督查等制度，将围绕大学生村干部的过程管理纳入进来。例如，定期汇报要求大学生村干部每天记一篇工作日志，每月撰写一篇心得体会，每季度交流汇报一次工作情况，每半年向大学生村干部管理办公室、乡镇党委做一次工作述职；并将大学生村干部心得体会、工作汇报材料在网站上公布评比。在加强大学生村干部管理的过程中，苏北"两灌"地区组织部门还强化考核督查制度。灌云县组织部门将大学生村干部工作细化为年度目标、重点工作目标和三年任期目标，组织人员进行专项督查，考核结果记入大学生村干部工作实绩档案；并通过督查通报，推广成功经验，分析薄弱环节，下发指导意见，激发基层大学生村干部的工作积极性。2009 年，灌云县委组织部共开展督查工作 15 次，下发督查通报 6 期，对工作开展较好的集体和个人进行了 27 次表扬，并对表现一般的大学生村干部进行了 39 人次的诫勉谈话。通过建立有效的管理考核制度，在大学生村干部之间开展竞争，形成优胜劣汰的良好氛围，有助于留住服务基层、奉献基层的人才[①]。

三、发展导向

国家《关于做好大学生"村官"有序流动工作的意见》对大学生村干部任期期满后的具体出路作了设计，分别是"留村任职""考录公务员""自主创业发展""另行择业"和"继续学习深造"。五个"出口"中前三个立足点仍然是当地基层，"留村任职"工作地点就在农村基层，"考录公务员"主要是择优选拔乡镇基层的公务员，而"自主创业"是立足当地农村实际自主创业，着力点仍是农村基层，这表明国家希望大学生村干部在当地基层"生根开花"。地方政府与国家意向是一致的，对大学生村干部扎根基层持接纳态度。苏北灌云县组织部在大学生村干部培养目标中就提出：经过三年的组织培养与自身努力，使 1/3 大学生村干部成为熟悉农村情况、对农民怀有深厚感情的县级机关干部；1/3 大学生村干部成为热爱农村、善于指导村组工作的乡镇干部；1/3 的大学生村干部成为带头致富能力强、带领群众致富能力强的"双带双强型"村干部。发展导向明确之后，接下来需要出台后续扶持举措，吸引优秀大学生村干部基层留守任职。

大学生村干部计划作为国家人才战略工程，其政策层面的合理设计以及内容输出颇为关键，对照乡村振兴的发展要求和高校毕业生青年的诉求，做好人才下乡的顶层设计，为基层选好人、用好人提供导引。具有整体性思维的制度安排和顶层设计有助于减少基层大学生村干部职业发展过程中的樊篱与羁绊，促进他们在乡村基层成长成才。

---

① 万银锋. 大学生"村官"：一种值得推广的制度安排——对河南省实施"大学生村官"计划的调查与思考 [J]. 中州学刊，2007 (4)：21-24.

第五节　主体能动与大学生村干部青年职业发展

主体能动是指大学生村干部利用自己所学知识技能，发挥主观能动性，在社会主义新农村建设中建功立业，服务基层民众。大学生村干部职业发展不仅需要政府在客观方面提供一系列的优惠条件和基本保障措施，取得外部环境支持，更需要大学生村干部发挥积极性，自立自强，激发个体的潜在能力。如专家所言，社会工程的效率依赖于真正的人类主体的反应和合作。如果人们发现新的安排，不管安排如何有效率，只要与他们的尊严、计划、趣味相背离，他们就会将它们变成低效率的安排[1]。

一、角色认知

角色扮演很大程度上是角色承担者对角色期望的主观认知和领悟的结果。高校毕业生到村任职担任村干部，服务期为三年，对于这样的选择，大学毕业生应该主动吃透政策，把握大学生村干部计划的意义所在，真正树立服务乡村基层的意识。

第一，找准自我定位。来自苏北的问卷调查显示，在专业类别上，有37.5%的大学生村干部是文科出身，学理科的占21.5%，学工科的有29%，农学的比例为8%，医学的比例仅占3%。可见，农学比例的大学生村干部偏少，专业技能有些偏离农村发展的需要。一份针对河北、青海、浙江、北京等省市大学生村干部的调查结果也证明了这一点，仅有4%的大学生村干部是农学专业，经管类的也只占22%，人才的所供与农村的人才需求发生偏离[2]。从地缘上来看，接近八成的大学生村干部来自苏北地区大市范围，20%左右的大学生村干部是来自外省市。我们认为，地缘因素也是大学毕业生当好村干部的一个重要因素。一般而言，本地人在语言沟通、风俗习惯、人际关系上占有优势，更容易开展工作。缺乏本地背景和农村生

---

[1] 斯科特.国家的视角——那些试图改善人类状况的项目是如何失败的[M].王晓毅，译.北京：社会科学文献出版社，2004：299.
[2] 吕书良.新农村视角下大学生村官及其政策考量[J].中国农村观察，2008(3)：53-59.

活经历的大学毕业生，往往会在角色转换与环境适应上出现困难，需要克服重重困难。正如一位大学生村干部在其工作日记写道的那样，"从象牙塔来到田间地头，心态方面出现些许失衡时在所难免，这就需要自己构建强大的内心支柱，守得住孤单，耐得住寂寞，顶得住压力，迅速科学地调整心态。要坚定选择，树立扎根信念，树立服务意识。不摆架子、不计得失，安下心、俯下身，起好步、待得住，脚踏实地，吃苦耐劳，将服务群众、发展乡村作为自己的方向目标"。

第二，树立基层担当作为意识。调查显示，大学毕业生选择到农村担任村干部是出于多方面的考虑，七成以上的大学生村干部表示"应聘村干部是希望通过基层工作锻炼自己，为以后报考公务员和从事其他工作积累经验"。他们中的部分人简单地把到村任职看作享受报考政府公务员、事业单位优惠政策的手段，把基层工作俗化为"熬日子"，想着如何早日"突围出村"，这种"镀金"思想给其日常工作带来消极影响[①]。相形之下，只有不到10%的大学生村干部思想坚定，坦言自愿担任村干部，并希望留守农村基层。基于以上情况，我们认为大学生村干部应调整已有的角色认知，正确树立扎根基层思想和担当作为意识。乡村是一个广阔的大舞台，它为大学生村干部施展才华、实践人生提供了极好的机遇。在乡村振兴战略实施的背景下，乡村生活虽然艰苦一些，但苦能锻炼人；乡村工作虽然困难一些，但难能考验人；村干部不仅是一份职业，更是一份事业。大学生村干部应该志存高远严格要求自己，脚踏实地刻苦磨炼自己，安心扎根农村基层，真情服务村民大众。

值得注意的是，部分基层大学生村干部存在的角色认知模糊以及将村干部作为跳板的不良认知应该尽量加以避免，它会对其职业发展产生负面影响。

二、角色转化

原中组部部长李源潮同志在给大学生村干部的回信中告诫指出："要把自己作为农民的一分子，虚心向农民学习，与农民交朋友，先当'村民'

---

① 安勇. 大学生村干部在新农村建设中的误区及其对策[J]. 农业经济，2007（6）：60-61.

后当'村官'。"调研过程中,大学生村干部反映,下到乡村基层确实需要踏踏实实地从村民做起,多向村民请教,多向基层干部"取经",不断积累工作经验,丰富自己的原有知识库。苏北地区 Y 县穆圩乡吴南村委会主任助理大学生村干部 WYN 在入村不到半年后就跑遍全村每个角落,他经常深入农户家里,了解农户的实际困难,帮助解决力所能及的事情。"只有深入到田间地头问民需、帮民忙,走到百姓身边听心声、话诉愿,与村民面对面交流、心贴心沟通,他们才会对你敞开心扉、建立感情,日积月累才会把你真正当成他们的朋友,从而在互信的基础上配合和支持你的乡村工作。"

在立足当好"村民"的基础上,再当好村干部一职。苏北地区 Y 县下车乡前门村党支部副书记大学生村干部 LXZ 通过登门拜访农户,深入田间地头,很快掌握村情,并就解决制约经济发展、帮助农民增收致富等问题作出设想规划,得到村"两委"的认同。工作一年多来,她带领村民完成了混凝土路面的铺设,交通路况大为改观。其间,村支部书记因车祸受伤住院,村干部群众一致对她说:"书记不在,你就是一把手,凡事你拿主意。"应该说,大学生村干部计划的出台有其时代意义。一方面,大学毕业生思维活跃、视野开阔、知识面宽、富有创造热情,但他们缺乏基层艰苦生活的磨炼。另一方面,农村特别是经济薄弱村的发展,面临的最大瓶颈是人才的匮乏,迫切需要一大批能密切联系群众、带领村民致富、促进农村稳定的基层干部,需要一大批具有科学知识和现代思维的优秀青年投身新农村建设。大学生村干部计划将两者很好地结合起来,注定大学生村干部在这一舞台上会大有作为[①]。

三、角色扮演

大学生村干部只有充分扮演好自身角色,在农村广阔的天地里干事创业,才能给村民带来实实在在的利益,自身也才能得到锻炼成才。

> "我带领身边大学生村干部在任职村流转出 6 亩地作为创业试验田。初期引进紫糯玉米进行试种植,由于技术和时间上没有把

---

① 杨振海. 关于大学生村官计划可持续发展的理性思考 [J]. 江汉论坛,2010 (6):40-44.

握好，以失败告终。我还清晰地记得我们在地里砍掉没成熟的玉米秆时一位村民的话语，'呦，不是高产嘛，怎么砍了啊！'说实话，那一刻有种想哭的感觉，但不服输的我硬是把憋屈的泪水给压了回去。我知道从村民的不理解到理解需要一个过程，我下决心要让这个过程变得更短点。凭着这股韧劲，第二期我们选用优质白菜品种'正宗小狮子头'，种植取得成功，共售白菜 3 万多斤，受到当地群众一致认可，起到了很好的带头示范作用。"（Y县小伊乡祝庄村支部书记大学生村干部 QLM）

截至 2012 年，Y 县大学生村干部已领办和协办致富项目 166 个，已投入资金 280 万元。在全县新发展的 10 万亩设施栽培、2.1 万亩花卉苗木中，大学生村干部领办 320 亩、协办近 900 亩，起到了较好的示范带动作用。

当然，除创业富民工程之外，其他领域同样值得大学生村干部倾注精力、探索实践。在 Y 县，大学生村干部 HXR 到小伊乡后场村任职后，开办"外出务工妇女就业指导培训班"，为外出打工的妇女提供维权、职业道德等方面的指导；为迎接"公民道德宣传日"的到来，她主动联系学校，将"公民道德教育"搬进学校课堂，受到当地干部群众的好评。2009 年以来，Y 县大学生村干部为村民提供市场信息 800 多条，代理代办证照申办、养老保险、各类困难补助申报等事务 2000 余项，成功调解矛盾纠纷 300 余件。可见，大学生村干部完全可以在政策法规宣传、农村精神文明建设以及村务管理（如促进办公自动化，优化村级组织，提高村干部办事效率）等方面发挥巨大能量[①]。

角色转化和角色扮演展现的是大学生村干部职业能力，如上所述，在村干部岗位通过大量实务锻炼，逐渐培养大学生村干部职业能力。

四、角色认同

大学生村干部角色扮演的最后，自然而然会让基层村干部真正认同自身角色，产生职业荣誉感。前面提及，大学生村干部实际上是处于摇摆之

---

① 王志刚，于永梅. 大学生村官的择业动机、满意度评价及长效发展机制研究[J]. 中国软科学，2010（6）：87-96.

中的边际人角色，位置比较尴尬，他们既不属于国家公务员，也不属于当地村民。但是，令人欣喜的是，通过基层岗位履职服务，大学生村干部顽强拼搏，为肩负的使命职责做出积极贡献，得到乡村基层和地方政府的认可与褒扬；通过在乡村基层中不断锻炼成长，大学生村干部实现自身的理想价值，为此而自豪、欣慰，个体会产生对村干部岗位角色的情感认同。由角色认知、角色转化到角色扮演、角色认同的过程展现出大学生村干部主体能动性，也为后进大学生村干部成长树立了榜样。

我们认为，大学生村干部职业发展长效机制的构建是一系统工程，它可分为政府顶层设计、基层助力与主体能动三个维度。政府顶层设计主要是国家发挥制度的导引和激励作用，为基层大学生村干部职业发展创造良好氛围；基层助力关注的是地方政府对大学生村干部工作的精心组织与认真实施，提供大学生村干部建功立业的平台，为大学生村干部职业发展保驾护航；主体能动是针对大学生村干部本人而言，需要他们坚定信念、勇于实践，在希望的"田野"上建功立业。三个维度分别涉及国家、乡村基层和大学生村干部，形成"一体两翼"的拼图，即以大学生村干部主体能动为核心，以制度设计、基层助力为辅助，不同实体之间相互作用、相互支持，进而产生强大的合力，推动大学生村干部职业发展内涵的提升。

以上，我们讨论了差异化培养与大学生村干部青年职业发展，社会帮扶与大学生村干部青年职业发展，基层吸纳与大学生村干部青年职业发展，顶层制度设计与大学生村干部青年职业发展，以及主体能动与大学生村干部青年职业发展，实际上它们均属于基层大学生村干部职业发展长效机制的范畴，最终形成以基层大学生村干部为主体，以基层吸纳、培养和帮扶为依托，以国家顶层制度设计为指引的长效机制，实现大学生村干部职业发展、乡村发展振兴以及国家意志的共赢。当然，国家主推的大学生村干部计划具有社会工程的属性和特质。詹姆斯·C.斯科特基于全球改善人类状况的大型工程项目的失败教训，告诫指出"小步走""鼓励可逆性""为意外情况做计划""为人类创造力做计划"

等若干应对法则①。为此,我们须对基层大学生村干部职业发展前进道路上的坎坷与艰辛保持清醒认知,并做好充分的应变准备,稳妥推进该项计划的持续发展,真正贯通高校毕业生青年与农村基层之间冰封已久的人才流动渠道。

---

① 潘鸣啸. 失落的一代——中国的上山下乡运动·1968~1980 [M]. 欧阳因,译. 北京:中国大百科全书出版社,2010:1-2.

第九章 结 语

第一节 主要研究结论

伴随着大学生村干部计划在乡村基层的实施推进，围绕大学生村干部青年的职业发展实际上也在同步展开。就苏北地区大学生村干部工作的典型个案而言，我们可以得出如下的研究结论：

在大学生村干部选聘方面，无论是从乡村场域熟人（半熟人）社会的性质，高校毕业生基层任职的主观动机，还是从高校对毕业生基层履职的助力，以及政府部门对高校毕业生职业选择的导引，促使高校毕业生"下得去"成为一名村干部均具备可行的条件与保障。同时，高校毕业生应提前做好相应的各项准备，与高校招生就业处、政府组织人事部门保持密切联系，做好大学生村干部源头选聘工作，为其基层职业发展开个好头。

在基层介入方面，大学生村干部定位在基层社会工作者的助理角色上，在基层介入初期，多从事基层"面上"的杂务。当他们适应乡村环境熟悉之后，多数大学生村干部采取选择性介入的方式，即利用拓展过的个人知识库选取介入方向，或联合村民发展致富项目，或主动为村民提供便利服务，或参与村务治理，施展才智以服务于当地建设。在政府部门的政策扶持和乡村基层的社会帮扶下，他们能够俯下身子"沉下"农村，达到基层环境与岗位适应，进入工作状态。

在岗位建功方面，由于乡村的村情民情和资源禀赋条件不同，大学生村干部基层岗位建功的侧重点也不一样，主要有创业富民类型、社会治理类型、便民服务类型和文化提升类型。其中，创业富民型是当前大学生村干部实现岗位建功的主要抓手，符合地方政府、乡村基层和国家等多方期待。岗位建功带动了农村政治生态、生活形态的部分改变，有助于大学生村干部青年融入基层，成为新型乡村治理群体，并为随后的服务期满流动打下良好基础。

在期满分流方面,国家提出留村任职、考录公务员、自主创业、另行择业和学习深造五条出路,希冀实现正常有序的流动目标设计。但是,理想的制度安排与现实实践存在明显差距,实践中大学生村干部服务期满时的流动出路表面畅通,但不同去向之间却存在失衡,诸如考录公务员指标有限、留村任职比例过高、自主创业或另行择业比例过低、回校深造比例趋零等不良隐性问题。为此,政府部门需要予以系统综合考虑,优化选拔任用细节,充实管理培养内容,严格考核筛选细则,拓展后续发展出路,为基层大学生村干部服务期满流动的制度设计提供经验参考。

基层大学生村干部青年的职业发展总体呈现出机遇性、协助性和多面向性特点,其专业韵味并不浓厚,且现有多种因素制约着其职业发展。完善大学生村干部职业发展,应摆脱志愿性、助推性、完整性等误区,从差异化培养、基层帮扶、管理考核、顶层制度设计和主体能动性等方面构建起长效发展的机制,达到大学生村干部计划之中的青年与基层结合、知识与社会结合、志愿服务与职业发展结合的目标。

第二节 值得探讨的几个问题

21世纪以来,全球化、信息化、草根化等激烈的社会变迁让青年处于前所未有的活跃时期,他们的话语权不断增大,他们作为独立先行者的地位和文化反哺作用得到了主流社会的更多认可。但随之而来也有生存压力的陡增和对文化震惊的不适等,使得青年问题再次现实地构成了社会问题的一部分,青年研究重新获得十分强劲的"内需",作为它的发展空间和动力,青年成为社会研究的焦点对象。聚焦到基层导向的大学生村干部计划,它自2008年在全国范围内正式实施以来,迄今已有10多个年头,有学者指出,大学生村干部职业发展存在的主要问题:岗位属性与需求不清,职业发展定位不明确;素质能力与认识水平制约,职业发展空间有限;胜任力构成与培养体系不明晰,职业发展能力不足;工作业绩与流动关联度较低,职业发展激励薄弱；融入阻力较大，职业发展环境不够优化①。前有"上山下乡"历史之思，现有大学生村干部计划的未来之问，有必要基于现有大学生村干部工作实践作一反思。

一、大学生村干部青年是管理者还是服务者？

大学生村干部青年在基层扮演到底是管理者角色还是服务者角色？这个问题始终困扰着社会公众。学术视野中的乡村村干部扮演着政府代理人、村民当家人、盈利型经纪人、村庄秩序的守夜人、村庄政治的"撞钟者"等多重社会角色，与之对照比较，大学生村干部扮演的文本角色似乎有些差异。作为下到基层的"空降部队"，大学生村干部虽然具备由上往下的合法性基础，但其不具有底层条件基础，并不是真正意义上的乡村基层干部。有学者甚至提出，实际上"大学生村干部"的叫法也不妥当，至少应该打上引号，科学合规的称谓应是"到村任职高校毕业生"②，它仅是村"两委"干部的助理，对村"两委"干部工作起到协助作用，基层任职主要是宣传落实政策、联系服务居民、推广科技文化、参与村务治理、促进经济发展、加强基层组织建设等。在村务管理决策上，协助者的角色使得大学生村干部对管理并无多少话语权，他们在农村事务的决策处置中居于从属地位。从现实实践来讲，由高校校园走近陌生基层，大学生村干部面临身份迅速转换，由于缺乏预备社会化，角色过渡并不顺利。同时，乡村基础设施简陋，现存社会矛盾问题较为突出，且是地方性的"熟人社会"，大学生村干部环境适应以及融入乡村困难。在岗位履职上，所学专业的不对口，农村工作经验的匮乏，涉农政策知识和农业技能欠缺的短板等多种因素，阻碍着大学生村干部迅速取得工作业绩。任职之初大学生村干部所承担的工作以文字处理、远程教育、行政办公等基础性事务居多③，工作比较低调沉闷，反映出青年个体角色转换具有难度。在很大程度上讲，大学生村干部并不是一个"先天性"的管理者。

---

① 秦浩．建立健全大学生村官职业发展机制［J］．中国党政干部论坛，2016（7）：52-53．

② 刘西忠．大学生村干部政策体系建构研究［D］．南京：南京大学，2011：1-30．

③ 马德峰．大学生村官基层角色定位研究［J］．中国青年研究，2013（1）：70-74．

既然大学生村干部青年不是管理者角色,那么岗位履职以何作为抓手取得业绩赢得村民信任呢?我们认为,不妨调整一下思路,围绕便民服务做文章,成为一名合格的基层服务者。当前,基层农村空心化问题日益明显,中青年劳动力进城务工,留居人口呈现老弱化之势;基础服务设施建设落后,房屋耕地等资源闲置;基层领导班子成员年龄老化,缺乏适合的青年干部人选补充,农村社会整体性功能出现退化,迫切需要高校知识青年人才嵌入,推动农村地域系统的重组重构。大学生村干部可将自身定位于服务者角色,借助于国家城乡公共服务均等化方面的政策导引与资金投入,在义务教育、医疗卫生、税费改革、养老保障、精准扶贫等方面为村民提供公共产品链接服务。从"访贫问苦"到完善农村社会保障系统,从"大包大揽"到发展村民自治,从"上传下达"到建立农村社区的发展规划,从"丰富生活"到全面提高农村精神文明水平[①]。同时,服务性质的定位在于推动构建地方公共服务体系,激发乡村文化活力,不会对组织化的村庄既有权力运作构成威胁,无形中也会降低大学生村干部基层志愿服务的难度与阻力,便于大学生村干部在乡村站稳脚跟,拉近与广大村民之间的社会心理距离。

在基层角色定位上,我们认为,大学生村干部青年应有意识地以服务者角色为主、管理者角色为辅。当然,这并不排除待大学生村干部成功融入乡村之后,基层角色由服务者角色向管理者角色转变。目前,苏北地区少数大学生村干部经过成长锻炼之后,在乡镇政府的支持下,已经成功"上位",被村民推选为村党支部书记也表明了这一点。

二、大学生村干部青年职业发展走向是基层还是非基层?

大学生村干部青年基层履职具有服务年限的规定,一般每个任期为三年,连续续聘不得超过两个任期。由此,令社会公众感到困惑的第三个问题是大学生村干部未来发展之路去往何方?是留守基层还是向外分流?基层是我国行政层次体系中最低的一层,在乡村往往指向与居民联系最紧密的村级社区共同体。作为国家与社会的连接"桥梁",基层具有基础性、空间广阔性和发展滞后性的特点,它面临着人才短缺等发展瓶颈,亟须通过

---

① 程毅.大学生村官政策可持续发展研究[J].思想理论教育,2010(11):76.

智力资本的有效输入，推动基层农村发展振兴。大学生村干部计划是助推新农村建设之举，同时它强化人才选拔聘用的基层导向色彩，将青年与基层紧密结合起来，改变我国传统干部成长路径，使干部成长的渠道由原来的"家门—校门—机关门"转变为"家门—校门—农门—机关门"，搭建起青年与乡村基层的互动路径。

与资源要素向城市集中的城市化理念不同，基层导向理念令人耳目一新，意义重大，但其实施基础较为薄弱，青年个体基于利益考虑不太愿意回到基层工作。当国家层面的基层导向确立之后，除了顶层设计要及时推出鼓励基层任职的优惠政策外，当前最大的问题是要赋予基层导向实质内容，不能仅仅停留在表面空洞的概念外壳上。我们认为，它应包含三个方面的内容。

其一，基层的发展平台。长期以来，基层留在社会公众头脑中的刻板认知是"广阔天地，大有可为"。的确，基层地理区域辽阔，各种要素容纳空间巨大，但更重要的是要有事业发展的平台，青年下到基层，能有用武发挥之地，能发现和找到自身的价值感，能实现人生的理想价值目标。囿于条件资源的束缚，基层发展平台确立并不明显，效果并不显著。在江苏苏北地区，基层农村正在打造创业平台，希冀以此吸引并留住大学生村干部青年，而这需要地方政府财政投入以及持续政策扶持才行。结合国家乡村发展振兴计划，我们认为各地基层应努力凝练、形塑贴合自身的发展平台，做到"事业留人，待遇留人，感情留人"。

其二，基层的培养方案计划。有学者曾用"失落的一代""迷茫的一代"来描述20世纪60—70年代我国上山下乡运动中的知识青年，认为那场声势浩大的政治运动打乱了青年个体的正常生活秩序，使他们丧失了接受正规教育的机会，而且影响他们所在的家庭以及城乡社会的稳定[1]，最终的结局是知识青年返城回流。造成上述问题的重要原因之一是基层缺乏成熟的培养预案，知识青年下乡仅是达到了解村情民情，体验民间疾苦的表层功效。而大学生村干部计划与此不同，它是一场进行中的乡村实验，是将知识青年融入乡村基层的有力探索，需要切实可行的多元化成长成才培养

---

[1] 潘鸣啸.失落的一代——中国的上山下乡运动·1968～1980 [M].欧阳因，译.北京：中国大百科全书出版社，2010：1-2.

计划，诸如创业富民型、服务亲民型、社会管理型和专业技术型等。通过基层分类培养和严格考核，大学生村干部能在岗位上得到成长进步，展现和证明基层培养青年的可靠路径，提升大学生村干部服务期满分流时的选择空间余地。

其三，基层的人才流动。俗话说，"流水不腐，户枢不蠹"。为保证大学生村干部队伍的"新陈代谢"，国家制度安排期满流动五条具体出路——留村任职、考录公务员、自主创业、自行择业和考研深造。依照基层与非基层取向加以划分的话，留村任职和自主创业是立足原有乡村地域，职业选择仍为涉农范畴，属于基层取向；而考录公务员、自行择业和考研深造是跳出乡村基层地域范围，职业类型偏重非农领域，属于非基层取向。由此，志愿服务期满的大学生村干部人才流动去向富有弹性，实际上是基层与非基层取向的结合。换句话讲，基层农村在留住部分优秀大学生村干部之后，可以向各行各业、各条战线输出大学生村干部人才，实现大学生村干部由原先志愿者过渡身份变为真正职业者。

在大学生村干部发展走向是基层还是非基层这一问题上，我们认为，并不是非此即彼的固定情形，当大学生村干部具备涉农经验、经历基层磨炼之后，未来走向会是基层与非基层的混合，选择余地变大，方式更为灵活。

毋庸置疑，与其他年龄群体相比较，青年拥有最广阔的展望性前景，拥有最广阔的前景性距离、前景性自由和前景性变动。但如何将这美好的发展前景与现实境遇结合起来，找准大学生村干部在基层的定位显得颇为重要，它是青年实现人生事业腾飞的起点。大学生村干部将自身定位在服务者角色，并视之为一种职业，未来发展走向是基层与非基层的结合，这符合大学生村干部计划可持续发展的需要。《中长期青年发展规划（2016—2025年）》明确指出，要坚持以青年为本，尊重青年主体地位，把服务与成才紧密结合，让青年有更多获得感，促进青年在投身实现中华民族伟大复兴中国梦的实践中放飞青春梦想、实现全面发展；坚持全局视野，从战略高度看待青年发展事业，党委加强领导，政府、群团组织、社会等各方面协同施策，共同营造有利于青年发展的良好环境。基层社会工作者身份可谓是综合考虑政府国家、基层乡村和大学生村干部个体需要，能够较好地处理青年与基层的对接关系，为青年进入基层完成立业重任奠定基础，有助于乡村基层发展振兴。

第三节 研究的不足与展望

基层大学生村干部青年职业发展是一个长期复杂的过程，除社会学之外，还需要运用政治学、教育学、管理学、人口学等多学科理论方法予以透视，进而构建基层大学生村干部职业发展的完整框架体系。同时，对大学生村干部职业发展的研究，要站在国家战略高度，要有长远发展眼光，不能简单、孤立地看待大学生村干部现象，要将大学生村干部职业发展同国家顶层制度设计，如乡村振兴战略、乡村建设行动等紧密结合起来。比较而言，本研究在学科视角和研究高度上面，均有较大的提升空间。

在具体研究过程中，定性资料的收集相对详细，但在分析方法方面比较单一，较多地使用例证法，其他诸如比较法、流程图法、连续接近法等没有使用；定量数据的收集比较少，虽然研究中也设计了问卷，进行了问卷调查，但数据成果的应用偏少，对大学生村干部职业发展研究的量化支持不够。因此，在资料收集与分析部分，本研究需要进一步加以改进完善。

随后，在构建基层大学生村干部青年职业发展长效机制上，缺乏内在的逻辑统一性。本研究只是罗列了一些重要因素，如差异化培养、基层帮扶、管理考核等，但这些要素之间到底是怎么样的互动关系建构，如何形成一套完整机制，研究并没有做出清晰的主线交代。对于这些不足之处，希望在今后的进一步研究中予以改进完善。

进入 21 世纪之后，大学生村干部计划等基层社会工程开启了破解高校毕业生与乡村基层之间的对接与融合尝试，它有助于打通城乡之间人才要素流动，集"育苗""强基""作为"于一体，有助于实现国家、乡村基层、大学生村干部等多极主体共赢，学术界对此应予以持续关注。在研究议题的展望上，围绕大学生村干部计划制度完善与实施评估，围绕乡村基层的人才培养管理方案设计与基层大学生村干部青年的成长成才，围绕乡村振兴、基层社会治理与大学生村干部计划制度的交汇等，均是值得进一步深化研究的主题内容。

附 录

关于选聘高校毕业生到村任职工作的意见（试行）

组通字〔2008〕18号

为加强农村基层组织建设，培养有知识、有文化的新农村建设带头人；培养具有坚定理想信念和奉献精神，对人民群众有深厚感情的党政干部后备人才，形成来自基层和生产一线的党政干部培养链；引导高校毕业生转变就业观念，面向基层就业创业，到经济社会发展最需要的地方施展才华，为建设社会主义新农村、实现全面建设小康社会宏伟目标提供人才支持和组织保证，决定在全国范围内开展选聘高校毕业生到村任职工作。现就做好这项工作提出如下意见：

一、选聘数量和名额分配

选聘高校毕业生到村任职工作从2008年开始，连续选聘5年。选聘数量为10万名，每年选聘2万名。各省（区、市）和新疆生产建设兵团的选聘名额，由各地结合实际提出选聘计划，报中央组织部统筹研究后具体下达。

二、选聘对象、条件和程序

选聘对象为30岁以下应届和往届毕业的全日制普通高校专科以上学历的毕业生，重点是应届毕业和毕业1至2年的本科生、研究生，原则上为中共党员（含预备党员），非中共党员的优秀团干部、优秀学生干部也可以选聘。选聘的基本条件是：（1）思想政治素质好，作风踏实，吃苦耐劳，组织纪律观念强。（2）学习成绩良好，具备一定的组织协调能力。（3）自愿到农村基层工作。（4）身体健康。

参加人力资源和社会保障部、团中央等部门组织的到农村基层服务的"三支一扶"、"志愿服务西部计划"等活动期满的高校毕业生，本人自愿且具备选聘条件的，经组织推荐可作为选聘对象。对于各省（区、市）此前已经选聘到村任职的高校毕业生，本人自愿，通过组织考察推荐，可转为选聘对象。

选聘工作要坚持公开、平等、竞争、择优和德才兼备的原则，一般通过个人报名、资格审查、组织考察、体检、公示、决定聘用、培训上岗等程序进行。

三、选聘任职

选聘的高校毕业生是中共正式党员的，一般安排担任村党委组织书记助理职务；是中共预备党员的或非中共党员的，一般安排担任村委会主任助理职务；是共青团员的，可安排兼任村团组织书记、副书记职务。经过一段时间的实际工作、被大多数党员和群众认可的，可通过推荐参加选举担任村党组织书记、副书记等职务。

四、待遇和保障政策

选聘到村任职的高校毕业生，享受以下政策待遇。

（1）比照本地乡镇从高校毕业生中新录用公务员试用期满后工资水平确定工作、生活补贴标准，在艰苦边远地区工作的，按规定发放艰苦边远地区津贴，补贴、津贴按月发放；参加养老社会保险。

（2）在村任职期间，办理医疗、人身意外伤害商业保险。

（3）符合国家助学贷款代偿政策规定、聘期考核合格的，其在校期间的国家助学贷款本息由国家代为偿还。

（4）在村任职2年以上，具备"选调生"条件和资格的，经组织推荐，可参加选调生统一招考。

（5）在村任职2年后报考党政机关公务员的，享受放宽报名条件、增加分数等优惠政策，同等条件下优先录用。县乡机关公务员应重点从选聘到村任职的高校毕业生中招录。

（6）聘期工作表现良好、考核合格的，报考研究生享受增加分数等优惠政策，在同等条件下优先录取。

(7) 被党政机关或企事业单位正式录用（聘用）后，在村任职工作时间可计算工龄、社会保险缴费年限。

(8) 到西部和艰苦地区农村任职的，户口可留在现户籍所在地。

各地可根据《关于引导和鼓励高校毕业生面向基层就业的意见》（中办发〔2005〕18号）精神和上述政策规定，结合本地实际，细化选聘高校毕业生到村任职工作的有关规定。

五、管理及服务

（1）选聘到村任职的高校毕业生为"村级组织特设岗位"人员，系非公务员身份，工作管理及考核比照公务员的有关规定进行，由乡镇党委、政府负责；人事档案由县委组织部门管理或县级人事部门所属人才服务机构免费代理，党团关系转至所在村。工作期间，县级组织人事部门与高校毕业生签订聘任合同，合同中要明确各自遵守的条文。

（2）选聘的高校毕业生在村工作期限一般为2~3年。工作期满后，经组织考核合格、本人自愿的，可继续聘任。不再续聘的，引导和鼓励其就业、创业。

（3）要组织开展到村任职高校毕业生的岗前培训和岗位培训，内容主要是农村工作的基本知识和有关政策规定，也可组织他们到本地先进村进行短期考察见习，掌握做好农村基层工作的基本方法。

（4）乡镇党委、政府要安排好选聘到村任职高校毕业生的食宿及日常生活，为他们开展工作创造条件、提供方便。到村任职的高校毕业生可安排住在村级组织活动场所。

（5）选聘到村任职的高校毕业生聘用期间必须在村里工作，乡镇以上机关及其他单位均不得借调使用。

六、财政补贴

对选聘到村任职的高校毕业生给予一定补贴。补贴主要用于到村任职高校毕业生的工作、生活补助和享受保障待遇应缴纳的相关费用等。补贴资金由中央财政和地方财政共同承担。中央财政补贴西部地区的费用按人均每年1.5万元的标准拨付，补贴中部地区的费用按人均每年1万元的标准拨付，补贴东部地区的费用按人均每年0.5万元的标准拨付。不足部分由地方财政承担。

对选聘到村任职的高校毕业生，中央财政按人均 2000 元的标准发放一次性安置费。中央财政补贴资金通过财政部门下拨各地。

七、组织实施

选聘高校毕业生到村任职工作的宏观指导由中央组织部牵头，会同中农办、教育部、公安部、民政部、财政部、人力资源和社会保障部、农业部、国家林业局、国务院扶贫办、团中央共同组织开展。各地的选聘工作由省（区、市）党委、政府组织人事部门负责组织，要重点把好选聘"入口"关，抓好政策待遇的落实、搞好服务保障工作，切实为选聘到村任职高校毕业生干事创业、发挥作用创作良好的环境和条件。各省（区、市）可根据本《意见》精神，结合本地实际，制定《选聘高校毕业生到村任职工作实施细则》。各级各有关部门要注重做好宣传动员工作，为高校毕业生到村任职营造良好的舆论氛围。要坚持高校毕业生自觉自愿的原则，不硬性分配，不追求数量，确保质量，讲求实效。各地实施的情况报中央组织部备案。

各地可结合选聘高校毕业生到村任职工作，有计划地选派省、市、县机关年轻干部到村任职或挂职。对选派下村的干部也应给予适当补贴。各地在做好选聘高校毕业生到村任职工作的同时，要加强对农村现有人才的培养和使用，充分发挥农村高校和中等职业学校毕业生、复退军人、回乡务工经商人员等在建设社会主义新农村的作用；要进一步建立健全本地农村基层干部的激励保障机制，逐步提高村干部的报酬待遇，逐步建立和完善村干部养老保险、医疗保险、离职补偿等制度，逐步解除他们的后顾之忧，进一步调动他们的工作积极性。

各省（区、市）在做好选聘高校毕业生到村任职工作的同时，要继续鼓励和引导大学生志愿服务西部和基层，参加支农、支教、支医和扶贫等工作，充分发挥他们在推进社会主义新农村建设中的作用。

中共中央组织部
教育部
财政部
人力资源和社会保障部
2008 年 4 月 11 日

关于建立选聘高校毕业生到村任职工作长效机制的意见

组通字〔2009〕21号

选聘高校毕业生到村任职，是党中央作出的一项重大战略决策，对于改善农村基层干部队伍结构、培养新农村建设骨干力量和党政干部后备人才，推进新形势下农村改革发展，夯实党在农村的执政基础具有重大意义。为贯彻落实党的十七大和十七届三中全会精神，进一步加强和改进选聘高校毕业生到村任职工作，既注重激励保障，又强化竞争择优，确保大学生"村官"下得去、待得住、干得好、流得动，逐步建立一支规模适度、结构合理、素质优良、充满活力的大学生"村官"队伍，现就建立选聘高校毕业生到村任职工作长效机制提出以下意见。

一、建立定期选聘制度

1. 合理确定选聘规模和计划

中央计划从2008年到2012年选聘10万名大学生"村官"，每年根据各省区市的行政村数量分配选聘名额，中央财政予以补助。各省区市和新疆生产建设兵团也可结合本地实际，自行选聘一定数量的大学生"村官"，所需费用由地方财政支付。各地要合理确定选聘大学生"村官"的总体规模和年度计划，稳步有序推进选聘工作。大学生村干部聘用期满离任的，或出现其他离岗等情况的，要把缺额纳入下一年度选聘计划。

2. 实行定期、统一选聘

选聘高校毕业生到村任职工作一般每年集中开展一次。选聘工作原则上由省区市一级组织、人力资源和社会保障部门、团委统一组织实施或省、市两级组织、人力资源和社会保障部门、团委共同组织实施。选聘名额、选聘办法、选聘条件要提前向社会发布，并进行正面宣传引导，鼓励优秀高校毕业生自愿报名应聘。高等学校要积极配合做好有关工作。

3. 严格执行选聘程序和条件

坚持公开、平等、竞争、择优的原则，严格按照中央有关部门确定的选聘条件和发布公告、个人报名、资格审查、考试考察、体检、公示等基本程序，主要选聘具有大学本科以上学历、是中共党员或担任过学生干部的优秀高校毕业生。选聘过程接受社会监督，增强透明度和公信度。选聘对象确定后，县级组织、人力资源和社会保障部门要与其签订聘任合同，合同中要明确双方聘用关系及大学生"村官"为村级组织特设岗位人员、系非公务员身份，细化管理考核、待遇保障、竞争择优、期满去向等方面的条款。

二、建立岗位培训制度

4. 制定培训规划

省区市党委组织部要把大学生"村官"纳入整个干部教育培训规划，建立健全大学生"村官"岗位培训制度，制定年度培训计划，并每年至少举办一期示范培训班。市、县两级要组织实施好大学生"村官"培训工作。大学生"村官"任职上岗前，都要安排岗前培训。聘用期间，每年至少安排一次岗位培训，累计时间不少于7天。兼任乡、村团组织职务的，由共青团组织纳入农村团干部培训规划。参加培训情况，要作为大学生"村官"考核、推优的依据。

5. 突出培训重点

大学生"村官"教育培训要针对岗位特点，坚持以政治理论和思想道德教育为基础，以党的路线方针政策、涉农法律法规、市场经济知识、农村经营管理知识、农业实用技术、农村基层组织建设以及开展调查研究、做好群众工作、进行自主创业等为重点，以提高做好农村工作、带领群众创业致富本领为目的。培训中要注重讲解"三农"工作的方针政策，介绍新农村建设情况和乡风民俗，传授开展农村工作的经验方法，帮助大学生"村官"尽快进入工作角色，打开工作局面。

6. 拓展培训渠道

依托各级党校、行政院校、高等院校、干部学院、干部培训基地、远程教育站点、团校等，大力加强大学生"村官"的系统培训。通过优秀大学生"村官"介绍体会、乡"村官"传授经验、组织大学生"村官"实地考察学习等灵活多样的方式，强化大学生"村官"的技能培训。教育、科技、农业、人力资源和社会保障、扶贫等部门要发挥优势，整合资源，积极开展大学生"村官"专项培训。高等院校特别是农业院校，要结合大学生"村官"特点和工作需要，开展继续教育和研究生同等学力教育。

三、建立配套保障制度

7. 落实工作生活补贴

中央财政补助资金和地方财政补助资金要按时拨付到位，保证大学生"村官"工作、生活补贴比照本地乡镇新录用公务员试用期满后工资水平及时发放。加强对大学生"村官"补助资金的管理，建立专项资金账户，确保专款专用。

8. 落实社会保险

大学生"村官"聘用期间，按照当地对事业单位的规定，参加相应社会保险。其中在建立补充医疗保险制度的地方，应在参加社会医疗保险的基础上，为其办理补充医疗保险。社会保险的单位缴纳部分，由负责发放大学生"村官"工作、生活补贴的部门缴纳，个人缴纳部分由负责发放大学生"村官"工作、生活补贴的部门在个人补贴中代扣代缴，具体手续由县（市、区）负责发放大学生"村官"工作、生活补贴的部门到当地社会保险经办机构办理。其中工伤保险按照《工伤保险条例》的规定，应由用人单位支付的工伤待遇，由负责发放大学生"村官"工作、生活补贴的部门发放。相关费用，纳入财政给予的工作、生活补贴范围。

9. 落实学费补偿和助学贷款财政代偿政策

对于到中西部地区和艰苦边远地区农村基层的大学生"村官"，国家实行学费补偿和国家助学贷款代偿政策。中央部委所属高校毕业的大学生"村官"的学费和国家助学贷款，由中央财政补偿和代偿。地方所属高校毕业的大学生"村官"的学费补偿和助学贷款代偿办法，由选聘地制定。对于被选聘到其他地区农村基层的大学生"村官"，鼓励选聘地补偿学费和代偿助学贷款。享受学费补偿和助学贷款代偿政策的大学生"村官"，必须在聘期内考核称职。

10. 提供工作生活基本条件

各地要结合实际，整合资源，为大学生"村官"提供工作、食宿等基本条件，帮助解决正常开展工作所需的交通、通讯等方面的问题，不断改善大学生"村官"的工作生活条件。有条件的地方，可定期组织对大学生"村官"进行体检。要采取可靠措施，确保大学生"村官"人身安全。

四、建立跟踪培养制度

11. 明确岗位职责

担任村党支部（党总支、党委）书记助理和村委会主任助理的大学生"村官"，主要协助做好以下工作：宣传贯彻党的路线方针政策及上级党组织有关安排部署；组织实施社会主义新农村建设的有关任务，协助做好本村产业发展规划，领办、创办专业合作组织、经济实体和科技示范园；配合完成社会治安、计划生育、矛盾调解、社会保障、调查统计、办事代理、科技推广等工作；负责整理资料、管理档案、起草文字材料和远程教育终端接收站点的教学组织管理、设备网络维护；参与讨论村务重大事项；参与村团组织的建设和工作。大学生"村官"担任村"两委"成员职务的，按照所担任具体职务确定工作职责。乡镇党委和村"两委"要结合本地实际和大学生"村官"专业特长，明确大学生"村官"的具体职责和工作分工。可根据工作需要，安排大学生"村官"担任村团组织负责人。

12. 实行结对帮带

乡镇党委要为每个大学生"村官"确定1名乡镇干部和1名村干部，进行结对联系帮带，面对面进行帮助指导，提高大学生"村官"能力素质，了解掌握思想工作状况，注意做好心理疏导，帮助解决实际困难。县级组织、人力资源和社会保障部门要经常深入调研，走访了解大学生"村官"的工作生活情况，研究解决实际问题。

13. 注重实践锻炼

乡村党组织要给大学生"村官"压担子、交任务，帮助确定合适的项目和任务，鼓励大学生"村官"在农村创业，并通过适当政策倾斜和市场机制办法，为他们提供支持，使他们更好地运用所学知识为发展农村经济、改变农村面貌多做工作、多办实事，使他们在具体实践中经受锻炼、干事创业。对大学生"村官"既要严格要求，又要鼓励他们放手工作，大胆创新。县、乡两级组织召开有关会议，可安排优秀大学生"村官"代表列席参加。积极推荐综合素质好、议事能力强的大学生"村官"作为各级党代会代表、人大代表、政协委员和团代会、妇代会代表人选。

14. 搭建交流平台

中央有关部门依托互联网和农村党员干部现代远程教育网建立大学生"村官"网络交流平台，加强与大学生"村官"的联系交流。各地可结合实际，依托当地政务网站、报纸、电视、广播设立大学生"村官"信息专栏，建立大学生"村官"网站，创办大学生"村官"工作报刊，为大学生"村官"提供多种交流平台。县、乡党委要定期研究大学生"村官"工作，注重听取大学生"村官"的思想工作汇报和意见建议；设立专用信箱、热线电话，及时收集、受理大学生"村官"反映的问题；共青团、妇联等组织要根据大学生"村官"的特点，组织开展优秀大学生"村官"巡回报告、经验交流等活动，推广宣传干事创业的先进典型和创业经验，为大学生"村官"相互学习交流、共同提高创造条件。

15. 强化管理考核

各地要加强对大学生"村官"的管理考核，完善竞争择优机制，形成在实践中比干劲、比奉献、比业绩的鲜明导向，强化大学生"村官"苦干实干、创先争优的意识。大学生"村官"考核工作由县级组织、人力资源和社会保障部门、团委负责，乡镇党委具体组织实施。考核分为年度考核和聘期考核。考核采取个人述职、党员会议测评、村民代表会议测评、村"两委"班子评价等形式进行。考核结果分为优秀、称职、基本称职和不称职四个等次。考核结果报县委组织部备案，作为续聘、奖惩、选拔干部、招录公务员、招聘事业单位工作人员、报考研究生、补偿学费和代偿助学贷款等重要依据。对大学生"村官"要严格管理，加强监督，发现不良苗头问题要及时批评教育，加强正面引导。

五、建立正常流动制度

16. 鼓励担任村干部

对表现优秀、党员群众认可、担任村"两委"主要负责人的大学生"村官"，要鼓励他们长期在农村基层干部岗位上建功立业。留任村党支部书记和村委会主任的，仍然纳入大学生"村官"名额，可以继续享受大学生村干部工作、生活补贴。

17. 择优选拔乡镇和其他党政机关公务员

各级党政机关要注重从具有基层工作经历的优秀大学生"村官"中招考公务员，并明确录用比例；乡镇机关补充公务员，要逐步提高从大学生"村官"中考录的比例。选调生主要从具有2年以上基层工作经历的大学生"村官"及其他到基层工作的高校毕业生中招考。从大学生"村官"中招考公务员和选调生，要坚持竞争择优、好中选优。报考公务员和选调生的大学生"村官"，须在聘期内表现优秀、考核称职，并经县级组织、人力资源和社会保障部门推荐同意。

18. 扶持自主创业

鼓励和支持大学生"村官"发挥自身优势和专业特长，立足农村农业实际自主创业，为社会主义新农村建设作出贡献。各地要结合实际，建设和完善一批投资小、见效快的大学生"村官"创业园和创业孵化基地，认真落实高校毕业生创业的各项优惠、扶持政策，重点帮助和支持那些有创业意愿、创业能力、创业优势的大学生"村官"，带领群众创业致富。要强化大学生"村官"创业指导服务，积极开展信息咨询、项目开发、创业培训、创业孵化、小额贷款、开业指导、跟踪辅导等工作。各级共青团组织要将大学生"村官"创业纳入促进青年创业就业总体部署。高等院校要积极开展创业教育和实践活动。

19. 引导另行择业

对于聘期考核称职，不再留村工作或不参加公务员招考的，要帮助和支持其另行择业，择业前可免费参加一期职业培训；对于素质能力不适应岗位要求、不能正常开展工作的，或年度考核连续两年不称职的，要予以解聘，引导其另行择业。鼓励和引导事业单位、国有企业、非公有制企业等用人单位，优先聘用（招用）具有2年以上农村基层工作经历的大学生"村官"。

20. 支持继续学习

鼓励大学生"村官"继续学习深造。聘期工作表现良好、考核合格的，报考硕士研究生可享受初试总分加10分和在同等条件下优先录取的优惠政策。鼓励高等学校结合办学实际，为大学生"村官"攻读研究生学位创造条件。

六、建立齐抓共管制度

21. 加强统筹协调

各级党委要加强对大学生"村官"工作的领导和指导，建立由组织、宣传、教育、公安、民政、财政、人力资源和社会保障、农业、林业、扶贫、共青团、妇联等部门参加的联席会议制度，定期召开会议，通报有关情况，研究解决重大问题。工作任务繁重的，可成立专门工作机构，配备工作人员。有关大学生"村官"工作的重要政策、重要事项、重要活动，要集体研究决定，统一组织实施。

22. 明确职责分工

各有关部门要根据工作职能和业务范围，共同抓好大学生"村官"工作。组织部门发挥牵头协调作用，其他部门各司其职，密切配合。人力资源和社会保障、教育、财政、公安部门主要负责医疗、养老、工伤保险，报考公务员、研究生，另行择业，人事代理，户籍管理，学费补偿和助学贷款代偿，工作生活补贴等配套保障政策的制定、解释、检查、落实工作；宣传部门主要负责指导协调新闻媒体，采取多种方式广泛宣传大学生"村官"工作，营造良好的社会舆论氛围；民政部门主要负责指导大学生"村官"参与村级事务管理、参加村委会选举等工作；农业、林业、扶贫部门主要负责利用部门资源开展大学生"村官"专项培训，指导大学生"村官"参与现代农业、林业建设和扶贫开发等工作。

23. 落实管理责任

大学生"村官"的日常管理工作由组织、人力资源和社会保障部门、共青团组织负责。中央组织部、人力资源和社会保障部、团中央负责宏观管理，指导各级组织、人力资源和社会保障部门、团组织共同做好大学生"村官"的日常管理工作。省、市两级负责规划协调、组织指导、督促检查等工作。县级组织、人力资源和社会保障部门主要负责建立大学生"村官"档案资料，做好考核工作，落实跟踪培养措施，提出选拔任用意见；团县委主要负责大学生"村官"的联系服务等工作。乡镇党委、团委和村党组织负责具体管理、联系、服务等工作。

中共中央组织部 中共中央宣传部

教育部 公安部

民政部 财政部

人力资源和社会保障部 农业部

国家林业局 国务院扶贫办

共青团中央 全国妇联

2009年4月7日

关于做好大学生"村官"有序流动工作的意见

组通字〔2010〕32号

引导大学生"村官"期满后有序流动,是大学生"村官"工作健康持续发展的关键。为建立健全大学生"村官"有序流动机制,引导聘用期满大学生"村官"通过留村任职工作、考录公务员、自主创业发展、另行择业、继续学习深造等"五条出路"有序流动,现提出如下意见。

一、鼓励留村任职工作

1. 通过选举担任村"两委"负责人

鼓励在实际工作中表现优秀、党员群众认可的党员大学生"村官",通过党员推荐、群众推荐和乡镇党委推荐等方式,参加村党支部书记、副书记选举。到村任职工作一年以上的优秀大学生"村官",可由本人提出书面申请,经村民会议或村民代表会议讨论通过,参加村委会主任、副主任选举。对留任村党支部书记、副书记、村委会主任、副主任的,任职期间继续纳入大学生"村官"名额,保留大学生"村官"工作、生活补贴,同时可享受同级村干部补贴。

2. 继续聘任留村工作

聘用期满、聘期考核称职的大学生"村官",本人提出续聘申请,经乡镇党委初审，县级组织、人力资源和社会保障部门审定，可签订续聘合同继续留村工作，享受大学生"村官"待遇。续聘大学生"村官"纳入当年大学生"村官"选聘计划。各地可根据实际工作需要，确定大学生"村官"续聘次数和期限。

二、择优招录乡镇和其他党政机关公务员

3. 参加公务员招考

大学生"村官"可参加面向社会统一组织的公务员招考，聘用期满且考核称职的，享受有关优惠政策；大学生"村官"聘用期满、考核称职，并经县级组织、人力资源和社会保障部门推荐同意的，可参加面向大学生"村官"组织的公务员招考；大学生"村官"在职2年以上，具备"选调生"条件和资格的，经组织推荐，可参加选调生统一招考。选调生主要从具有2年以上基层工作经历的大学生"村官"及其他到基层工作的高校毕业生中招考。

4. 完善考录办法和程序

坚持竞争择优、好中选优，严格选拔标准，进一步完善从大学生"村官"中录用公务员、选任乡镇领导干部的配套政策和操作程序。各省区市可根据公务员编制、职数等实际情况，采用单列计划、定向招考的方式招录大学生"村官"。注重考察大学生"村官"在村工作实际表现，充分运用考核评价结果，对聘期考核优秀和受到县级以上表彰的大学生"村官"，同等条件下要优先录用。

三、扶持自主创业发展

5. 鼓励创业实践

注意选派大学生"村官"到农业产业化龙头企业、农业示范园区、专业合作社和专业协会参与实践锻炼，帮助他们在实践中学习创业知识，积累创业经验。建设和完善一批投资小、见效快的大学生"村官"创业园区和创业优势的大学生"村官"搭建创业富民平台。认真落实创业扶持政策，加强对大学生"村官"创业能力的培训，积极为大学生"村官"创业提供项目论证、技术指导和市场服务信息。《国务院办公厅关于加强普通高等学

校毕业生就业工作的通知》（国办发〔2009〕3号）中有关高校毕业生到农村就业创业的鼓励扶持政策，适用于大学生"村官"。要通过多种渠道筹集资金，设立大学生"村官"创业资金，采取担保、贴息、补助等方式，帮扶大学生"村官"创业。

6. 引导自主发展

鼓励大学生"村官"通过创办农副产品小型加工企业、发展高效农业种植园区、创办专业合作社等，就近就地自主创业。鼓励创业有成的大学生"村官"进入企业经营管理者、致富项目带头人、新社会组织负责人队伍，逐步实现自主发展。各地要积极创造条件，鼓励支持聘用期满的大学生"村官"自主创业。对聘用期满不再续聘，创业项目尚在初级阶段的，可在一定期限内继续享受大学生"村官"创业扶持政策。

四、引导另行择业

7. 参与企业单位招录

企业招聘大学生"村官"，符合条件的，可享受国家有关鼓励企业招聘高校毕业生相关奖励政策，按照国家有关规定给予小额担保贷款扶持、社会保险补贴等扶持政策。各类企业招聘员工时，组织、人力资源和社会保障部门要做好就业服务工作，帮助大学生"村官"求职应聘。各级党委、政府特别是大学生"村官"所在县市、乡镇，要有组织有计划地通过举办专场招聘会、推介会等形式，向企业宣传大学生"村官"的优势，为大学生"村官"进入企业工作提供服务。积极组织聘用期满的大学生"村官"到企业进行见习和实践锻炼，鼓励见习单位优先录用见习大学生"村官"。组织、人力资源和社会保障部门可专门组织国有企业、非公有制企业到大学生"村官"所在地了解大学生"村官"工作学习情况，加深他们对大学生"村官"工作的了解，增强招聘意愿。

8. 参加事业单位招聘

事业单位在公开招聘工作人员时，同等条件下优先招聘到村任职2年以上、考核称职的大学生"村官"。城市街道社区招聘社区工作者，同等条件下，优先招聘大学生"村官"。各地可结合实际，组织事业单位面向大学生"村官"定向招聘。

9. 引导自主择业

组织各级党委、政府人才机构和职业培训机构，为大学生"村官"开展免费就业指导培训、政策咨询、就业信息、职业指导和职业技能培训等服务，引导聘用期满大学生"村官"进入人才市场自主择业，实现多元化发展。自主择业的大学生"村官"未就业期间，根据本人意愿，其人事档案可选择在原籍或服务地县级党委、政府人才流动服务机构免费托管，其户籍关系可迁回原籍或迁至托管其人事档案的人才流动服务机构流动人才集体户口管理。对以从事自由职业、短期职业、个体经营等方式灵活就业的，给予工商登记、税费减免等政策优惠，并提供社会保险缴纳、保险关系接续等人事劳动保障代理服务。

五、支持继续学习深造

10. 参加研究生招考

鼓励大学生"村官"参加研究生招考，认真落实大学生"村官"招考研究生加分政策，对聘期内工作表现良好、考核称职的大学生"村官"初试总分加10分、同等条件下优先录取。凡是达到学校复试分数线的考生，招考单位应尽量予以录取，报考单位确定不能录取的，可调至其他招生单位录取。

11. 通过其他渠道继续学习

鼓励高等院校加强适合大学生"村官"继续学习的本科专业点、硕士学位点建设，为大学生"村官"期满后继续学习深造创造条件。各地要结合实际，整合教育培训资源，积极开辟多种渠道，支持大学生"村官"继续学习。

各地要高度重视做好大学生"村官"有序流动工作，切实加强组织领导。各级党委组织部门要充分发挥牵头协调作用，教育、财政、人力资源和社会保障、共青团等有关部门和单位要各尽其职各负其责，形成工作合力。各地要结合实际，研究制定大学生"村官"有序流动的总体计划和具体措施，加强督促检查，狠抓工作落实，确保大学生"村官"工作健康稳步推进。

中共中央组织部办公厅
2010年5月10日印发

关于进一步加强大学生"村官"工作的意见

组通字〔2012〕36 号

大学生村官工作是党中央作出的一项重大战略决策。自 2008 年以来,各地按照中央部署,扎实有序推进大学生村官工作,在改善农村干部队伍结构、增强农村基层组织生机活力、形成来自基层一线的党政干部培养链等方面取得了明显成效。广大大学生村官发挥特长优势,甘于吃苦奉献,主动干事创业,在服务农民、发展农业、建设新农村中作出了积极贡献,受到了农村基层干部群众及社会各界的普遍好评。为健全和完善大学生村官工作的规划、政策、体制、机制,确保大学生村官"下得去、待得住、干得好、流得动",现就进一步加强大学生村官工作提出如下意见。

1. 明确目标规划

稳步推进选聘工作,不断提高选聘质量。到 2015 年,全国有一半左右的行政村配备大学生村官。坚持以用为先,着力培养一大批社会主义新农村建设骨干力量、党政干部队伍后备人才和各行各业优秀人才。经过 3 至 5 年努力,平均每个乡镇有 2 名左右大学生村官担任村"两委"正职尤其是村党组织书记;每个乡镇至少有 1 名党政领导班子成员有大学生村官工作经历,每个县(市、区)至少有 3 至 5 名部门领导班子成员有大学生村官工作经历。拓宽大学生村官发展渠道,鼓励和支持自主创业或继续学习深造,积极向国有企事业单位、非公有制经济组织、社会组织等各行各业输送优秀人才,形成大学生村官有序流动、多元发展的职业发展机制。

2. 规范岗位管理

大学生村官岗位性质为"村级组织特设岗位",是国家开展的选派项目,其工作、生活补助和享受保障待遇应缴纳的相关费用等由中央和地方财政共同承担。大学生村官的工作管理及考核比照公务员的有关规定进行,由县(市、区)党委组织部牵头负责、乡镇党委直接管理、村党组织协助实施;人事档案由县(市、区)党委组织部管理或县(市、区)人力资源和社会保障部门所属人才服务机构免费代理，党团关系转至所在村。大学生村官选聘工作由省（区、市）组织、人力资源和社会保障部门定期、统一组织实施，或者由省、市两级组织、人力资源和社会保障部门共同组织实施，由县（市、区）组织、人力资源和社会保障部门与大学生村官签订聘任合同，聘期一般为2至3年。

3. 改进选聘工作

严格选聘标准，坚持中共党员、优秀学生干部和回原籍优先的原则，注重从重点院校以及基层急需专业的毕业生中选聘大学生村官。创新选聘方法，探索采取学校推荐、双向选择、驻村见习以及面向重点院校定向选聘等方式，增强选聘工作的针对性、实效性，提高选聘质量。探索与公务员录用、事业单位工作人员招聘相衔接的选聘考试方式，吸引更多优秀高校毕业生到农村特别是中西部地区和贫困、边远地区任职。

4. 加强教育关爱

将大学生村官纳入干部教育培训规划，落实专项培训经费，实行分层、分类培训。省（区、市）重点负责示范培训，市（地、州）重点负责创业和拓展培训，县（市、区）重点负责岗前和日常培训，确保大学生村官每人每年培训累计不少于7天。适应大学生村官特点和岗位需求，采取菜单选学、跟班体验、基地实践、案例教学、网络互动等方式，广泛开展党性党风、创业富民、法律法规、社会管理、实用技术、廉洁自律等教育培训，增强培训实效。完善结对帮带和谈心谈话制度，每名县级领导干部至少联系1名大学生村官，每名大学生村官至少有1名乡镇领导干部和1名村干部联系；县（市、区）党委组织部和乡镇党委要定期进行谈心谈话和心理辅导，帮助大学生村官解决工作、生活、学习、安全、心理健康等方面的问题。

5. 注重实际使用

及时给大学生村官交任务、压担子，引导和帮助大学生村官切实履行宣传落实政策、促进经济发展、联系服务群众、推广科技文化、参与村务管理、加强基层组织等职责，在实践锻炼中成长成才。大学生村官到村任职第一年，一般担任村党组织书记助理或村委会主任助理，重点了解熟悉农村工作，整理一套涉农政策、走访一遍全村农户、完善一套村情档案、形成一份调研报告、提出一条发展建议、学习一门实用技术，努力实现角色转变。从第二年开始，考核称职、符合任职条件的，原则上应担任村"两委"委员或以上职务并明确分工，帮助村民发展致富项目、领办合办农民专业合作社、组织开展群众文体活动、参与排查调处矛盾纠纷、为村民代办各项事务，不断提高能力素质。

6. 强化管理考核

健全和完善考勤、述职、考核、评优等制度，切实加强对大学生村官的日常管理和工作指导，乡镇党委要明确由副书记或组织委员具体负责大学生村官工作。严格大学生村官在村工作纪律，县（市、区）直及以上部门不得借用，经县（市、区）党委组织部批准，可以有计划地组织大学生村官参加县（市、区）、乡镇集中性工作和到信访、综治等岗位锻炼。完善年度考核和聘期考核制度，实行工作实绩和群众满意度量化积分考核，考核结果与续聘、奖惩、培养、使用挂钩。完善续聘制度，从2013年起新选聘的大学生村官，任满1个聘期、考核称职的，可按照有关程序续聘；任满2个聘期、未当选村"两委"副职以上干部的，原则上不再续聘。对聘期结束后的大学生村官，县（市、区）党委组织部要作出组织鉴定。各地要建立离岗大学生村官谈话制度和职业推介制度，切实做好思想政治工作，引导离岗大学生村官自主择业。离岗大学生村官自主择业前可免费托管人事档案、免费参加一期职业培训，3年内继续享受大学生村官创业扶持、报考研究生加分等优惠政策。2013年之前选聘的大学生村官，由各省（区、市）根据实际情况确定续聘办法。

7. 健全保障机制

按时足额发放大学生村官工作、生活补贴，建立正常增长机制。新聘任大学生村官补贴标准比照乡镇新录用公务员试用期满后工资收入水平确定，并随之同步提高。探索建立大学生村官绩效考核奖励制度。健全和落实大学生村官社会保险和重大疾病、人身意外伤害保险以及学费补偿、助学贷款财政代偿等相关配套保障制度。进一步提高财政补助标准，从2011年起，中央财政补助西部地区大学生村官的标准提高到人均每年2万元，中部地区人均每年1.5万元，东部地区人均每年0.8万元，不足部分由地方财政承担。

8. 积极扶持创业

建立健全党委政府引导、社会组织和企业扶持、市场运作相结合的工作机制，鼓励和支持大学生村官干事创业。通过政府支持、社会募集等方式筹集大学生村官创业扶持资金，创新金融服务方式，为大学生村官创业富民提供借贷、担保、贴息、补助等支持。整合农业、科技、扶贫等有关部门的项目资源，发挥科研机构、高等院校的智力优势，为大学生村官创业富民提供项目论证、技术指导和市场信息等服务。鼓励和扶持大学生村官创办领办农民合作、科技推广、社会化服务等组织和实体。探索创新创业扶持模式，引导和鼓励企业、社会组织参与扶持大学生村官创业，以大学生村官创业带动社会青年创业。

9. 鼓励留村任职

加大政策倾斜力度，激励优秀大学生村官扎根农村干事创业。引导和支持优秀大学生村官按照有关规定和程序参加村级组织换届选举，担任村"两委"干部。担任村"两委"副职及以上职务的大学生村官，保留大学生村官工作、生活补贴，同时可享受同级村干部补贴。任满1个聘期、当选村"两委"副职及以上职务、考核称职以上的大学生村官，可参加面向优秀村干部的乡镇公务员定向考录，录用比例一般应达到从优秀村干部中定向考录乡镇公务员总数的70%以上。任满2个聘期、当选并担任村"两委"副职及以上职务满一届、考核称职以上的，经省（区、市）组织人事部门批准，可采取考核招聘的方式聘用为乡镇事业单位工作人员，根据工作需要可继续留村工作。

10. 完善招考制度

树立注重实绩、崇尚实干的选人用人导向，改进从大学生村官中考录公务员、招聘事业单位工作人员的办法。面向大学生村官定向考录公务员一般应纳入四级联考统一组织实施，省级公务员主管部门认为必要时，可单独命制试题，单独组织考试。对报考基层乡镇公务员岗位的，考试内容应结合农村工作实际和大学生村官工作特点，重点测试实际工作能力。加强和改进考察工作，考察内容应包括思想作风、工作态度、工作实绩和廉洁自律等情况，重点考核实际工作表现和基层干部群众的认可程度。在县（市、区）、乡镇事业单位公开招聘中优先聘用大学生村官，逐步提高面向大学生村官考录公务员、招聘事业单位工作人员的比例。经过3至5年，面向大学生村官定向考录公务员的比例一般应达到当年公务员录用计划的15％左右，其中定向考录乡镇公务员的比例一般应达到30％；除实行职业资格准入和专业限制的岗位之外，县（市、区）、乡镇事业单位从大学生村官中招聘工作人员一般应达到当年事业单位工作人员公开招聘岗位数量的30％左右。统筹选调生工作与大学生村官工作，选调生主要从具有2年以上基层工作经历的大学生村官及其他到基层工作的高校毕业生中招考。经过1至2年，面向大学生村官录用选调生的比例一般应达到当年选调生录用计划的70％以上，逐步实现选调生工作与大学生村官工作并轨。

11. 加大选拔力度

注重选拔优秀大学生村官进入乡镇和县（市、区）直部门领导班子。乡镇和县（市、区）团委、妇联领导班子调整时，要优先考虑选配大学生村官。任满1个聘期、当选并担任村"两委"副职及以上职务、考核优秀、实绩突出、群众公认的大学生村官，可通过公开选拔担任乡科级领导干部，其中特别优秀的，可以破格提拔为乡科级正职领导干部；符合乡镇领导班子换届提名人选条件的，可按程序推荐作为换届提名人选。经选举担任乡镇党政机关领导人员或经公开选拔担任乡科级领导干部的大学生村官，在国家行政编制限额内按照有关规定进行公务员登记。

12. 拓宽发展渠道

加强大学生村官职业生涯规划指导，建立健全组织引导、市场配置、双向选择的工作机制，引导大学生村官多样化发展，实现有序流动。建立择优推介制度，引导服务期满的大学生村官通过人力资源市场自主择业，省市两级每年举办一次大学生村官专场招聘会。通过多种途径和形式，广泛宣传大学生村官优势和潜力，引导国有企业、金融机构、非公有制企业、社会组织等面向大学生村官招聘工作人员。服务期满、考核称职以上的大学生村官，经县（市、区）组织人事部门推荐，可转聘为街道社区工作人员、非公有制企业党建工作指导员或其他社会管理和公共服务岗位工作人员。鼓励大学生村官继续学习深造。服务期满、考核称职以上的大学生村官报考研究生，初试总分加10分，同等条件下优先录取，其中报考人文社科类专业研究生的，初试总分加15分。

13. 加强组织领导

各级党委要高度重视大学生村官工作，将大学生村官培养使用纳入本地干部队伍建设、后备干部培养、人才发展总体规划，注重政策统筹，强化工作指导，解决突出问题。各有关部门要在党委统一领导下，各司其职、密切配合，形成工作合力。各级党委组织部门要明确工作机构，确定工作职能，保证工作力量，健全工作机制，确保大学生村官工作协调有序推进。要充分发挥报刊、杂志、网络等媒体特别是《大学生村官报》的作用，加强宣传引导，营造良好氛围。

中共中央组织部

机构编制委员会办公室

教育部

财政部

人力资源和社会保障部

国家公务员局

2012 年 7 月 29 日

参考文献

[1] 马赫利尔. 青年问题和青年学 [M]. 陆象淦,译. 北京:社会科学文献出版社,1987.

[2] 柯武刚,史漫飞. 制度经济学 [M]. 韩朝华,译. 北京:商务印书馆,2000.

[3] 米尔斯,帕森斯. 社会学与社会组织 [M]. 何维凌,黄晓京,译. 杭州:浙江人民出版社,1986.

[4] 斯科特. 国家的视角——那些试图改善人类状况的项目是如何失败的 [M]. 王晓毅,译. 北京:社会科学文献出版社,2004.

[5] 潘鸣啸. 失落的一代——中国的上山下乡运动·1968~1980 [M]. 欧阳因,译. 北京:中国大百科全书出版社,2010.

[6] 伯恩斯坦. 上山下乡 [M]. 北京:警官教育出版社,1993.

[7] 陈映芳. "青年"与中国的社会变迁 [M]. 北京:社会科学文献出版社,2007.

[8] 江苏省委组织部,江苏省作家协会. 村官一日:江苏大学生村官纪事 [M]. 南京:江苏文艺出版社,2011.

[9] 程毅. 大学生村官政策可持续发展研究——基于上海市×区的实证调查与分析 [J]. 思想理论教育,2010 (11):71-76.

[10] 陆士桢,王玥. 青少年社会工作 [M]. 北京:社会科学文献出版社,2017.

[11] 骆江玲. 大学生村官制度和问题研究 [M]. 北京:中国社会科学出版社,2017.

[12] 马抗美. 大学生村官成长成才机制研究 [M]. 北京:经济科学出版社,2017.

[13] 邢传,沈坚. 中国人力资源管理问题报告 [M]. 北京:中国发展

出版社，2004.

[14] 段鑫星，张祎，张申申. 大学生村官期满流动政策效果分析——以苏北地区为例 [J]. 学海，2012（6）：80-84.

[15] 逄索，程毅. 乡村公共空间：农村社会工作者介入农村社区服务的意外后果——以 SH 市 JS 区大学生村官为例 [J]. 学习与实践，2015（10）：112-120.

[16] 郭明. 游走在国家政策与农村社会之间：杜镇"大学生村官"的个案 [J]. 青年研究，2012（2）：33-41.

[17] 黄志辉，陈九如. 乡村人才与组织振兴的青年担纲者——云南省 H 县大学生村官的角色转变 [J]. 社会建设，2019（6）：88-96.

[18] 练月琴，晏维龙. 大学生村官理论与实践探索 [M]. 南京：南京大学出版社，2011.

[19] 刘国中，朱国云. 大学生"村官"成长之路——来自江苏的经验 [M]. 南京：南京大学出版社，2010.

[20] 姚志文，邹晓东. 大学生村官工作实务 [M]. 杭州：浙江大学出版社，2010.

[21] 中共中央组织部二局. 大学生村官计划：具有长远战略意义的选择 [M]. 南京：凤凰出版社，2012.

[22] 中国村社发展促进会. 2011 中国大学生村官发展报告 [M]. 北京：中国农业出版社，2011.

[23] 中国村社发展促进会. 2015 中国大学生村官发展报告 [M]. 北京：中国农业出版社，2015.

[24] 中国村社发展促进会. 2016—2017 中国大学生村官发展报告 [M]. 北京：中国农业出版社，2017.

[25] 朱振亚. 高校毕业生从业村官影响因素及扶持机制研究 [M]. 北京：光明日报出版社，2015.

[26] 朱国云. 坚持差别化培养 拓宽大学生村官舞台 [J]. 求是，2012（6）：48-49.

[27] 江苏省委组织部，江苏省委研究室课题组，刘国中，等. 大学生"村官"工作长效机制探究——以江苏省为例 [J]. 南京大学学报（哲学·人文科学·社会科学），2010（3）：5-15.

[28] 李炳龙，苏益南，朱永跃．大学生"村官"绩效：定量评价与优化路径［J］．江海学刊，2014（3）：228-233，239.

[29] 李春玲，科兹诺娃．青年与社会变迁：中国和俄罗斯的比较研究［M］．北京：社会科学文献出版社，2014.

[30] 李风啸，马德峰．大学生村官计划研究的四个维度——基于351篇学术论文的文献述评［J］．青少年研究，2010（4）：51-55.

[31] 李婕，何亭亭，马皑．大学生村官胜任特征模型建构及问卷编制［J］．心理技术与应用，2019（4）：237-248.

[32] 李义良，奉公．大学生村官队伍建设研究报告——基于江苏省的分析［J］．中国青年研究，2016（9）：57-63.

[33] 李章军．大学生"村官"路在脚下［N］．人民日报，2010-03-30（17）．

[34] 李志更．亟待提高大学生村官离岗流动质量［J］．中国党政干部论坛，2016（11）：48-50.

[35] 刘文慧，宋远军，颜勇，等．困境与出路：大学生村官的法律地位［J］．中国农村观察，2010（5）：56-62.

[36] 刘西忠．大学生村干部政策体系建构研究——基于国家基层战略的视角［D］．南京：南京大学，2011.

[37] 刘义强．大学生村官政策的成就、挑战与未来方向［J］．人民论坛，2018（3）：79-81.

[38] 卢芳霞．论大学生村官之出路——基于浙江绍兴市的调研［J］．中共浙江省委党校学报，2010（2）：112-118.

[39] 马德峰．大学生"村官"基层角色定位研究［J］．中国青年研究，2013（1）：70-74.

[40] 马抗美．大学生村官成长成才机制优化研究［J］．中国青年社会科学，2016（1）：87-94.

[41] 钱德洲，刘祖云．从"嵌入"到"融合"：大学生村官制度的弱化与优化［J］．江苏社会科学，2018（4）：107-113.

[42] 秦浩．建立健全大学生村官职业发展机制［J］．中国党政干部论坛，2016（7）：52-54.

[43] 邱玉函. 大学生"村官": 身份困境与社会交换的重构 [J]. 二十一世纪, 2011 (2): 108-114.

[44] 任天驰, 杨晓慧, 康丕菊. "大学生村官"如何服务乡村振兴?——基于第三次农业普查10700个村级数据的实证研究 [J]. 中国青年研究, 2020 (11): 52-59.

[45] 王志刚, 于永梅. 大学生村官的择业动机、满意度评价及长效发展机制研究 [J]. 中国软科学, 2010 (6): 87-96.

[46] 吴庆国. 社会流动视域下大学生村干部多元化发展的实践探讨——基于黄山市休宁县的调研 [J]. 山西农业大学学报 (社会科学版), 2012 (11): 1096-1101.

[47] 于江, 张水娟. 大学生"村官"角色的困境分析与对策研究——以江苏镇江地区为例 [J]. 江苏社会科学, 2010 (5): 239-243.

[48] 章雪. 大学生村官职业发展机制探新 [J]. 学校党建与思想教育, 2020 (12): 94-96.

[49] 张伶, 刘叶, 刘玲玲. 大学生村官农村社会工作的内容结构 [J]. 江淮论坛, 2017 (2): 36-43.

[50] 郑明怀. 论大学生村官退出机制的障碍及改善 [J]. 中国青年研究, 2011 (6): 86-89.

[51] 中共江苏省泰州市委组织部. 大学生"村官", 你在农村还好吗? [N]. 光明日报, 2009-11-25 (09).

后　　记

初次接触大学生村干部课题是2008年，当时所在学院创新性地将大学生村干部现象作为暑假"三下乡"社会实践活动的调研项目。由于它与本人关注青年、研究青年的兴趣吻合，加上学院领导的盛情邀请，我自然而然加入进来，并在随后的暑期社会实践中持续给予调研指导。由此，也开启了一段大学生村干部现象的研究之旅，内容涵盖大学生村干部扎根基层机制、大学生村干部基层社会管理创新、大学生村干部创业富民、大学生村干部期满社会流动等，先后发表10余篇论文，指导学生撰写的大学生村干部调研报告获得江苏省委领导的批示。

研究过程中，对国家大学生村干部计划政策的持续关注，加上在苏北乡村开展的大学生村干部工作实地调研，研究慢慢指向大学生村干部课题的核心，即如何实现高校毕业生与乡村基层的融合发展。细思起来，包括20世纪60年代国家推行的知识青年"上山下乡"运动，以及新世纪国家实施的"志愿服务西部"计划、"三支一扶"计划、农村义务教育阶段学校教师特设岗位计划等在内，长久以来一直无法解决外来青年与乡村基层之间融合发展问题。其中的原因十分复杂，但身处基层的青年个体能否实现自身的职业发展甚为关键，这也是本书撰写的出发点所在。

包括之前所做的大学生村干部研究以及本书的写作，得到苏北地区组织部门负责同志、广大大学生村干部朋友的鼎力支持，他们欣然接受调研座谈，并提供了宝贵的相关资料，在此表示诚挚的谢意。感谢恩师南京大学社会学系风笑天教授对本书的支持与鼓励；感谢华中科技大学出版社及其策划编辑张馨芳老师，他们为本书出版付出大量心血和劳作。最后，感谢家人对本书写作的理解与包容，本书的写作占去了很多原本陪伴他们的时间。

当然，呈现在读者面前的这本小书，在写作之中还存在诸多缺憾，敬请专家学者和各位读者批评指正。

马德峰
2021 年 9 月